Para Além do Garantismo

UMA PROPOSTA HERMENÊUTICA DE CONTROLE DA DECISÃO PENAL

Conselho Editorial
Lenio Luiz Streck
Jose Luis Bolzan de Morais
Leonel Severo Rocha
Ingo Wolfgang Sarlet
Jania Saldanha

P654p   Pinho, Ana Cláudia Bastos de.

Para além do garantismo: uma proposta hermenêutica de controle da decisão penal / Ana Cláudia Bastos de Pinho. – Porto Alegre: Livraria do Advogado Editora, 2013.

192 p.; 23 cm.

Inclui bibliografia.

ISBN 978-85-7348-834-0

1. Direito - Filosofia. 2. Garantismo. 3. Direitos humanos. 4. Direito penal. 5. Juízes - Decisões. 6. Hermenêutica (Direito). 7. Positivismo jurídico. 8. Democracia. I. Título.

CDU 340.12

CDD 340.1

Índice para catálogo sistemático:
1. Filosofia do direito   340.12

(Bibliotecária responsável: Sabrina Leal Araujo – CRB 10/1507)

Ana Cláudia Bastos de Pinho

Para Além do Garantismo

UMA PROPOSTA HERMENÊUTICA DE CONTROLE DA DECISÃO PENAL

Porto Alegre, 2013

© Ana Cláudia Bastos de Pinho, 2013

Capa, projeto gráfico e diagramação
Livraria do Advogado Editora

Revisão
Rosane Marques Borba

Direitos desta edição reservados por
Livraria do Advogado Editora Ltda.
Rua Riachuelo, 1338
90010-273 Porto Alegre RS
Fone/fax: 0800-51-7522
editora@livrariadoadvogado.com.br
www.doadvogado.com.br

Impresso no Brasil / Printed in Brazil

A João Pedro e a Luiza, por quem,
absolutamente tudo, sempre vale a pena.

Agradecimentos

Encerrar o doutorado, no respeitado Programa de Pós-Graduação em Direito da Universidade Federal do Pará (UFPA), foi a realização de um sonho. Um sonho que se foi construindo em partes. Na versão acadêmica da tese, dirigi meus agradecimentos a várias pessoas, imprescindíveis a essa trajetória. Agora, reafirmo-os, de coração.

No momento em que o texto se torna livro, volto a agradecer:

Aos professores que compuseram a banca de defesa da tese, doutores **Antônio Gomes Moreira Maués** (orientador), **Marcus Alan de Melo Gomes** (UFPA), **Paulo Sérgio Weyl Albuquerque Costa** (UFPA), **Lenio Luiz Streck** (Unisinos) e **Alexandre Morais da Rosa** (UFSC), pelo debate enriquecedor e pela indicação para a publicação.

Em especial, ao professor Doutor **Antônio Gomes Moreira Maués**, acima de tudo, pela confiança. Findo o mestrado, Maués aconselhou-me a fazer o doutorado fora de Belém, o que me possibilitaria outros diálogos, disse-me. Segui o orientador. Mas a vida fez questão de mostrar-me – tal como a Édipo, na tragédia de Sófocles – que não se pode fugir do próprio destino. Belém, desde sempre, foi o meu lugar, e a UFPA, a minha casa. Num almoço, Maués ouviu-me, atento, relatar minha experiência em outros ares e, ali, compreendeu meu empenho em permanecer na UFPA. Aceitou, novamente, orientar-me, sabendo que isso implicaria ver-se, outra vez, envolvido com as questões penais, sobre as quais, insistia ele, nossa conversa sempre seria limitada. Saiba, porém, que, se algum dia, a aparente distância entre o Direito Penal e o Direito Constitucional limitou nosso diálogo, ela foi eliminada. Nossa fala, hoje, flui tranquila pelo caminho da hermenêutica, da filosofia, da teoria do Direito, que você, desde o mestrado, tem-me ensinado a trilhar. Obrigada pela orientação séria e segura, pelo tempo a mim dedicado, por compreender minhas limitações (pessoais e acadêmicas), pelos ensinamentos inesquecíveis e, principalmente, pela amizade construída. O orgulho de ter sido por você orientada, no mestrado e no doutorado, seguirá sempre comigo. Um brinde ao destino! Obrigada, ainda, pelo carinhoso texto de apresentação deste livro.

Ao professor Doutor **Lenio Luiz Streck**, cuja obra foi imprescindível para o desenvolvimento desta pesquisa, agradeço, ainda, o acolhimento em minha breve visita ao excelente programa de Pós-Graduação em Direito da Unisinos. As poucas horas de nosso contato foram fundamentais para o amadurecimento de minhas ideias e a formulação de novas perguntas. Agradeço, também, o empenho para o que o livro fosse publicado pela Livraria do Advogado Editora, bem como o prefácio do texto. Nenhuma pesquisa séria sobre teoria da decisão pode prescindir de seus ensinamentos. É uma grande honra ter sua pena no prefácio deste livro.

À **Livraria do Advogado Editora**, por incentivar a pesquisa acadêmica.

Aos meus queridíssimos **alunos da graduação em Direito da UFPA**, que compreenderam minha ausência durante o período dedicado ao doutorado. A vocês, que possibilitam minhas perguntas, renovam meu espírito, provocam minhas dúvidas, gratificam meu empenho e que, a cada dia, me revigoram para que eu me mantenha nessa trincheira por um Direito Penal mais democrático, meu mais profundo agradecimento.

Ao meu inesquecível professor, **João Batista Klautau Leão**. O Direito Penal, para mim, sempre terá a sua marca.

Aos meus amados pais, **Ana Emília** e **Fernando Antônio**. Meus exemplos e meu orgulho. Obrigada por me mostrarem o caminho certo e pelo suporte constante. Amo muito vocês.

A meu irmão, **Ricardo**, a minha cunhada, **Renata** e a meus lindos sobrinhos, **João Pedro** e **Luiza**, pelo imenso amor e pela vibração com minhas conquistas. Minhas "fugidas" a São Paulo para matar a saudade de vocês, durante o período da tese, sempre me alimentaram, fazendo-me retornar com mais vigor ao labor solitário da pesquisa.

Aos meus tios, primos, dindinha **Vera**, pelo carinho. A vovó **Sassá**, pela sintonia eterna. Sinto sempre sua presença e seu amor, de onde quer que você esteja.

À **Bethânia**, deixo o não dito. O *verbum interius*. A inspiração vem de Gadamer: "não é possível expressar tudo o que está na alma". Nem no coração. Meu eterno amor e gratidão.

Ao **Theo**, um dia ele vai entender por quê.

À **Léa Sales**, pelo divã. E pelo que, muitas vezes, nem ele dá conta.

A todos os meus queridos amigos, pela espera. "E aí, quando termina esse doutorado?", era a pergunta constante. Enfim, meus queridos, terminou e o livro está pronto! Agora sim, podemos brindar.

A possibilidade de o outro ter direito é a alma da hermenêutica.

Hans-Georg Gadamer

Ao interpretar, articulamos discursivamente o que compreendemos, e o que compreendemos, neste momento, compreendemo-lo temporalmente, mas tanto prospectiva quanto retrospectivamente, à luz do passado, que permanece em certa medida no presente, e do futuro, que naquele se projeta.

Benedito Nunes

À guisa do prefácio

**Quando o Direito Penal é feito para "os que não têm" e o
Direito Civil é feito para "os que têm"**

Uma nova Constituição deve(ria) implicar uma profunda (r)evolução no campo da interpretação/aplicação e implementação dos direitos humanos-fundamentais. Essa questão assume ares dramáticos em países recentemente saídos de regimes autoritários, fenomenologia na qual a América Latina é pródiga.

No campo penal – e é nessa especificidade que aqui me fixo em face da obra prefaciada –, basta um simples exame no conteúdo dos tipos penais do velho Código Penal para compreender a crise paradigmática que envolve esse campo do direito. Sem dúvida, não é exagero dizer que, em *terrae brasilis*, o Código Civil é feito para "os que têm", e o Código Penal é feito para "os que não têm". Em vez de políticas públicas de bem-estar, os governos, historicamente, preferem oferecer para a sociedade "legislações penais". Veja o escândalo que foi o Código Penal de 1890, elaborado para "pegar ex-escravos". Em vez de políticas de inclusão, o *establishment* preferiu dar aos ex-escravos uma "boa" legislação criminal. Os resultados e as consequências? Um olhar, mesmo que de soslaio, no espelho retrovisor da história, já é suficiente para demonstrar o desastre da "opção" feita pelos diferentes governos.

Venho referindo, em artigos e livros, que desde 1988 já deveríamos ter construído uma nova teoria das fontes, uma nova teoria da norma, uma nova teoria da interpretação e, fundamentalmente, uma (nova) teoria da decisão. Tivéssemos já uma adequada teoria das fontes, a legislação penal "em vigor" já teria virado pó. Como é possível que a comunidade jurídica conviva com tamanha desproporcionalidade de penas nos tipos penais? Por exemplo, um furto qualificado por escalada – sim, isso ainda existe – duplica a pena, com previsão mínima de 2 e máxima de 8 anos. Ao mesmo tempo, o crime de lavagem de dinheiro tem pena semelhante... Com uma diferença: por crime de lavagem de dinheiro foram condenados, nos últimos 14 anos, apenas algumas dezenas de acusados... ao passo que, por crime de furto qualificado, dezenas de milhares foram pegos pelo longo e pesado braço do direito penal. Esse delineamento poderia ocupar páginas e páginas. O que importa é dizer/denunciar que existe, inequivocamente, uma inadequação das legislação penal na sua confrontação com o paradigma constitucional.

Para além da teoria das fontes, da teoria da norma (problemática que diz respeito à inadequada distinção estrutural "regra-princípio" que fragiliza o direito), da teoria da interpretação (ainda estamos na dicotomia "exegese-voluntarismo"), há uma questão que merece um destaque, porque abrange as demais: é a necessidade de superar o problema central que domina a doutrina e a jurisprudência. E qual é o *busilis* da questão? É o discricionarismo, que acaba, ao fim e ao cabo, resvalando para o arbítrio, caldo de cultura que fomenta ativismos e decisionismos. Consequência disso é a fragilização das garantias processuais penais, que ficam reféns de apreciações solipsistas de promotores, juízes e tribunais.

É nesse contexto que se enquadra esta bela obra de Ana Cláudia Bastos de Pinho, intitulada *Para Além do Garantismo – uma proposta hermenêutica de controle da decisão judicial*. Mas, por que "para além do garantismo"? Não seria o garantismo o coroamento dos anseios de todos os juristas democratas de *terrae brasilis*? Não bastaria que as teses garantistas vicejassem para que a preservação dos direitos humanos-fundamentais atingissem aquilo que está determinado no novo paradigma do Constitucionalismo Contemporâneo?

Pois o garantismo – do qual Luigi Ferrajoli é o corifeo – é e continua sendo o porto de chegada dos juristas libertários. O ponto que não é suficientemente trabalhado pela teoria garantista, entretanto, é o problema da decisão (o que envolve a "questão do poder discricionário"). Com efeito – e diz muito bem Ana Cláudia –, o grande problema herdado do positivismo, a crença na discricionariedade, não faz parte das preocupações da teoria garantista. Essa questão pode não ser problemática em países como Itália, Alemanha, Espanha, para citar apenas estes, mas, no Brasil, ele se constitui no ponto central da fragilização do direito (e, portanto, das garantias processuais penais). Nesses países, o constrangimento epistemológico feito pela doutrina a decisionismos e ativismos inibe essa prática. Além disso, nos países desenvolvidos europeus, a criminalização da pobreza é de menor intensidade, além da relevada circunstância de que, por terem equacionados os principais problemas sociais, o índice de criminalidade é sobremodo menor que o de países como o Brasil.

Depois de tantas lutas pela democracia e pelos direitos fundamentais, por qual motivo devemos deixar que as incertezas da linguagem, enfim, os problemas decorrentes dos assim denominados casos difíceis, assim como a apreciação dos fenômenos sociais (os casos concretos), sejam solvidos a partir da visão individual dos juízes? Afinal, qual é a resposta que esperamos quando buscamos o Judiciário? Uma resposta "a partir da consciência do julgador" ou uma resposta a partir do direito?

Outra questão de especial relevância trazida por Ana Cláudia diz respeito à diferença entre raciocínios teleológicos e raciocínios deontológicos. Juiz decide por princípios, e não por políticas. É nesse ponto que reside o papel garantidor do Judiciário. O problema hermenêutico da linguagem jurídica – não enfrentado suficientemente pela teoria garantista (e essa questão discuto no livro *Garantismo, Hermenêutica e Neoconstitucionalismo – Um debate com Luigi Ferrajoli*) – faz com que até mesmo os tipos penais percam o seu papel de limitação ao poder punitivo. Sem uma criteriologia para o ato de decidir, até hoje sequer conseguimos definir o que seja uma "ação insignificante" no direito penal. Mesmo que, de forma garantista, se admitam discricionariedades *pro reo*, essa abertura, em um país de modernidade tardia como o nosso, no mais das vezes, acaba se voltando contra os setores mais frágeis das relações sociais. Em verdade, o poder discricionário é mais usado contra o réu, sob as mais variadas formas (livre convencimento, livre apreciação, o uso de princípios fora de contexto etc.). Por qual motivo o Supremo Tribunal Federal se vê na obrigação de julgar milhares de *habeas corpus* por ano, para discutir a prisão de crimes insignificantes ou para desconstituir teses semânticas acerca do sentido do que seja "clamor público" ou "ordem pública"? Ou seja, um Judiciário que não resolve essas questões nas instâncias inferiores de forma satisfatória é porque não conseguiu construir uma identidade para lidar com direitos fundamentais. O direito ainda não encontrou uma forma de definir o seu DNA no campo das decisões. Sendo mais claro: como é possível que tenhamos que ir ao STF para libertar um cidadão preso porque não devolveu DVD em locadora? Mas as instâncias inferiores não sabem julgar? Não sabem o que é uma "questão constitucional", por exemplo? Ora, Sir Edward Coke fazia controle de constitucionalidade em 1610, no seu pequeno Tribunal chamado *Common Pleas*, sem Constituição e sem vitaliciedade. Nos últimos anos, o Supremo Tribunal Federal vem tendo que julgar-apreciar esses milhares de *writs* porque o "sistema" não consegue dar conta. Esses casos chegam ao STF porque os Tribunais da federação não dão conta. Os TRFs não dão conta. O próprio STJ não dá conta de discutir e preservar as liberdades (vejam-se, por todos, os julgados pelos quais o STJ nega validade, sem fazer controle de constitucionalidade, do artigo 212 do CPP, que institucionaliza o modelo acusatório na forma de inquirição de testemunhas).

Por tudo, a obra *Para Além do Garantismo – uma proposta hermenêutica de controle da decisão judicial* aposta na hermenêutica (filosófica) e na CHD (Crítica Hermenêutica do Direito) que venho desenvolvendo, como um modo de enfrentar esse *gap* deixado pela teoria garantista. E essa problemática tende a se agravar, mormente se examinarmos os projetos dos novos Códigos (Penal e Processual Penal). O Projeto do NCPP continua a apostar no livre convencimento. Isso, no campo da teoria do direito, tem nome: aposta no poder discricionário e na serôdia assertiva de que existe a "livre apreciação das provas". Não é por nada que no julgamento do mensalão os enunciados mais propalados foram "livre apreciação da prova", "livre convencimento" e "elasticidade na avaliação da prova". Sintomas de um tempo. Ecos de um paradigma em crise.

Tais questões e indagações aumentam a importância da obra de Ana Cláudia, que não poderá faltar na bibliografia das pesquisas que pretendam aprofundar a problemática do direito criminal em *terrae brasilis*. Boa leitura a todos.

Escrito na Dacha de São José do Herval, no final do inverno de 2012, onde alguns ipês, talvez confundidos pelas vicissitudes das mudanças climáticas, presentearam-nos com flores antes da primavera.

Prof. Dr. Lenio Luiz Streck

Sumário

Apresentação – *Antonio Moreira Maués*..17

Notas introdutórias: tensões no garantismo e a proposta de superação pela via hermenêutica – dialogando com Ferrajoli, Gadamer e Dworkin..............................19

1. Delimitando o problema: como o juiz criminal decide?....................................27

    1.1. Decisão 1: *dura lex, sed lex* – o juiz, a lei e a falta 30

    1.2. Decisão 2: o "livre convencimento" e o drible na Constituição........................32

    1.3. Decisão 3: os fins justificam os meios? qual o critério para a boa vontade do juiz? uma porta aberta para um garantismo às avessas?..35

    1.4. Decisão 4: uma decisão realmente garantista – a sutileza do problema...............39

2. Moral e Direito: cisão ou decisão?..45

    2.1. Dualidades garantistas: justificação externa *x* legitimação interna, justiça *x* validade, ser *x* dever ser, moral *x* direito...45

    2.2. Tradição, fusão de horizontes e a estrutura da pré-compreensão: como afastar os juízos morais da compreensão? 56

    2.3. A integridade e a moralidade política em Ronald Dworkin: o juiz não descobre, nem inventa o direito; argumenta...74

3. A precisão semântica garantista: da discricionariedade ao controle – o direito pode ser mera questão de sorte?..93

    3.1. Ferrajoli e a precisão semântica: a discricionariedade em foco......................93

    3.2. Antes da resposta, a pergunta correta; o círculo hermenêutico e o diálogo com o texto..115

    3.3. A resposta correta em Dworkin: uma fórmula contra o decisionismo..............124

4. Utopia garantista *x* mundo prático hermenêutico: a linguagem como instrumento ou condição de possibilidade?...141

    4.1. Ferrajoli e a utopia garantista: um retorno à filosofia analítica.......................141

    4.2. O ser humano hermenêutico: finitude, historicidade e linguagem...................156

    4.3. Dworkin: o jusfilósofo do mundo prático..165

Notas conclusivas...183

Referências 189

Apresentação

Este livro, que reproduz a tese de doutorado defendida junto ao Programa de Pós-Graduação em Direito da Universidade Federal do Pará, pela Profa. Ana Cláudia Pinho, representa uma nova fase na trajetória intelectual da autora e no estudo do direito penal no Brasil. Tendo iniciado sua carreira acadêmica sob a influência da obra de Luigi Ferrajoli, que constituiu o objeto de sua dissertação de mestrado ("Direito Penal e Estado Democrático de Direito. Uma abordagem a partir do garantismo de Luigi Ferrajoli" – Lumen Juris, 2006), Ana Cláudia empenhou-se em um diálogo crítico com o garantismo, o que a levou a identificar a insuficiência das respostas fornecidas por essa teoria ao problema do controle da decisão penal. Embora reconheça a contribuição de Ferrajoli para a construção de um projeto democrático de direito, a autora indica os limites que sua concepção positivista impõe para a efetiva contenção do poder do juiz criminal.

Movida pela recusa das injustiças rotineiramente praticadas no sistema criminal brasileiro e pela busca da concretização dos direitos fundamentais nesse campo, Ana Cláudia assume o desafio de investigar a raiz das concepções filosóficas do garantismo, que não lhe permitem ultrapassar uma visão relativista do direito. Nessa empreitada, a autora se baseia na hermenêutica como "via privilegiada" para a construção de uma teoria do direito penal compatível com o Estado Democrático de Direito, utilizando a hermenêutica filosófica de Gadamer e a teoria do direito como integridade de Dworkin. A aproximação entre os dois autores, que, entre nós, foi inaugurada por Lenio Streck, oferece a Ana Cláudia sólidos alicerces para buscar a superação do garantismo e as respostas corretas em matéria criminal. Renova-se, dessa maneira, o debate sobre vários elementos centrais do direito penal, tais como a separação entre moral e direito, a crítica à discricionariedade judicial e a aplicação dos princípios penais. Os argumentos desenvolvidos no trabalho, de notável consistência teórica, são sempre reforçados pelo profundo conhecimento da autora acerca da jurisprudência criminal praticada no país.

O conjunto da obra aponta novas direções para a pesquisa jurídica no Brasil, estabelecendo pautas hermenêuticas que permitem constantemente revisar os institutos do direito penal de modo a interpretá-los com base nos direitos fundamentais. Dessa forma, a tese de Ana Cláudia representa, com muitos méritos, a abordagem que caracteriza o Programa de Pós-Graduação em Direito da UFPA (Área de Concentração: Direitos Humanos), na qual a autora integra a linha de pesquisa "Intervenção Penal, Segurança Pública e Direitos Humanos" e desenvolve um destacado magistério.

Antonio Moreira Maués
Professor Associado da UFPA

Notas introdutórias:
tensões no garantismo e a proposta de superação pela via hermenêutica – dialogando com Ferrajoli, Gadamer e Dworkin

O segundo pós-guerra é um marco determinante na história do pensamento jurídico dos países ocidentais. Os horrores da *solução final*[1] colocaram em xeque o Direito. As noções mais primárias de justo e injusto, certo e errado pareciam ruir. A reação, como era de se esperar, não tardou.

Os vencedores, de imediato, responderam com a criação da Organização das Nações Unidas, em 24 de outubro de 1945. Excetuando-se o fato de tratar-se de um organismo internacional que teve sua origem (ao menos simbólica) na relação *vencedores x vencidos*, agregando, portanto, interesses das potências aliadas, não se pode negar sua significativa importância na exposição do urgente tema relativo à proteção dos direitos humanos.

Com a pauta "Direitos Humanos" ocupando o cenário ocidental, a tendência impostergável foi a criação de Cortes internacionais para dar conta dos seguidos conflitos que envolviam, não raro, gravíssimas violações a direitos básicos das pessoas e dos povos. Nessa esteira, foram criados o Tribunal Europeu de Direitos Humanos (1959), a Corte Interamericana de Direitos Humanos (1979) e, mais recentemente, o Tribunal Penal Internacional (2002).

No que tange aos diplomas legais regulamentando a matéria, destacam-se os seguintes instrumentos internacionais: *Declaração Universal dos Direitos Humanos* (1948), *Convenção Europeia dos Direitos Humanos* (1953), *Pacto Internacional sobre Direitos Civis e Políticos* e *Pacto Internacional de Direitos Econômicos, Sociais e Culturais* (1966), *Convenção Americana sobre Direitos Humanos* (*Pacto de San Jose da Costa Rica*, 1969).

---

[1] *Cf.* ARENDT, Hannah. *Eichmann em Jerusalém:* um relato sobre a banalidade do mal. São Paulo: Companhia das Letras, 1999.

A partir daí, o panorama foi sendo continuamente desenhado, e as experiências jurídicas nesse terreno foram consolidando-se, enfrentando os desafios que a nova ordem impunha.

Os países democráticos, em seus ordenamentos internos (Constituições), seguiram o perfil internacional, positivando – como direitos fundamentais – os valores reconhecidos pela ordem externa, tais como dignidade, liberdade, igualdade etc.

Forjaram-se, assim, estruturas constitucionais complexas, que passaram a demandar uma intervenção bem mais efetiva do Poder Judiciário, desafiado, agora, a dar conta desse novo modelo de Estado, tendo por desiderato os direitos fundamentais (individuais e sociais); pouco a pouco, foi-se vendo acontecer a Jurisdição Constitucional, não sem percalços.[2]

No caso brasileiro, em especial, juízes que jamais tiveram de acorrer em demandas de tamanha complexidade, chamados a dirimir conflitos meramente individuais, viram-se ante um gigante: a Constituição Federal (CF) de 1988 e seu texto recheado de princípios. A mudança de postura do juiz, nesse novo modelo, seria inexorável.

Porém, mudança não se faz sem riscos e desacertos, principalmente quando envolve mentalidade.

Juízes formados na tradição positivista e acostumados a (só) decidir com base em regras de tudo ou nada, efetuando aplicações silogísticas e operando a partir de métodos tradicionais de interpretação, teriam, agora, de trabalhar com princípios e acudir em questões da mais alta relevância, envolvendo direitos e garantias fundamentais.

A partir daí, dois caminhos: permanecer no esquema positivista (fingindo que nada mudou) ou assumir os desafios e riscos de enfrentar a Constituição e fazer valer seus preceitos.

É bem verdade que muitos ainda fingem que nada aconteceu. Mas outros tantos – bem ou mal – entenderam que a Constituição deve constituir-a-ação (Streck),[3] num Estado Democrático de Direito.

A questão é compreender bem o que significa permanecer no esquema positivista e, mais importante que isso, o que significa fazer valer a Constituição, porque, a depender da noção que se tenha dessa concretização constitucional, pode-se estar correndo um risco tão grande ou ainda maior do que a crença no velho positivismo.

---

[2] Excelentes exemplos de Cortes Constitucionais, que foram instituídas no segundo pós-guerra com o objetivo de realizar a jurisdição constitucional, efetivar o controle de constitucionalidade das leis e interpretar a Constituição são: Tribunal Constitucional Federal alemão, Tribunal Constitucional espanhol, Corte Constitucional italiana, Tribunal Constitucional português.

[3] STRECK, Lenio Luiz. *Jurisdição constitucional e hermenêutica:* uma nova crítica do direito. Porto Alegre: Livraria do Advogado, 2002, p. 78.

Explica-se: dar vida à Constituição, trabalhar com seus princípios, buscar atingir os valores morais insertos na Carta Política (tais como liberdade, igualdade, dignidade, justiça social) nem de longe significa fazer o que quiser em nome de uma boa causa. Em outras palavras: a decantada "abertura principiológica" da Constituição é, como ainda se verá nesta pesquisa, um equívoco. O caráter deontológico dos princípios não abre portas para decisionismos, não é uma carta em branco para ser preenchida da forma que se queira, tampouco é uma autorização geral para o intérprete sair por aí atribuindo o sentido que bem entender aos princípios.

Se assim o fosse, retornaríamos ao gravíssimo problema que nos legou o positivismo: a discricionariedade. No positivismo, a discricionariedade está presente porque, como as palavras não prendem significados, ante a falta de clareza delas, fica tudo nas mãos do juiz, para decidir como melhor lhe aprouver. Eis o enorme perigo de manter uma postura positivista num modelo constitucional democrático: a corrida aos relativismos e decisionismos.[4]

Insista-se, pois: interpretar e aplicar a Constituição, concretizar direitos fundamentais não significa, como se mencionou acima, permitir ao intérprete que diga o que queira, deixando ao alvedrio de sua consciência, de seu pensamento racional (e racionalizante) a tentativa de "descobrir" os sentidos dos princípios. Pelo contrário, princípios fecham sentido, na medida em que são, eles próprios, fruto de uma tradição e condicionados historicamente. Os princípios que, hoje, integram o texto da Constituição da República Federativa do Brasil (CRFB) destacam valores e sonhos que, antes do papel, já existiam no seio da comunidade e que foram para lá trasladados, na demonstração de que os princípios possibilitam ao Direito interagir com o mundo prático.[5]

É interessante notar que essa simpatia pelo protagonismo judicial assume certos ares de modernização na atividade judiciária, pois permite ao juiz decidir sem as "amarras da lei" e buscar a verdadeira justiça (aliás, o que seria isso, buscar a verdadeira justiça?). Com efeito, o juiz demo-

---

[4] O tema é muito bem abordado em STRECK, Lenio Luiz. *Verdade e consenso:* Constituição, hermenêutica e teorias discursivas. Da possibilidade à necessidade de respostas corretas em Direito. 3. ed., rev., ampl. e com posfácio. Rio de Janeiro: Lumen Juris, 2009.

[5] Toda essa discussão será desenvolvida na tese. Mas vale, aqui, uma justa referência a Lenio Streck, que, há muito, debruça-se sobre essa temática. Veja-se o seguinte trecho, em que o pesquisador gaúcho defende que princípios não abrem sentidos: "O caráter normativo dos princípios – que é reivindicado no horizonte das teorias pós-positivistas – não pode ser encarado como um álibi para a discricionariedade, pois, desse modo, estaríamos voltando para o grande problema não resolvido pelo positivismo. Com isso quero dizer que a tese da abertura (semântica) dos princípios – com que trabalha a teoria da argumentação (e outras teorias sem filiação a matrizes teóricas definidas) – é incompatível com o modelo pós-positivista da teoria do direito" (STRECK, Lenio Luiz. *O que é isto:* decido conforme minha consciência? Porto Alegre: Livraria do Advogado, 2010a, p. 96).

crático, nessa visão, seria exatamente aquele que deve rendição, não à lei, mas aos princípios, conferindo-lhes o sentido que aprouver a suas razões, num verdadeiro vale-tudo hermenêutico.

Tal postura não se dá conta, portanto, de que, ao invés de ter conseguido qualquer superação, segue atrelada ao positivismo e ao que de mais problemático a teoria poderia ter-nos legado: a discricionariedade.

O que a tese defenderá é que a postura verdadeiramente democrática implica a busca de mecanismos de limitação e controle do poder de decisão do juiz. Discricionariedade, portanto, pelo viés teórico que for, aqui, não cabe.

A investigação demonstrará que existem, em substituição a um relativismo interpretativo, caminhos outros possíveis para orientar uma séria teoria da decisão e, com isso, solidificar a democracia.

Cárcova,[6] a seu modo, sugere o caminho que aqui se pretende trilhar, ao afirmar que, diante dessas rupturas paradigmáticas do segundo pós-guerra, os juízes estariam numa *encruzilhada*: entre o *decisionismo* (herança maldita do positivismo) e a *hermenêutica controlada*.

A tese que ora se sustenta, sem dúvida, faz uma escolha.

Tendo como pano de fundo a problemática da decisão penal, a ideia que se pretende defender é a de que o Direito não é fruto de desvelamentos miraculosos, de descobertas mágicas, tampouco de invenções, de achismos ou da boa vontade do juiz, mas uma *prática social argumentativa*, desenvolvida a partir de uma *hermenêutica controlada* (para usar a expressão de Carlos Cárcova), em que as decisões jurídicas são, sempre, respostas corretas a casos concretos, por meio de uma interpretação construtiva (criativa), na qual o juiz precisa fornecer a melhor interpretação moral possível da prática jurídica e das leis, envolvendo-se politicamente com os princípios que conformam o Estado Democrático de Direito e com as tradições positivas nas quais se encontra, para realizar os projetos constitucionais.

Para isso, a tese propõe dialogar criticamente com a *teoria do garantismo penal*, de Luigi Ferrajoli, na medida em que esse modelo teórico – embora de inspiração inegavelmente democrática – é legatário do positivismo (optando, contudo, por um positivismo crítico, e não dogmático, como define seu próprio criador)[7] e, por isso, ainda opera nos estreitos limites da filosófica analítica (e no esquema sujeito-objeto, pois), lidando

---

[6] CÁRCOVA, Carlos María. *Direito, política e magistratura*. São Paulo, LTr, 1996, p. 163 *et seq.*

[7] Sobre o tema, ver FERRAJOLI, Luigi. *Derecho y razón*: teoría del garantismo penal (Madrid: Trotta, 2000), especificamente no item intitulado "Iuspositivismo dogmático y iuspositivismo crítico. La crítica jurídica del derecho vigente inválido" (p. 871 *et seq.*).

com determinados conceitos e bases epistemológicas que acabam criando tensões (não raro insuprimíveis) dentro do próprio sistema garantista.[8]

Por mais que o garantismo evidencie esforços para a construção de uma estrutura teórica que procure dar conta do (grave) problema da discricionariedade, o que a pesquisa demonstrará é que esse caminho eleito por Ferrajoli – exatamente por permanecer travado na filosofia da consciência – não consegue fornecer respostas satisfatórias e, ao fim e ao cabo, segue refém da discricionariedade que tanto se põe a combater.

Impende ressalvar, de qualquer sorte, que a relevância de Luigi Ferrajoli – com toda a sua envergadura jurídica, política, filosófica, demonstrada em aproximadamente quatro décadas de intensa produção intelectual – é inquestionável. Qualquer discussão séria sobre democracia, direitos fundamentais, jurisdição constitucional, direito e processo penal, criminologia, política criminal não pode prescindir dos aportes teóricos do *maestro* italiano. Pode-se deles discordar. Ignorá-los, jamais.

Entretanto, embora reconhecendo a inegável contribuição do garantismo para a formatação séria de um projeto democrático de direito, e compartilhando a postura humanista e cívica de seu autor, cremos que existem pontos em que a (aparente) sólida arquitetura teórica ferrajoliana parece vacilar. Por exemplo, quando aposta na precisão semântica como forma de corrigir o poder discricionário do juiz (sugerindo, até mesmo, uma postura um tanto ingênua de seu autor); ou quando defende teses aparentemente contraditórias – como a vinculação a um positivismo crítico (o que parece uma contradição em termos),[9] a separação radical entre direito e moral (embora reconheça a existência de princípios) e, ainda, a cisão entre validade e vigência, ser e dever ser (mesmo admitindo e, inclusive, fomentando o controle constitucional material das leis inferiores).

Essas e outras tensões, aliadas à grande expressão acadêmica de Luigi Ferrajoli, têm provocado os estudiosos e, assim, vários artigos – com críticas sérias, no firme propósito de dialogar com o autor italiano, para

---

[8] Algumas dessas tensões internas foram muito bem apontadas por Alfonso García Figueroa (Universidad de Castilla, La Mancha, Espanha), no artigo intitulado "Las tensiones de una teoría, cuando se declara positivista, quiere ser crítica, pero parece neoconstitucionalista" (In: CARBONELL SÁNCHEZ, Miguel; SALAZAR UGARTE, Pedro (Coord.). *Garantismo:* estudios sobre el pensamiento jurídico de Luigi Ferrajoli. Madrid: Trotta, 2009a. p. 267-284).

[9] Aqui, novamente, Alfonso García Figueroa, no mesmo artigo mencionado acima, faz a ressalva, ao discorrer sobre a impossibilidade de o positivismo ser crítico. Referindo-se a esse novo paradigma cunhado por Ferrajoli, adverte: "[...] Ello no sólo sitúa la teoría de Ferrajoli en una *zona marginal* respecto a la orientación general de la filosofía jurídica actual, sino que además (y esto es lo importante) *pone en evidencia las contradicciones que surgen entre la vocación positivista y la vocación crítica de su propio concepto de derecho. Aquí se ha sostenido que el positivismo crítico encierra en sí una contradicción porque el positivismo no puede ser crítico y porque la crítica no es una función de la teoría del derecho positivista"* (FIGUEROA, 2009a, p. 283, grifo nosso).

Para Além do Garantismo
UMA PROPOSTA HERMENÊUTICA DE CONTROLE DA DECISÃO PENAL

contribuir no amadurecimento do próprio garantismo – têm sido produzidos na última década.[10] Essa tradição, porém, é reservada a poucos; somente aos grandes autores (aos clássicos, como se costuma dizer), que têm a capacidade inigualável de instigar, de fomentar, de chamar à reflexão, de fazer pensar. E Ferrajoli, definitivamente, já inscreveu seu nome nesse rol.

A tese aqui sustentada – afastando-se do garantismo, numa tentativa de apresentar uma proposta de superação – aposta na *hermenêutica*, como via privilegiada para a construção de constrangimentos democráticos ao poder do juiz criminal. Para esse fim, dois autores serão imprescindíveis: Hans-Georg Gadamer e Ronald Dworkin, cujos pensamentos e propostas, claramente aproximáveis (do que se lê de ambos os autores, parece autorizada a conclusão de que Dworkin bebeu na fonte da hermenêutica filosófica gadameriana),[11] subsidiam a hipótese trabalhada.

Como ficará claro no decorrer da pesquisa, tanto Gadamer, quanto Dworkin envidam esforços para combater os relativismos e, exatamente por isso, constituem o referencial teórico basilar para a tese que se pretende sustentar.

É inquestionável, insista-se, a importância de Luigi Ferrajoli no cenário atual do Direito Penal e do Direito Processual Penal democráticos. Suas formulações precisas acerca do *sistema garantista* (SG), articulando os princípios (em forma de axiomas) que devem corresponder às garantias penais e processuais, são criteriosamente construídas, trazendo um aparato teórico muito consistente.

---

[10] Pelo menos dois importantes livros, coletando artigos que dialogam com Ferrajoli, merecem destaque: FERRAJOLI, Luigi. *Los fundamentos de los derechos fundamentales*. Edición de Antonio de Cabo y Gerardo Pisarello. Madrid: Trotta, 2001a e CARBONELL SÁNCHEZ, Miguel; SALAZAR UGARTÉ, Pedro (Coord.). *Garantismo:* estudios sobre el pensamiento jurídico de Luigi Ferrajoli. 2. ed. Madrid: Trotta, 2009. Por seu turno, há outros dois livros, escritos por Ferrajoli, nos quais responde a seus críticos e ratifica os termos de sua teoria. São eles: *Democracia y garantismo*. Edición de Miguel Carbonell. Madrid: Trotta, 2008a e *Garantismo:* una discusión sobre derecho y democracia. 2 ed. Traducción de Andrea Greppi. Madrid: Trotta, 2009.

[11] Essa possível aproximação entre os pensamentos de Hans-Georg Gadamer e Ronald Dworkin já foi, entre nós, muitíssimo bem percebida por Lenio Luiz Streck. Em seu *Verdade e consenso*, o professor gaúcho afirma: *"é possível apontar nítidos pontos importantes de convergência entre a hermenêutica filosófica e a proposta interpretativa do direito de Dworkin* [...]. Em Dworkin, a garantia contra a arbitrariedade está no acesso a uma moralidade institucional; em Gadamer, essa 'blindagem' se dá através da consciência da história efetual [...]. Em Dworkin, há uma única resposta correta; na hermenêutica, a partir dos seus dois teoremas fundamentais (círculo hermenêutico e diferença ontológica) e na leitura que faço de Gadamer, há uma resposta verdadeira, correta; nem a única e nem uma entre várias corretas; apenas 'a' resposta, que se dá na coisa mesma" (STRECK, 2009, p. 61-62, grifo nosso). Em extensa e necessária nota de rodapé, Streck adverte que essa aproximação não é aceita de forma uníssona. Castanheira Neves, por exemplo, contesta-a. Porém, insiste Streck, "penso que há, efetivamente, uma forte ligação entre as teorias propostas por Dworkin e Gadamer" (p. 61-62). No mesmo sentido, de que é possível a aproximação entre Gadamer e Dworkin, ver RAMIRES, Maurício. *Crítica à aplicação de precedentes no Direito brasileiro*. Porto Alegre: Livraria do Advogado, 2010.

Embora se discorde da forma como Ferrajoli articula os princípios (seguindo o método da filosofia analítica) e da via por ele eleita para lidar com a questão da discricionariedade judicial, não há como negar que a obra garantista preocupa-se com as necessidades dos contemporâneos Estados Constitucionais, que precisam lidar com falhas de legitimidade, pois os direitos fundamentais plasmados no texto esperam concretude nas práticas cotidianas, nomeadamente quando se trata do sistema de intervenção penal.[12]

Porém, a pesquisa sustentará que – especificamente no que concerne à compreensão da Constituição e à consequente concretização dos direitos fundamentais, em matéria penal, neste terceiro milênio – o projeto garantista é traído, em alguns pontos, por sua própria raiz epistemológica e que a hermenêutica é o caminho mais indicado para levar a cabo o projeto democrático.

Os pontos nervosos do garantismo são inafastáveis, como os são em toda teoria complexa que enfrenta uma série de questões (desde as filosóficas às jurídicas e políticas).

A tese que ora se sustenta pretende denunciar esses pontos de tensão, com o objetivo claro de demonstrar que o garantismo não consegue responder a uma demanda legítima dos atuais Estados Constitucionais: a necessidade, cada vez mais urgente, de buscar critérios de limitação à decisão penal.

Nem todas as interpretações são possíveis e nem todas as respostas são válidas. Em um regime democrático, não se pode fazer o que se quer. Não se podem seguir preferências. O garantismo, todavia, não consegue avançar, na medida em que ainda opera com categorias positivistas e aposta em alguma discricionariedade para resolver casos concretos. Eis o problema que a pesquisa enfrentará.

---

[12] O pesquisador gaúcho Salo de Carvalho também reconhece os limites do garantismo e defende, com maestria, uma teoria agnóstica da pena (contrária, portanto, ao utilitarismo reformado de Ferrajoli). Mas, ainda assim, destaca a importância fundamental de Ferrajoli no desenho de um modelo humanitário de intervenção penal: "A teoria do garantismo penal, apesar de marcada pelo ideário iluminista e consequentemente pela pretensão universalista típica dos paradigmas científicos, apresenta no contexto global de violações aos direitos humanos interessante mecanismo de fomento à minimização dos poderes punitivos" (CARVALHO, Salo de. *Antimanual de Criminologia*. Rio de Janeiro: Lumen Juris, 2008, p. 115). Alexandre Morais da Rosa, a seu modo, igualmente reconhece a importância de Ferrajoli, mas, nem por isso, deixa de apontar os limites do garantismo, principalmente diante do *hermeneutic turn*: "Advirta-se, todavia, que o garantismo jurídico não é a salvação de todas as situações sociais, constituindo-se em instrumento jurídico (crítico), mormente em face da adoção de uma perspectiva hermenêutica – Filosofia da Linguagem em substituição da Filosofia da Consciência – dissociada do essencialismo, de certa forma presente em algumas concepções de Constituição" (ROSA, Alexandre Morais da. *Garantismo jurídico e controle de constitucionalidade material*. Rio de Janeiro: Lumen Juris, 2005, p. 2).

Para tanto, elegeram-se alguns pontos da epistemologia garantista que representam, para os fins deste estudo, entraves à formação de uma correta teoria da decisão, que possibilite compreender a Constituição hermeneuticamente, viabilizando a concretização dos direitos fundamentais.

A pesquisa estrutura-se, portanto, da seguinte forma: no primeiro capítulo, foram selecionadas quatro decisões (duas convencionalistas, uma pragmatista e uma garantista) com o fim de delimitar o problema, mostrando como o juiz criminal decide no Brasil. Por evidente, não se trata de uma análise quantitativa; trata-se antes de uma análise argumentativa. Importam, para a tese, os argumentos (ou a falta deles) que subsidiam as decisões para, ao final da tese (no último capítulo), ser apresentado como a hermenêutica ofereceria melhores respostas.

Nos capítulos seguintes, desenvolve-se toda a parte teórica da investigação, que foi construída a partir da eleição de pontos fulcrais da arquitetura ferrajoliana nos quais se detectam problemas. São, basicamente, estes: a cisão entre moral e direito, a aposta garantista na precisão semântica e a consequente permanência da (e na) discricionariedade e, finalmente, a forma como o garantismo lida com a linguagem, afastando-se do mundo prático.

Nos capítulos 2, 3 e 4, seguiu-se a metodologia de dialogar com os principais autores que fundamentam a tese: Ferrajoli, Gadamer e Dworkin. A ideia, portanto, é, primeiramente, mostrar os problemas do garantismo na formatação de uma teoria da decisão e, depois, articular a crítica com base na hermenêutica filosófica gadameriana e na teoria do Direito como integridade, de Dworkin.

Se, por um lado, o garantismo apresenta-se como uma teoria democrática (que verdadeiramente é), por outro, não consegue, em alguns momentos, fornecer respostas satisfatórias à resolução dos casos penais, porque a artificialidade de sua concepção teórica (arraigada que está na filosofia analítica e no Círculo de Viena) cria empecilhos incorrigíveis pelo próprio sistema garantista que, assim, vê-se obrigado a apelar para a discricionariedade, da qual não consegue afastar-se. A hermenêutica, por seu turno, procura um caminho diverso e, evitando relativismos e decisionismos, oferece outras respostas (que o garantismo não dá), ou melhor – para usar Dworkin –, respostas corretas à Constituição e à democracia.

1. Delimitando o problema: como o juiz criminal decide?

É importante justificar, logo no início deste primeiro capítulo, por que esta pesquisa se preocupa, especificamente, com o problema da decisão penal.

Trata-se, antes de qualquer coisa, de uma exigência democrática.

Não é novidade alguma o caráter invasivo da intervenção penal. A pena de um juiz criminal pode trazer consequências irreversíveis ao cidadão, numa novela em que a privação de sua liberdade pode, até mesmo, nem ser a pior das violações praticadas. Há outros aspectos da vida humana envolvidos nesse drama, a demonstrar o quanto o Direito Penal (e tudo o que abriga) fere a carne, corrói a alma, destrói esperanças. É por isso que o tema demanda atenção redobrada.

Se o risco de ofensas a direitos fundamentais, no âmbito penal, já é inerente à natureza das questões nesse campo envolvidas, potencializa-se quando se assume que o sistema que (ainda) rege o processo penal no Brasil é o inquisitório (reconhecendo-se os pontuais esforços legislativos para mudar esse quadro)[13] e que, no cume dessa estrutura, está a figura

---

[13] O Código de Processo Penal (CPP) tem sofrido alterações pontuais. As mais significativas vieram com as Leis nº 11.689, nº 11.690 e nº 11.719, de 2008. Embora tenham sido confeccionadas algumas regras que homenageiam o sistema acusatório (como a que determina que as perguntas às testemunhas serão conduzidas, não mais pelo juiz, mas pelas próprias partes, permanecendo o juiz com uma função complementar – artigo 212 do CPP), o núcleo (inquisitório) permanece intacto, já que o juiz segue sendo o grande protagonista e detendo a tarefa de gerir a prova (basta, para isso, ler o artigo 156, que faculta ao juiz, de ofício, "ordenar, mesmo antes de iniciada a ação penal, a produção antecipada de provas consideradas urgentes e relevantes, observando a necessidade, adequação e proporcionalidade da medida", bem como "determinar, no curso da instrução, ou antes de proferir sentença, a realização de diligências para dirimir dúvida sobre ponto relevante"). De outra banda, há o projeto de Lei nº 156/2009, do Senado Federal, que propõe um novo Código de Processo Penal. O esforço aqui é, definitivamente – apesar das resistências –, introduzir o sistema acusatório no Brasil. Tanto assim que o artigo 4º é enfático e vai à raiz do problema (gestão da prova): "O processo terá estrutura acusatória, nos limites definidos neste Código, vedada a iniciativa do juiz na fase de investigação e a substituição da atuação probatória do órgão de acusação". Nesse sentido, lembra Miranda Coutinho: "parece relevante ressalvar um dos maiores efeitos da adoção, no Projeto nº 156/09-PLS, da base do Sistema Acusatório, ou seja, *o lugar das partes no processo*, em face das regras constitucionais" (COUTINHO, Jacinto Nelson de Miranda. Sistema acusatório: cada parte no lugar constitucionalmente

centralizadora do juiz na gestão da prova, favorecendo o temido protagonismo judicial.[14]

Eis, então, a equação: de um lado, um juiz penal que acredita ser o senhor do processo (determinando prisões de ofício, fazendo colheita pessoal de provas, negando pedidos de arquivamento e absolvições do Ministério Público); de outro, a falta de uma séria teoria da decisão no Brasil, que se

---

demarcado. In: COUTINHO, Jacinto Nelson de Miranda; CARVALHO, Luis Gustavo Grandinetti Castanho de. *O novo processo penal à luz da Constituição:* análise crítica do projeto de Lei nº 156/2009, do Senado Federal. Rio de Janeiro: Lumen Juris, 2010, p. 15, grifo nosso).

[14] O tema (sistemas processuais) não é objeto desta investigação. Apenas está sendo apresentado com o objetivo de demonstrar o grave risco que a falta de uma séria teoria da decisão, comprometida com a tutela dos direitos fundamentais, pode trazer a um sistema que já se encontra fragilizado pela adoção de um princípio inquisitivo, que força o ativismo judicial e o solipsismo inquisitório do juiz. Entre nós, é de imprescindível consulta o trabalho de processualistas que são referências quando o assunto é pensar o processo penal em bases democráticas e denunciar os abusos inquisitivos que (ainda) impregnam o imaginário do senso comum. Dentre eles, destacam-se: Jacinto Nelson de Miranda Coutinho, Aury Lopes Júnior, Geraldo Prado, Marcus Alan de Melo Gomes e Lenio Streck. No trecho seguinte, de Jacinto Nelson de Miranda Coutinho, fica claro por que a gestão da prova significa o ponto fulcral que distingue o sistema acusatório do inquisitório: "Ora, se o processo tem por finalidade, entre outras – mas principalmente – o acertamento de um caso penal após a reconstituição de um fato pretérito, o crime, mormente através da instrução probatória, *é a gestão da prova e a forma pela qual ela é realizada que identifica o princípio unificador* [...]. A principal e única diferença definitiva remete à *extrema concentração de poder nas mãos do órgão julgador, no sistema inquisitório,* o qual recolhe a prova (antes de qualquer outro) e determina sua produção. Nele, o acusado é mero objeto de investigação e por isso a regra é que seja decretada sua prisão cautelar, ficando, assim, à disposição da instrução enquanto verdadeiro objeto e meio de prova. De certa forma, desaparece o cidadão; ou pode desaparecer" (COUTINHO, Jacinto Nelson de Miranda. Um devido processo legal (constitucional) é incompatível com o sistema do CPP, de todo inquisitorial. In: PRADO, Geraldo; MALAN, Diogo (Coord.). *Processo penal e democracia:* estudos em homenagem aos vinte anos da Constituição da República de 1988. Rio de Janeiro: Lumen Juris, 2009, p. 254-255, grifo nosso). Do mesmo autor, conferir: COUTINHO, Jacinto Nelson de Miranda. O papel do novo juiz no processo penal. In: COUTINHO, Jacinto Nelson de Miranda (Coord.). *Crítica à teoria geral do direito processual penal.* Rio de Janeiro: Renovar, 2001. p. 3-55; COUTINHO, 2010. Já Aury Lopes Júnior salienta: "Destarte, fica fácil perceber que *o processo penal brasileiro é inquisitório,* do início ao fim, e que *isso deve ser severamente combatido,* na medida em que *não resiste à necessária filtragem constitucional*" (LOPES JÚNIOR, Aury. *Direito Processual Penal e sua conformidade constitucional.* 3. ed. Rio de Janeiro: Lumen Juris, 2008, v. I, p. 74, grifo nosso). Geraldo Prado, por sua vez, ensina: "A Constituição da República optou pelo sistema acusatório, mas o ordenamento jurídico processual ainda está distante da máxima acusatoriedade" (PRADO, Geraldo. *Sistema acusatório:* a conformidade constitucional das leis processuais penais. Rio de Janeiro: Lumen Juris, 1999, p. 207). Para Marcus Alan de Melo Gomes, "[...] permanecemos com um Código anacrônico, hermeticamente elaborado a partir do *princípio inquisitivo* – já que *admite que o juiz tenha iniciativa instrutória e até mesmo acusatória* (vejam-se a mutatio libelli e a possibilidade de o julgador requisitar a instauração de inquérito policial ou indeferir seu arquivamento a pedido do titular da ação penal pública) – e cuja aplicação, no mais das vezes, acaba por indevidamente prevalecer sobre o próprio texto constitucional" (GOMES, Marcus Alan de Melo. O novo rito do tribunal do júri e o juiz inquisidor. *A Leitura:* caderno da Escola Superior da Magistratura do Estado do Pará, Belém, v. 1, n. 1, nov. 2008, p. 21, grifo nosso). Lenio Streck, a propósito desse tema, em recente trabalho, apresenta essa relação umbilical entre sistema inquisitório e ativismo judicial: "[...] em plena vigência da Constituição de 1988, o próprio resultado do processo dependerá do que a consciência do juiz indicar, pois a gestão da prova não se dá por critérios inter-subjetivos, devidamente filtrados pelo devido processo legal, e, sim, pelo critério inquisitivo do julgador. Consciência, subjetividade, sistema inquisitório e poder discricionário passam a ser variações de um mesmo tema" (STRECK, Lenio Luiz. *O que é isto:* decido conforme minha consciência? 2. ed. rev. e ampl. Porto Alegre: Livraria do Advogado, 2010b, v. 1, p. 26-27 (Coleção *O que é isto?*)).

dedique, efetivamente, a pensar na construção de limites para a interpretação judicial, demonstrando que nem tudo é possível e que nem todas as respostas são certas, do ponto de vista da Constituição e da democracia.

O problema encontra-se agravado, mais ainda, pelo fato de que o Direito continua sendo "operado" (e aqui se justificam as aspas, porque o jurista brasileiro acredita que o Direito é uma mera técnica) nos estreitos limites do positivismo e nas bases paradigmáticas da filosofia da consciência, o que favorece um comportamento subjetivista do intérprete. A questão tem sido denunciada, incessantemente, por Lenio Streck (autor cuja importância nesse campo é incontestável e que será referido constantemente nesta tese) e ocupará toda a investigação ora levada a cabo.

A pesquisa, portanto, partirá do pressuposto de que não se segue, no Brasil, uma teoria do direito consistente, a ponto de orientar corretamente as decisões jurídico-penais, em especial as que são prolatadas pelo Poder Judiciário. Embora cada juiz, ao decidir, pense algo sobre o que é o direito, não traduz sua concepção, de forma consciente, na decisão; assim, os argumentos perdem em consistência e coerência.

De modo geral, é o positivismo kelseniano que ainda habita as togas. Boa parte das decisões que são produzidas no país ainda não incorporou a Constituição e opera nos estreitos limites da legislação infraconstitucional.[15]

É lugar comum constatar sentenças e acórdãos que se limitam a fazer alusões ao Código Penal (CP), ao Código de Processo Penal (e legislação extravagante), sem, sequer, mencionar a Constituição da República (CR), como se não existisse Estado Constitucional no Brasil.

Decisões desse jaez nem se dão conta de que a base da legislação penal (Código Penal e Código de Processo Penal) deriva de um momento autoritário da história brasileira (Estado Novo), o que, não fosse por qualquer outra razão, seria o bastante para causar, ao menos, uma desconfiança acerca da (i)legitimidade dessa legislação.

Por outro lado, o garantismo penal, que pode(ria), sem dúvida, ser um caminho a orientar as decisões jurídicas, já que ultrapassou, em alguma medida, o limite do positivismo de Kelsen, reconhecendo a prevalência (material) do texto constitucional, igualmente não satisfaz. Como ainda se demonstrará no decorrer da exposição teórica da tese, o positivismo crítico de Ferrajoli – tal qual o seu antípoda – é traído, em certos pontos, pelo relativismo e pela discricionariedade, permanecendo, ainda,

---

[15] Importa precisar que o problema maior identificado nesta tese é a insuficiência da teoria garantista em lidar com a questão da decisão penal, exatamente porque, em alguns pontos, identifica-se com a Teoria Pura do Direito, principalmente no que concerne à aceitação da discricionariedade. O tema será tratado na seção 3.1 desta investigação.

Para Além do Garantismo
UMA PROPOSTA HERMENÊUTICA DE CONTROLE DA DECISÃO PENAL

arraigado na filosofia da consciência, com a ideia do sujeito racional, dominador e manipulador da linguagem.

Ao fim e ao cabo, resta um incômodo: a falta de controle na decisão penal. O poder do juiz segue sem um critério seguro de limitação, o que é um risco num sistema democrático, em que todos os poderes do Estado necessitam de vínculos de constrangimento.

A hipótese que se busca confirmar, nesta tese, é a de que esse controle pode ser dado pela via hermenêutica, a partir do entendimento da estrutura da pré-compreensão que insere o sujeito na linguagem, constituindo-o e trazendo à tona a tradição, da qual não se pode fugir. Assumi-la é, pois, necessário, para evitar os prejuízos inautênticos e deixar a Constituição falar.[16]

A teoria do Direito pode ser abordada por esse viés hermenêutico. É o que mostra, por exemplo, Ronald Dworkin. É possível alcançar um remédio contra o relativismo.

Nem a dureza da lei. Nem a boa vontade do juiz. Nem a discricionariedade garantista. A resposta certa são argumentos que se desenvolvem buscando a coerência de princípios.

1.1. Decisão 1: *dura lex, sed lex* – o juiz, a lei e a falta

HABEAS CORPUS LIBERATÓRIO. NARCOTRÁFICO. PRISÃO EM FLAGRANTE EM 07.08.09. LIBERDADE PROVISÓRIA. VEDAÇÃO LEGAL. NORMA ESPECIAL. LEI 11.343/06. FUNDAMENTAÇÃO IDÔNEA. GARANTIA DA ORDEM PÚBLICA. QUANTIDADE E QUALIDADE DA DROGA (18 INVÓLUCROS DE COCAÍNA). PARECER DO MPF PELA DENEGAÇÃO DO *WRIT*. ORDEM DENEGADA.

1. A vedação de concessão de liberdade provisória, na hipótese de acusados da prática de tráfico ilícito de entorpecentes, encontra amparo no art. 44 da Lei 11.343/06 (nova Lei de Tóxicos), que é norma especial *em* relação ao parágrafo único do art. 310 do CPP e à Lei de *Crimes Hediondos,* com a nova redação dada pela Lei 11.464/07.

2. Referida vedação legal é, portanto, razão idônea e suficiente para o indeferimento da benesse, de sorte que prescinde de maiores digressões a decisão que indefere o pedido de *liberdade provisória,* nestes casos.

3. Ademais, no caso concreto, presentes indícios veementes de autoria e provada a materialidade do delito, a manutenção da prisão cautelar encontra-se plenamente justificada na garantia da ordem pública, tendo *em* vista a qualidade e quantidade do entorpecente apreendido (13,2 g de cocaína, acondicionadas *em* 18 invólucros).

4. Ordem denegada, *em* consonância com o parecer ministerial.[17]

---

[16] Toda essa discussão será posteriormente aprofundada. Aqui apenas se adianta um argumento de cunho hermenêutico segundo o qual o texto traz algo. Não é um nada. Conferir, especificamente, a seção 3.2 desta tese.

[17] STJ. Quinta Turma. HC 155596/SP. Relator Ministro Napoleão Nunes Maia Filho. Julgado em 12 de agosto de 2010. Grifo nosso.

O que se quer destacar, especificamente, no julgado acima é que uma simples alusão a um dispositivo de lei infraconstitucional (artigo 44 da Lei nº 11.343/06) bastou para blindar a decisão e negar o direito pleiteado pelo paciente, qual seja, a concessão de liberdade provisória em processo que apura tráfico de drogas.

Ao sustentar que "referida vedação legal é, portanto, razão idônea e suficiente para o indeferimento da benesse, de sorte que prescinde de maiores digressões", o julgado, simplesmente, ignorou toda a discussão que subjaz a essa polêmica matéria, relativa à possibilidade de concessão, ou não, de liberdade provisória no caso de delitos hediondos e equiparados (como é o caso do tráfico de drogas).

As "maiores digressões" das quais se diz prescindir dão a ideia de que o juiz, para decidir nesse caso concreto, teria de se valer de coisas do outro mundo. Nada disso! A fundamentação, aqui, nada tem de metafísico. Não se trata de nenhuma elucubração fantasiosa da filosofia ou formulação sofisticada de qualquer teoria da justiça.

Não é de hoje a acirrada discussão – doutrinária e jurisprudencial – acerca do cabimento de liberdade provisória em crimes de tráfico ilícito de drogas. Já faz parte da história do direito penal brasileiro, desde 1990 (com a lei de crimes hediondos), a polêmica em torno dessa questão. Discutir se cabe ou não conceder liberdade provisória em crimes dessa natureza, há muito, já deveria ter incorporado o fundamento de qualquer decisão. Bastaria transitar por aqui, e o acórdão já se colocaria num caminho certo.

Não se pode, tão somente, fingir que nada foi produzido. Que nada para trás se desenvolveu acerca desse tema. Há um passado que constituiu o presente. Nesses vinte anos, tendências jurisprudenciais foram sendo alteradas, legislações foram modificadas, e muito se avançou na discussão jurídica que está por trás da decisão.

Mas nada disso veio à tona no acórdão. Vedou-se a concessão da liberdade provisória, tão só porque o artigo 44 da Lei nº 11.343/06 assim o determina.

É bom registrar que o acórdão em questão ignorou, de igual sorte, orientação, em sentido diverso do Supremo Tribunal Federal (STF)[18] e, inclusive, do mesmo Tribunal do qual foi emanado – Sexta Turma do

---

[18] O tema também é controverso no Supremo Tribunal Federal. Enquanto a Primeira Turma inclina-se no sentido de admitir a vedação da liberdade provisória no caso de delito de tráfico de drogas, entendendo que a própria Constituição já a teria contemplado quando tornou tal delito inafiançável (equiparando, assim, os institutos da fiança e da liberdade provisória), a Segunda Turma orienta-se em sentido inverso, compreendendo que a vedação legal não se sustenta por si só, sendo necessária criteriosa fundamentação para a manutenção do encarceramento provisório, e que a proibição constitucional da fiança não atinge a liberdade provisória. Nesse sentido, os seguintes acórdãos da Segun-

Para Além do Garantismo
UMA PROPOSTA HERMENÊUTICA DE CONTROLE DA DECISÃO PENAL

Superior Tribunal de Justiça (STJ) –, que exige fundamentação suficiente para a vedação do direito, não bastando a simples alusão ao dispositivo legal que proíbe a concessão.[19]

A leitura da decisão ora colecionada causa mal-estar. Não pelo fato de o julgado haver negado a *benesse*, mas por ter ficado na falta. Por não se ter baseado em princípios, não ter invocado argumentos coerentes, não ter avaliado a justeza e a justiça da concessão ou não da liberdade provisória, não se ter referido ao passado de discussões e avanços em torno da matéria, não ter analisado decisões em sentido contrário, produzidas pelo mesmo Tribunal e pela Corte suprema.

Nego porque sim. Porque a lei proíbe. A lei é dura, mas é a lei.

As perguntas iniciais que ficam são: cabe esse tipo de decisão numa democracia constitucional? Pode o juiz, ignorando todas as discussões (passadas e presentes) sobre o tema e abstendo-se de qualquer fundamentação coerente, simplesmente negar um direito porque a lei a isso o obriga? E o sujeito (réu), como fica? Não tem ele direito de que seu caso seja decidido de forma exaustiva, com a justaposição de argumentos profundos (afinal, é de sua liberdade que se trata, ou não?). Enfim, não há nenhum critério, dentro da teoria do direito, que imponha limites a esse tipo de prática?

1.2. Decisão 2: o "livre convencimento" e o drible na Constituição

APELAÇÃO PENAL CRIME DE ROUBO QUALIFICADO PELO CONCURSO DE PESSOAS. TRÊS PEÇAS RECURSAIS DISTINTAS. PRELIMINAR DE DECLARAÇÃO DE INCONSTITUCIONALIDADE DO ART. 385 DO CPP. REJEIÇÃO.

---

da Turma: HC 97579/MT, HC 98966/SC, HC 96041/SP, HC 101505/SC. Portanto, a simples vedação legal não é aceita de maneira uniforme. Mas disso não tratou a decisão transcrita no corpo do texto.

[19] "*HABEAS CORPUS*. TRÁFICO DE DROGAS E PORTE ILEGAL DE ARMA DE FOGO. PRISÃO EM FLAGRANTE. LIBERDADE PROVISÓRIA INDEFERIDA. FALTA DE FUNDAMENTAÇÃO CONCRETA. GRAVIDADE ABSTRATA DO DELITO. VEDAÇÃO DO ART. 44 DA LEI Nº 11.343/2006. ART. 312 DO CÓDIGO DE PROCESSO PENAL. REQUISITOS NÃO DEMONSTRADOS. REINCIDÊNCIA. FUNDAMENTO INSUFICIENTE. ORDEM CONCEDIDA. 1. É pacífica na Sexta Turma do Superior Tribunal de Justiça a compreensão de que se exige concreta motivação para a manutenção de qualquer prisão cautelar, inclusive nas hipóteses de crimes hediondos e de tráfico de drogas, sendo de rigor a demonstração da presença dos requisitos previstos no art. 312 do Código de Processo Penal. 2. *A simples alusão à vedação contida no art. 44 da Lei nº 11.343/2006 não basta para indeferir a liberdade provisória, se não demonstrada a real imprescindibilidade da medida extrema.* 3. A reincidência, por si só, também não é fundamento válido para justificar a segregação cautelar, conforme entendimento pacificado nesta Corte. 4. Ordem concedida para garantir aos pacientes o direito de aguardar em liberdade o trânsito em julgado da condenação, mediante assinatura de termo de compromisso de comparecimento a todos os atos do processo, devendo ser expedido alvará de soltura clausulado" (STJ. Sexta Turma. HC 115580/MG. Relatora Ministra Maria Thereza de Assis Moura. Julgado em 20 de outubro de 2009. Grifo nosso).

Essa prefacial não encontra sustentáculo no contexto fático-jurídico, visto que, como é cediço, o juiz, ao prolatar a sentença condenatória, não está adstrito ao entendimento firmado pelo Parquet, ainda que este requeira a absolvição do réu em sede de alegações finais, podendo o magistrado convencer-se do contrário, *amparado no princípio do livre convencimento motivado do juiz.*

Na íntegra do acórdão, eis a explicação do motivo pelo qual a decisão rejeitou a preliminar de inconstitucionalidade arguida pelo acusado:

Analisarei, inicialmente, as preliminares arguidas:

A preliminar de declaração de inconstitucionalidade do art. 385 do CPP, suscitada pelo apelante Lucas Félix Silva Miranda, não encontra sustentáculo no contexto fático-jurídico, tendo em vista que, como é cediço, o juiz, ao prolatar a sentença condenatória, não está adstrito ao entendimento firmado pelo Parquet, ainda que este requeira a absolvição do réu em sede de alegações finais, podendo o magistrado convencer-se do contrário, amparado no princípio do LIVRE CONVENCIMENTO motivado do juiz. Logo, não há que se falar em inconstitucionalidade do referido dispositivo legal, haja vista que em nada se confronta com os termos do art. 129 da Carta Magna, como defende o apelante, pelo que rejeito, pois, dita prefacial.[20]

A decisão, em poucas linhas, rejeita uma arguição de inconstitucionalidade (do artigo 385, do CPP) sustentada pela defesa, invocando o "princípio do livre convencimento motivado do juiz". Diz que o artigo 385 do CPP (que permite ao juiz condenar um réu, mesmo quando o Ministério Público requer sua absolvição) não fere o artigo 129 da CR (que atribui ao Ministério Público a exclusividade da ação penal pública e, assim, a exclusividade da função de acusar), porque o juiz não está adstrito ao entendimento firmado pelo *Parquet,* podendo convencer-se do contrário, ou seja, de que deve condenar, ao invés de absolver.

A decisão nº 1 mostrou o quanto o juiz ainda é refém do positivismo legalista, ao abster-se de qualquer discussão e fundamentação acerca da matéria levada a seu conhecimento. Escuda-se na lei, fecha-se aos princípios e decide, deixando de fora todas as questões jurídicas relevantes que envolvem o caso.

A decisão nº 2 também traz incômodo parecido: a falta de fundamentação. Ou melhor, a falta de fundamentação com base em princípios.

Note-se que há uma arguição de inconstitucionalidade de um dispositivo específico do Código de Processo Penal (art. 385), que não foi enfrentada na decisão nº 2! Por que o artigo 385 do CPP não viola a Constituição? Por que a preliminar sustentada pela defesa *não encontra sustentáculo no contexto fático-jurídico?* Por que o juiz *não está adstrito ao entendimento firmado pelo Parquet?* O que leva o julgado a afirmar que é

---

[20] TJ/PA. 3.ª Câmara Criminal Isolada. Apelação penal. Processo nº 20093009045-8. Relator Desembargador Raimundo Holanda Reis. Acórdão nº 85184. Grifo nosso.

Para Além do Garantismo
UMA PROPOSTA HERMENÊUTICA DE CONTROLE DA DECISÃO PENAL

"cediço" o entendimento de que o magistrado pode condenar mesmo quando o Ministério Público pede a absolvição?

Será que pode, mesmo? Como validar uma condenação quando o Ministério Público pede a absolvição, se é ele o único órgão legitimado para acusar? Se o Ministério Público reconhece a inviabilidade da pretensão acusatória, o que legitima o juiz para condenar? Enfim, se o Promotor de Justiça pede a absolvição (convencido que está da inocência) de um réu e, ainda assim, o juiz o condena, quem o está acusando?

A discussão, como se vê, parece bem mais complexa e, portanto, mereceria enfrentamento não menos complexo. Afinal, há uma questão de fundo, uma questão constitucional pairando sobre o caso. O princípio acusatório está sendo violado? O artigo 385 do CPP acomoda-se, de fato, ao modelo de processo penal democrático desenhado pela Constituição?

Não se pode responder a essa questão com a simples referência a frases feitas e ao "princípio" do livre convencimento motivado do juiz, retoricamente manipulável. Isso é uma forma de driblar a Constituição, de negar-lhe validade.

Aliás, o acórdão nem sequer explicou o que é "livre convencimento motivado". Parece, assim, que o juiz não motivou seu convencimento sobre o que seja o princípio do livre convencimento!

Livre convencimento não é porta aberta para dizer o que se quer. Sob essa blindagem, muitas decisões furtam-se ao dever da motivação, o que é inadmissível no atual estado da arte do processo penal democrático.[21]

Em suma, a decisão colecionada pretende mostrar o quanto a Constituição não foi, ainda, tomada a sério. O quanto ainda se precisa cami-

---

[21] Escrevendo sobre o tema, Lenio Streck ressalta que o projeto de reforma do CPP, embora traga mudanças pontuais, mantém o "livre convencimento", deixando claro que as necessárias discussões filosóficas acerca do que seria isso nem sequer foram tangenciadas: "Outro sintoma do 'decidir conforme a consciência' está na *força do princípio (sic) do 'livre convencimento'*, o que se pode perceber pela sua permanência no Projeto do novo Código de Processo Penal que tramita no Parlamento. [...] Isso significa admitir que o *projeto de Código de Processo Penal passou longe das mudanças paradigmáticas no campo da filosofia*. Isto porque, quando se fala da formação do convencimento do juiz, está-se a tratar de uma questão filosófica, representada pela discussão acerca das condições de possibilidade que o juiz/intérprete possui para decidir. [...] *O juiz decide por 'livre convencimento'? Mas, o que é isso, o 'livre convencimento'? A decisão não pode ser 'o produto de um conjunto de imperscrutáveis valorações subjetivas, subtraídas de qualquer critério reconhecível ou controle intersubjetivo'.* Daí a minha indagação: de que adianta afirmar um novo modo de 'gestão da prova' se o sentido a ser definido sobre o 'produto final' dessa 'gestão probatória' permanece a cargo de um 'inquisidor de segundo grau' que possui "livre convencimento"? (STRECK, 2010b, p. 48-49, grifo nosso). No mesmo sentido, isto é, preocupado com a manipulação retórica das decisões judiciais, Jacinto Nelson de Miranda Coutinho adverte: "basta a imunização da sentença com requisitos retóricos bem trabalhados e o magistrado decide da forma que quiser, sempre em nome da 'segurança jurídica', da 'verdade' e tantos outros conceitos substancialmente vagos, indeterminados, que, por excelência, ao invés de perenes e intocáveis, devem ser complementados e ampliados em razão das necessidades reais da vida; só não podem servir de justificação descentrada (e ser aceitos como tal), isto é, legitimadora de uma mera aparência" (COUTINHO, 2001, p. 6).

nhar rumo a uma decisão penal que não se esconda por trás de frases feitas e corpos sem alma (como o "livre convencimento"), que enfrente as questões de fundo, que incorpore a necessária dialética da discussão penal, isto é, que responda às questões suscitadas pelas partes, de forma completa, que estabeleça, enfim, com coerência e integridade,[22] limites e critérios. Essa é a dívida que ainda se tem com a democracia.

1.3. Decisão 3: os fins justificam os meios? qual o critério para a boa vontade do juiz? uma porta aberta para um garantismo às avessas?

Trata-se de auto de prisão em flagrante de Saul Rodrigues Rocha e Hagamenon Rodrigues Rocha, que foram detidos em virtude do suposto furto de duas (2) melancias. Instado a se manifestar, o Sr. Promotor de Justiça opinou pela manutenção dos indiciados na prisão.

Para conceder a liberdade aos indiciados, eu poderia invocar inúmeros fundamentos: os ensinamentos de Jesus Cristo, Buda e Gandhi, o Direito Natural, o princípio da insignificância ou bagatela, o princípio da intervenção mínima, os princípios do chamado Direito alternativo, o furto famélico, a injustiça da prisão de um lavrador e de um auxiliar de serviços gerais em contraposição à liberdade dos engravatados que sonegam milhões dos cofres públicos, o risco de se colocar os indiciados na Universidade do Crime (o sistema penitenciário nacional), ...

Poderia sustentar que duas melancias não enriquecem nem empobrecem ninguém.

Poderia aproveitar para fazer um discurso contra a situação econômica brasileira, que mantém 95% da população sobrevivendo com o mínimo necessário.

Poderia brandir minha ira contra os neo-liberais, o Consenso de Washington, a cartilha demagógica da esquerda, a utopia do socialismo, a colonização européia, ...

Poderia dizer que George W. Bush joga bilhões de dólares em bombas na cabeça dos iraquianos, enquanto bilhões de seres humanos passam privação na Terra – e aí, cadê a Justiça nesse mundo?

Poderia mesmo admitir minha mediocridade por não saber argumentar diante de tamanha obviedade.

Tantas são as possibilidades que ousarei agir em total desprezo às normas técnicas: não vou apontar nenhum desses fundamentos como razão de decidir.

Simplesmente mandarei soltar os indiciados.

Quem quiser que escolha o motivo.

Expeçam-se os alvarás de soltura. Intimem-se.

Palmas – TO, 5 de setembro de 2003.[23]

---

[22] A teoria do Direito como integridade (Ronald Dworkin) será objeto de análise no desenvolvimento teórico desta tese.

[23] Decisão proferida pelo juiz Rafael Gonçalves de Paula nos autos n° 124/03 da 3.ª Vara Criminal da Comarca de Palmas (TO). Grifo nosso.

Essa decisão – apesar do resultado inquestionável (de fato, nada parece justificar a prisão de um ser humano pelo furto de duas melancias) e à parte o tom poético que a envolve – também causa mal-estar. E a razão é a mesma: a falta de fundamentação com base em parâmetros coerentes e criteriosamente identificados.

Desde a alusão a princípios do Direito Penal (como insignificância e intervenção mínima) até a referência à ira (do juiz) contra os "neo-liberais, o Consenso de Washington, a cartilha demagógica da esquerda, a utopia do socialismo, a colonização europeia", tudo coube na decisão. Logo, os fundamentos estão "ali", expostos na vitrine, para quem quiser servir-se daquele que preferir.

Ocorre que uma decisão não pode ser fruto de preferências pessoais, de subjetivismos, de escolhas arbitrárias. Ela há de ser argumentativamente construída. Não se pode servir a dois senhores. Ou a prisão é ilegítima porque princípios constitucionais estão sendo violados, ou o juiz manda soltar o réu porque volta sua ira contra os neoliberais. Ou a decisão é baseada em princípios (então, desde que coerentemente fundamentada, tem plena condição de prosperar), ou é fruto de preferências, gostos, desgostos etc. (nesse caso, não há nenhuma chance de tomá-la como válida). O ativismo judicial encontra limites na Constituição. Não se pode fazer o que se quer, ainda que por uma "boa causa".

O final da decisão, excluindo-se o cunho humanitário (caso se leve em conta apenas o resultado: a soltura dos réus), segue trazendo o grave problema da discricionariedade e do decisionismo (escolhas arbitrárias), que (também) contamina o positivismo. O juiz diz que não apontará nenhum fundamento como razão de decidir, que ousará agir em total desprezo pelas normas técnicas. Mandará soltar os réus e quem quiser que escolha o motivo.

Como já apresentado na introdução desta tese, o protagonismo judicial, não raro, assume ares de modernidade, invocando um Judiciário mais independente e imbuído de senso de justiça. E aqui reside o perigo: a proposta, inegavelmente sedutora para os incautos, traz a nódoa da discricionariedade e do arbítrio.

Afinal, os fins justificam os meios, numa democracia?

Pode o juiz, imbuído de toda a boa vontade e tomado pelo mais elevado espírito de justiça e bondade, agir com desprezo pelas "normas técnicas"? Se assim o for, qual o papel da doutrina? Qual o papel da teoria do Direito? Para que, enfim, estudamos?[24]

---

[24] A reflexão vem de Streck quando, preocupado com os rumos que tem tomado a doutrina no Brasil, com a produção de uma cultura jurídica *prêt-à-porter*, insiste em que a doutrina tem de doutrinar, pois o direito não se resume ao que decidem juízes e tribunais. "Insisto: *temos que redefinir o papel da*

Por outro lado, vale refletir: é possível conviver com uma discricionariedade *pro reo*? Quando a decisão for favorável ao imputado, tudo é válido? Seria isso um garantismo às avessas?

É imprescindível ressaltar que essa decisão tampouco obedece aos critérios estipulados por Ferrajoli para o sistema garantista. Embora Ferrajoli admita, de certa forma, um decisionismo *pro reo* (como ainda se vai analisar nesta tese), jamais compactuaria com uma decisão desmotivada, até mesmo porque, nesse caso, os axiomas salvariam.

Lenio Streck lembra muito bem que até mesmo as teorias críticas são traídas pelo decisionismo positivista. Na primeira edição de seu *O que é isto: decido conforme minha consciência?* Aponta como Paulo Queiroz cai nas teias da herança kelseniana da discricionariedade. Em nota de rodapé (nota número 44), transcreve trecho de artigo de Queiroz, em que o penalista baiano assim se expressa: "sempre que condenamos ou absolvemos, fazemo-lo porque queremos fazê-lo, de sorte que, nesse sentido, a condenação ou a absolvição não são atos de verdade, mas atos de vontade".[25]

Em resposta, Paulo Queiroz, no ensaio intitulado *Crítica da vontade de verdade*, critica o texto do professor gaúcho,[26] que, por seu turno, vem à réplica, na segunda edição de seu *O que é isto:* decido conforme minha consciência?[27]

---

doutrina. Nós podemos mais do que isso...! E temos que aprender a criticar as decisões dos tribunais, principalmente quando se tratar de decisões finais, daquelas que representam o 'dizer final'. E temos que ser veementes. Caso contrário, teremos que fechar os cursos de pós-graduação, as faculdades, etc. E parar de escrever sobre o direito. Afinal, *se o direito é aquilo que o judiciário diz que é, para que estudar?* Para que pesquisar? Doutrina (r)? Para quê(m)? Vamos estudar apenas 'case law'...! (STRECK, 2010b, p. 81, grifo nosso).

[25] STRECK, 2010a, p. 35.

[26] No referido ensaio, Paulo Queiroz critica veementemente a tese da *one right answer*, de Ronald Dworkin, referencial na obra de Streck. Diz o penalista baiano que "a resposta constitucionalmente adequada/correta é uma ficção inútil, portanto. Porque o que quer que possa ser pensado (direito, política, religião etc.), como quer que seja pensado, por quem quer que seja pensado, sempre poderá ser pensado de diversas outras formas". Questiona o que torna uma resposta certa e quem diz que assim o é e conclui que, ao fim e ao cabo, a resposta certa é aquela que o juiz ou tribunal diz que é: "mas o que seria de fato a resposta constitucionalmente adequada senão aquela que o próprio intérprete (juiz, tribunal etc.) considera, segundo a sua perspectiva (consciência etc.), como tal?". Encerra, invocando Kelsen, aduzindo que interpretar é, sim, um ato de vontade (QUEIROZ, Paulo. *Ensaios críticos: direito, política e religião*. Rio de Janeiro: Lumen Juris, 2011, p. 25-31). À parte a concordância com a dogmática penal crítica e as reflexões político-criminais muito bem sustentadas por Paulo Queiroz em sua obra, especificamente nesse ponto crucial em que argumenta a favor de um relativismo interpretativo, não se pode com ele concordar. A tese ora sustentada trilha caminho diametralmente oposto, no sentido de que a resposta certa é tão possível como necessária e que, numa democracia, o controle das decisões é tarefa urgente e inegociável. O tema será recorrente, nesta investigação.

[27] Em sua réplica, diz Lenio Streck: "De se consignar que o autor publicou uma resposta às críticas que lhe teci na primeira edição desta obra. Na sua réplica argumenta que o livro 'O que é isto – decido conforme minha consciência?' combate uma espécie de juiz Robson Crusoé – o que, diga-se de pronto, é uma compreensão reducionista do que seja o solipsismo epistemológico, este sim alvo (constante) do meu combate teórico – e pergunta, retoricamente, se esse juiz solipsista existe realmente (*sic*). Com

É inegável a importância de Queiroz no desenvolvimento de uma teoria crítica do Direito Penal (o que é também reconhecido por Streck), bem como é digna de nota sua iniciativa em transitar pelas sendas da hermenêutica (coisa muito rara para quem se dedica à dogmática penal), enfrentando as delicadas questões de fundo sobre o Direito e possibilitando o debate acadêmico sério.

Todavia, no que diz respeito à discussão hermenêutica, é delicada a posição de Queiroz, ao repetir o aforismo kelseniano de que interpretar seria um ato de vontade.

Se interpretar é ato de vontade, abre-se a porta ao decisionismo, e o juiz estará autorizado, por uma teoria do direito, a dizer qualquer coisa sobre qualquer coisa e a atribuir qualquer sentido (dentro da moldura kelseniana, tudo cabe); a decidir, como fez o magistrado citado nesta seção, com total desprezo pelas "normas técnicas", ignorando a doutrina e invocando razões que nada dizem com o Direito. Não parece ser esse um bom caminho.

A pesquisa pretende demonstrar que o fato de o juiz decidir a favor dos interesses do réu não protege, igualmente, sua decisão. A construção de argumentos coerentes, a apresentação de parâmetros claros, a análise exaustiva das questões submetidas à decisão constituem a resposta certa contra o arbítrio.

O problema, portanto, não está no resultado (que, repita-se, neste caso da decisão nº 3, foi válido), mas no caminho percorrido para a ele chegar. Se a fundamentação coerente for dispensada para as decisões favoráveis ao imputado, como controlar quando, em casos mais complexos do que o furto de duas melancias, essa avaliação (pró ou contra) não for tão clara? Sem motivação, como saber o que é "bom" ou "mau"?

Questionaria, afinal, Agostinho Ramalho Marques Neto: "quem nos salva da bondade dos bons?".[28]

---

isso, Queiroz quer nos conduzir, em meio a sua sofisticada tessitura, à ideia própria do cinismo nietzscheniano contida na conhecida expressão de que fatos não há, só há interpretações (o que, de certa forma, virou um jargão em setores críticos do direito brasileiro, que parecem ter aderido ao relativismo filosófico)" (STRECK, 2010b, p. 36-37). A partir daí, Streck segue em sua resposta, esclarecendo do que trata o solipsismo que combate e reafirmando sua concepção antirrelativista, com base na hermenêutica filosófica.

[28] Essa passagem de Marques Neto é, aliás, muito bem trabalhada por Miranda Coutinho, em excelente texto, cuja transcrição seguinte se destaca: "O enunciado da 'bondade da escolha' provoca arrepios em qualquer operador do direito que frequenta o foro e convive com as decisões. Afinal, com uma base de sustentação tão débil, é sintomático prevalecer a 'bondade' do órgão julgador. *O problema é saber, simplesmente, qual é o seu critério, ou seja, o que é a 'bondade' para ele. Um nazista tinha por decisão boa ordenar a morte de inocentes; e neste diapasão os exemplos multiplicam-se.* Em um lugar tão vago, por outro lado, aparecem facilmente os conhecidos 'justiceiros', sempre lotados de 'bondade', em geral querendo o 'bem' dos condenados e, antes, o da sociedade. Em realidade, há aí puro narcisismo; gente lutando contra seus próprios fantasmas. *Nada garante, então, que a 'sua bondade' responde à*

1.4. Decisão 4: uma decisão realmente garantista – a sutileza do problema

A decisão que será analisada nesta seção emanou da 5ª Câmara Criminal do Tribunal de Justiça do Estado do Rio Grande do Sul, tendo como Relator o Desembargador Amilton Bueno de Carvalho.[29] Eis a ementa:

PENAL. PROCESSUAL PENAL. JURISDIÇÃO. INTERROGATÓRIO. ATO PRIVATIVO DO JUÍZ. INADMISSIBILIDADE. SISTEMA ACUSATÓRIO. LIMITES DEMOCRÁTICOS AO LIVRE CONVENCIMENTO. PENA. DOSIMETRIA. CIRCUNSTÂNCIAS JUDICIAIS. PERSONALIDADE. INACEITÁVEL NO SENTIDO PERSECUTÓRIO, EM RESPEITO AO PRINCÍPIO DA SECULARIZAÇÃO, VALORAÇÃO NEGATIVA DOS ANTECEDENTES. INCONSTITUCIONALIDADE.

O exercício da função jurisdicional, no sistema jurídico penal democrático (fatalmente acusatório), é regido por princípios primários: imparcialidade, juiz natural, inércia da jurisdição. Além de outros, de cunho processual, intimamente ligados aos primeiros, como do contraditório, e do livre convencimento, que têm ainda outros como pressupostos: publicidade, oralidade, eqüidistância, etc.

Neste sentido, não há que se falar em local de atuação privativa, pessoal, oficiosa, que denote qualquer excesso de subjetivismo. O trabalho do juiz deve – em observação aos limites principiológicos a ele impostos – ser realizado de forma que evite, ao máximo, espaços temerários, abertos à arbitrariedade e à injustiça: eis porque não se admite interrogatório sem presença de defensor.

Nesta direção, eis, em suma, o aspecto que se pretende aqui reforçar: o convencimento só atinge certo grau de liberdade, quando alcançado por meio de instrumento democrático. Na espécie, o ambiente contraditório! Sem ele a convicção – marcada pela inquisitoriedade – jamais será livre e a democracia desaparece!

A valoração negativa da personalidade é inadmissível em Sistema Penal Democrático fundado no Princípio da Secularização: 'o cidadão não pode sofrer sancionamento por sua personalidade – cada um a tem como entende'.

Outrossim, o gravame por valoração dos antecedentes é resquício do injusto modelo penal de periculosidade e representa *bis in idem* inadmissível em processo penal garantista e democrático: condena-se novamente o cidadão-réu em virtude de fato pretérito, do qual já prestou contas.

Lições de Luigi Ferrajoli, Modesto Saavedra, Perfecto Ibáñes e Eugênio Raul Zaffaroni.

Apelo parcialmente procedente. Unânime.

---

exigência de legitimidade que deve fluir do interesse da maioria. Neste momento, por elementar, é possível indagar, também aqui, dependendo da hipótese, *'quem nos salva da bondade dos bons?'*, na feliz conclusão, algures, de Agostinho Ramalho Marques Neto" (*apud* COUTINHO, Jacinto Nelson de Miranda. Glosas ao "Verdade, Dúvida e Certeza", de Francesco Carnelutti, para os operadores do Direito. In: SÁNCHEZ RÚBIO, David *et al.* (Org.). *Anuário ibero-americano de direitos humanos (2001-2002).* Rio de Janeiro: Lumen Juris, 2002, p. 188, grifo nosso).

[29] Apelação Criminal nº 70004496725. Comarca de Porto Alegre. Informação obtida no site do TJRS. A decisão também se encontra publicada em CARVALHO, Amilton Bueno de. *Garantismo penal aplicado.* 2. ed. Rio de Janeiro: Lumen Juris, 2006, p. 93-104.

Para os fins desta pesquisa, é imprescindível transcrever uma parte do acórdão, em que o Relator, abordando questão preliminar ao mérito, discorre sobre a necessidade do procedimento em contraditório, sustentando a imprescindibilidade da presença de defensor no interrogatório do réu, como a única forma democrática de reduzir as margens de discricionariedade do juiz. A importância do trecho deve-se a sua nítida abordagem garantista. Vejamos:

Breve, mas imprescindível para o momento, a abordagem sobre alguns aspectos do exercício da jurisdição – já que referidos pelo colega monocrático ao defender *a privacidade do juiz no ato do interrogatório.*

O exercício da função jurisdicional, no sistema jurídico penal democrático (fatalmente acusatório), é regido por princípios primários: imparcialidade, juiz natural, inércia da jurisdição. Além de outros, de cunho processual, intimamente ligados aos primeiros, como do contraditório e do livre convencimento, que têm como pressuposto ainda outros como: publicidade, oralidade, eqüidistância, etc.

Tais vínculos definem o grau de legitimidade do poder jurisdicional. Fiel a estes princípios, o juiz deve laborar – em auto-policiamento – evitando confusão entre arbitrariedade e livre convencimento para "reduzir as margens de discricionariedade", diria Ferrajoli.

Tudo se remete para a análise perfeita de Perfecto quando discorre acerca da necessária "correta consciência do juiz sobre seu próprio papel": *"la consiguiente reflexiva tensión hacia la autocontención garantista del proprio poder. Y cuando esto suceda –* falta do autocontrole – *como ocurre con frecuencia, no será razonable esperar buenas decisiones judiciales, caracterizadas por el rigor en la motivación y expresivas del necesario sentido de la responsabilidad."* (Ibáñez, Perfecto Andrés. "Racionalidad y crisis de la Ley". DOXA 22, 1999, p. 308).

Importante, então, que nós juízes assumamos a condição de seres acima de tudo humanos e, portanto, falíveis. Para tanto é necessário que caiam as máscaras da neutralidade e imparcialidade e, de face desnuda, encaremos o princípio da imparcialidade como meta a ser atingida no exercício da jurisdição, buscando cada vez mais consolidar os mecanismos capazes de garanti-la. (Lição de Jacinto Miranda Coutinho).

Faço coro também às palavras do mestre italiano "se las elecciones son inevitables, y tanto más discrecionales cuanto más amplio es el poder judicial de disposición, es cuando menos una condición di su control y autocontrol, si no cognoscitivo al menos político y moral, que aquéllas sean conscientes, explícitas y informadas en principios, en vez de acríticas, enmascaradas o en todo caso arbitrarias". (Luigi Ferrajoli. "Derecho y Razón", p. 616/617, ed. Trotta, Madrid, 1995, p. 174).

Neste sentido não há se falar em local de atuação privativa, pessoal, oficiosa, que denote possibilidade de excesso de subjetivismo. O trabalho do juiz deve – em observação aos limites principiológicos a ele impostos – ser realizado de forma que evite, ao máximo, espaços temerários (conscientes ou não), abertos à arbitrariedade e à injustiça.

Dito de outro modo, o juiz não deve ter interesse no processo – ele não é parte interessada –, mas *diante da incontrolabilidade dos pré-julgamentos, melhor dito, pré-juízos inelimináveis,* diria o mestre de Granada Modesto Saavedra (conseqüência lógica da condição humana), *os atos processuais devem ter freios inibitórios marcados, nos limites do presente debate – dentre outros –,* pelo princípio constitucional do contraditório que *"impõe à autoridade judiciária – qualquer que seja o grau de jurisdição em que atue – o dever jurídico processual de assegurar às partes o exercício das prerrogativas inerentes à bilateralidade do juízo."* (grifo nosso). (STF, HC. 69001/RJ, Relator Ministro Celso de Mello, julgado em 18-02-1992): controlado, pois.

Ou seja, para além da discussão acerca de sua natureza processual – meio de prova ou de defesa – e da importância do interrogatório no processo, imprescindível reforçar a necessidade de que o magistrado aprimore cada vez mais seu compromisso ético no exercício da jurisdição, negando-se de ofício à prática de atos ilegítimos.

A redução do decisionismo e o constante respeito aos direitos e garantias fundamentais, definirão o maior ou menor grau de legitimidade da atividade jurisdicional penal. Esta sempre será legítima quando tenha *"sido possível conferir à sentença a qualidade de haver apreendido o tipo de verdade que pode ser constatada de modo mais ou menos controlável por todos, mas isso só acontecerá se forem satisfeitas as garantias do juízo contraditório, oral e público, isto é, na vigência do sistema acusatório.* (PRADO, Geraldo. "Sistema Acusatório: A conformidade Constitucional das Leis Processuais Penais". Rio de Janeiro, Lumen Juris, 1999, p. 39).

Nesta linha ressalta o professor de Camerino "Todo el sistema de garantías penales y procesales está dirigido a minimizar el poder del juez, transformándolo en una actividad potencialmente cognitiva". No mesmo local, acrescenta que "lo importante es que la existencia de garantías eleva el grado de limitaciones al juez y facilita la decidibilidad de la verdad." (Pisarello, Gerardo e Suriano Ramón. "Entrevista a Luigi Ferrajoli". In: ISONOMÍA, Madrid, 1998, p. 190).

Nas palavras de Alberto Silva Franco – como já mencionei em outro momento – compete ao juiz "em resumo ser o garante da dignidade da pessoa humana e da estrita legalidade do processo. E seria melhor que nem fosse juiz, se fosse para não perceber e não cumprir essa missão". ("O Compromisso do Juiz Criminal no Estado Democrático", Justiça e Democracia, nº 3, p. 270/271).

Nesta direção, eis, em suma, o aspecto que se pretende aqui reforçar: o convencimento só atinge certo grau de liberdade, quando alcançado por meio de instrumento democrático. Na espécie, o ambiente contraditório! Sem ele a convicção – marcada pela inquisitoriedade – jamais será livre e a democracia desaparece!

Em tal aspecto reporto-me ao texto constitucional, que dispõe no artigo 93, IX, ao tratar da estruturação do Poder Judiciário, bem como do exercício de suas funções:

"IX – todos os julgamentos dos órgãos do Poder Judiciário serão públicos, e fundamentadas todas as decisões, sob pena de nulidade, podendo a lei, se o interesse público o exigir, limitar a presença em determinados atos, às próprias partes e a seus advogados, *ou somente a estes". (grifo nosso)*

Da leitura de tal texto, extrai-se a dimensão da importância conferida pela Constituição à presença da defesa para a legitimação de todos os atos jurisdicionais. Vê-se que a norma constitucional – tamanha a importância do ambiente contraditório, na garantia da ampla defesa – chega a prever a possibilidade dè se vedar a participação das próprias partes a determinados atos, mas *nunca* a de seus defensores!

Então – renovada vênia –, reafirmo, incansavelmente, o posicionamento de que o processo é procedimento realizado em contraditório e só neste espaço estará legitimado o poder jurisdicional!

Para Além do Garantismo
UMA PROPOSTA HERMENÊUTICA DE CONTROLE DA DECISÃO PENAL

O interrogatório lançado ao passado inquisitorial sacrifica a mínima fiscalização das partes, ou seja, o necessário controle dos atos judiciais, assumindo inegável cunho persecutório. Retrocesso inadmissível diante das garantias libertárias fundantes do Estado Moderno.

A atividade jurisdicional sustentada em base inquisitória padece de legitimidade em dois planos: no pessoal por representar ato extremamente autoritário e, no formal, é totalitarismo!

Por derradeiro ressalto: é irredutível e necessário certo grau de discricionariedade na formação da convicção. Contudo, nos limites de uma fonte procedimental legítima![30]

Logo de início, uma observação salta aos olhos: é indiscutível a superioridade dessa decisão em relação às demais, quanto à profundidade técnico-jurídica, à qualidade da argumentação e à capacidade de abordagem democrática do tema. Nesses aspectos, por evidente, o acórdão é, não só irretocável, como também digno de todas as homenagens.

A discordância que se apresentará em relação à decisão é exatamente a que mais incomoda em relação à teoria do garantismo: o conformismo com a discricionariedade.

Não há dúvida de que muito do que foi dito no acórdão é de singular relevância. Com o resultado da decisão, também se está de acordo. A questão aqui, sutil e delicada, é o caminho. Como ainda se verificará no desenvolvimento teórico da tese, o caminho escolhido pelo garantismo tem problemas. Graves e insuperáveis. Um deles (talvez, o principal) é a forma como lida com a discricionariedade nas decisões. Para isso, a hermenêutica apresenta outras possibilidades.

Voltando à decisão, de fato, somente se pode pensar num processo penal realmente democrático em ambiente contraditório. Nesse sentido, é um injustificável ranço inquisitorial imaginar que o interrogatório é (ainda) ato privativo do juiz, dispensando-se, assim, a presença do defensor.

Veja-se que o Desembargador Amilton Bueno de Carvalho (que há muito trabalha com o garantismo no Brasil),[31] está preocupado com a criação de limites para o poder de decisão do juiz criminal. Chega a usar a expressão "autopoliciamento", a fim de que o magistrado não confunda livre convencimento com arbítrio.

O problema está, pelo que se observa do julgado, em acreditar que a margem de discricionariedade das decisões não pode ser suprimida. O

---

[30] Grifo nosso.

[31] Amilton Bueno de Carvalho publicou dois livros, colecionando acórdãos de sua lavra, em que defende, claramente, o garantismo penal. São eles: o já citado *Garantismo penal aplicado* e *Garantismo aplicado à execução penal* (Rio de Janeiro: Lumen Juris, 2007). Este último, escrito em parceria com Henrique Marder da Rosa, Rafael Rodrigues da Silva Pinheiro Machado e Ronya Soares de Brito e Souto. Escreveu, ainda, em parceria com Salo de Carvalho, *Aplicação da pena e garantismo* (Rio de Janeiro: Lumen Juris, 2001), além de artigos publicados em livros e revistas, em que sempre defende a radicalidade democrática, pelo viés do garantismo ferrajoliano.

final da decisão soa quase como um vaticínio: "Por derradeiro ressalto: *é irredutível e necessário certo grau de discricionariedade na formação da convicção.* Contudo, nos limites de uma fonte procedimental legítima!".

Em outra passagem, o Relator defende que "diante da incontrolabilidade dos pré-juízos inelimináveis, os atos processuais devem ter freios inibitórios marcados pelo princípio constitucional do contraditório".

Sem dúvida o procedimento em contraditório é impostergável numa democracia. A questão que fica é: seria ele, realmente, um freio inibitório nos atos arbitrários do juiz? Em outras palavras, um processo penal realizado em ambiente contraditório teria condições, por si só, de garantir a correção da decisão? Um juiz que respeitasse integralmente o contraditório não poderia chegar a uma resposta errada? De outra banda, um juiz que realizasse um interrogatório sem a presença do defensor, não poderia chegar a uma resposta correta, como, por exemplo, uma absolvição por falta de provas?[32]

Enfim, questões de procedimento podem minimizar o grave problema da discricionariedade, com o qual todos nos preocupamos? Se o pode, em que medida?

Ao fim e ao cabo, há uma conformação (que vem de Ferrajoli) com a discricionariedade. Aceita-se. Diz-se ser irredutível. E a aposta no procedimento, como única forma legítima e democrática de exercer, ainda que precariamente, o controle, é a única solução que emerge. Afinal, se, pela via da linguisticidade, jamais se poderá dar conta das margens de incerteza, resta apelar para o procedimento.

A hipótese a ser confirmada na tese segue outro caminho. Entende-se que, não apenas o procedimento, mas, acima de tudo, questões de fundo (de substância, de princípios) são capazes de reduzir o grau de discricionariedade nas decisões jurídicas.

A resposta correta virá da interpretação construtiva, do esforço de argumentação, dos vínculos de constrangimentos impostos pela tradição, da circularidade hermenêutica, conforme ainda se analisará nesta investigação.

---

[32] A decisão ora em análise, inclusive, faz referência a essa questão. Embora o Desembargador-Relator dedique preciosas linhas para argumentar em prol do procedimento em contraditório e da necessidade da presença de defensor no interrogatório (com o que, ressalte-se, está-se plenamente de acordo), no caso em comento, não reconheceu a nulidade, uma vez que os réus, cujos defensores não compareceram aos atos de interrogatório, foram absolvidos. Isto é, mesmo sem defensor, mesmo sem respeitar o aspecto procedimental ínsito a um processo penal democrático, o magistrado chegou a uma resposta correta. Eis o trecho do *decisum*: "Outrossim, *não se anula o processo por ausência de advogado/defensor no interrogatório* dos réus Fernando Freitas Dorneles e Leandro Lima Vieira (fls. 483 e verso e 577 e verso) – posição unânime da Câmara (Apelação-Crime nº 70001997402) – *porquanto absolvidos com trânsito em julgado*" (grifo nosso).

Por derradeiro, o que se pretende demonstrar é o quão sutil e delicado se apresenta o problema do garantismo nas decisões judiciais. As decisões nele calcadas são, sempre, muito bem construídas. Porém, e aqui reside toda a crítica, a fundamentação nem sempre satisfaz, porque ainda segue acreditando na fatalidade e no fantasma da discricionariedade.

Este primeiro capítulo destinou-se, apenas, à apresentação do problema que deu origem à pesquisa. Mostraram-se duas decisões nitidamente positivistas (1 e 2), uma decisão pragmatista (3) e uma decisão garantista (4). Embora distintas entre si e reconhecendo-se, sem receio, a primazia da última em relação às demais, o incômodo que fica é um só: discricionariedade. Eis o problema fulcral e o objeto da presente tese, que, em momento posterior, voltará às decisões aqui colecionadas.

Não é objetivo da pesquisa, note-se, fazer uma análise de dados para verificar se existem mais ou menos decisões certas sendo produzidas no Brasil. Os acórdãos acima registrados cumprem a função de mostrar que as decisões que não estão baseadas em princípios, que não realizam a interpretação construtiva, que não se filiam conscientemente a uma teoria do Direito ajustável ao modelo democrático brasileiro, têm problemas e precisam ser retrabalhadas. Mesmo as decisões marcadamente garantistas (sem dúvida, impecáveis quanto ao resultado e à sofisticação do argumento) ainda creem na esfera ineliminável de discricionariedade, o que representa um risco para a democracia.

Há uma crise paradigmática clara. O modo como se decide no Brasil (que não pode, por óbvio, ser avaliado unicamente pelas decisões acima, mas deflui de toda a discussão da doutrina crítica sobre o tema)[33] causa um mal-estar, que precisa ser combatido.

---

[33] Há vários autores trabalhando com essa temática no Brasil. Teses de doutorado e dissertações de mestrado, abordando o problema da decisão jurídica e avaliando criticamente o modo como o juiz decide, têm ocupado o cenário acadêmico ultimamente. Como bons exemplos, a tese de Alexandre Morais da Rosa (*Decisão penal*: a bricolage de significantes. Rio de Janeiro: Lumen Juris, 2006) e as dissertações de Maurício Ramires (*Crítica à aplicação de precedentes no Direito brasileiro*. Porto Alegre: Livraria do Advogado, 2010), Rafael Tomaz de Oliveira (*Decisão judicial e o conceito de princípio*: a hermenêutica e a (in)determinação do Direito. Porto Alegre: Livraria do Advogado, 2008) e Francisco José Borges Motta (*Levando o direito a sério*: uma crítica hermenêutica ao protagonismo judicial. Florianópolis: Conceito Editorial, 2010).

2. Moral e Direito: cisão ou decisão?

2.1. Dualidades garantistas: justificação externa x legitimação interna, justiça x validade, ser x dever ser, moral x direito

A investigação teórica que ora se inicia tem por objetivo primordial examinar alguns elementos da epistemologia garantista, demonstrando em que pontos a raiz positivista que os pré-constitui representa um sério obstáculo para enfrentar a questão da decisão penal e, principalmente, o gravíssimo problema do relativismo interpretativo, no atual estado da arte do constitucionalismo contemporâneo.

O primeiro entrave que a construção ferrajoliana põe de manifesto reside naquilo que seu autor considera constituir "o pressuposto teórico e axiológico do modelo penal garantista",[34] que é a *radical cisão entre moral e direito*; a partir disso, impõe-se uma série de outras dualidades, tais como justificação externa x legitimação interna (do direito), justiça x validade, ser x dever ser.

Sustentar a separação positivista entre *moral* e *direito* em tempos de neoconstitucionalismo, marcados por textos constitucionais recheados de princípios com enorme carga de moralidade, é, no mínimo, um singular desafio.

Mas, para atingir as bases dessa discussão, é imprescindível compreender o que significa efetivamente, para o garantismo, a cisão entre moral e direito e, mais, quais as consequências desse postulado na teoria do direito cunhada por Ferrajoli. Por detrás disso, há uma série de questões importantes e controvertidas, objeto de debate de teóricos e filósofos do direito, que não pode passar despercebida.

Os debates que se seguiram ao *Direito e razão* foram de tal sorte profundos e acalorados, que Ferrajoli precisou reafirmar suas construções teóricas, ao rebater as críticas. Em recente publicação, no afã de esclarecer o que afinal concebe por separação entre moral e direito, enfatiza:

---

[34] FERRAJOLI, 2000, p. 215.

Para Além do Garantismo
UMA PROPOSTA HERMENÊUTICA DE CONTROLE DA DECISÃO PENAL

Por separación entre derecho y moral debe entenderse, en mi opinión, no tanto la negación de toda conexión entre uno y outra, claramente insostenible dado que cualquier sistema jurídico expresa cuando menos la moral de sus legisladores, cuanto la tesis ya menciona-da según la cual la juridicidad de una norma no se deriva de su justicia, ni la justicia de su juridicidad.[35]

Em síntese, Ferrajoli, nesse recente escrito, reconhece que seria insustentável negar a conexão entre moral e direito, pelo simples fato de que qualquer sistema jurídico expressa valores morais, nem que sejam os de seus legisladores. Para o garantismo, portanto, afirmar a separação entre ambos os conceitos significaria, tão somente, sustentar a autonomia entre eles (um não pode ser derivado do outro).

Mesmo sem concordar com essa visão segundo a qual a moralidade existe porque até os legisladores expressariam valores morais ao fabricar leis (a moralidade que se defende nesta tese é de outro cariz, como ainda se analisará), é forçoso concluir que esse trecho mais recente de Ferrajoli parece retirar um pouco da radicalidade da tese da separação (moral x direito). Talvez a força dos debates tenha contribuído para essa nova postura.

No *Direito e Razão*, entretanto, não se consegue sentir essa posição mais amena. Vejamos:

Em sua obra original,[36] Ferrajoli atribui dois sentidos à separação entre moral e direito: um *assertivo* ou *teórico* e outro *prescritivo* ou *axiológico*.[37]

No sentido teórico, separar moral e direito significa afirmar a autonomia dos juízos jurídicos em relação aos juízos ético-políticos. Diz,

---

[35] FERRAJOLI, 2009, p. 25.

[36] Embora *Direito e Razão* seja a obra de Ferrajoli que, até o momento, maior impacto causou na doutrina brasileira contemporânea, o professor de Roma Tre concluiu, recentemente, outro extenso trabalho (de maior fôlego, ainda), intitulado *Principia iuris*: teoria del diritto e della democrazia, publicado em três volumes, pela editora Laterza, em 2007. O primeiro volume (*Teoria del diritto*), em síntese, e nas palavras do próprio autor, é um livro que "contiene una teoria del diritto construita con il metodo assiomatico. Esso si compone, oltre che dell'introduzione metateorica, di quattro parti: la prima dedicata alla deontica, ossia alle relazioni che intercorrono, entro qualunque sistema normativo, tra azioni, qualificazioni deontiche, soggetti e regole; la seconda al diritto positivo, cioè alle medesime relazioni che intercorrono, più specificamente, tra gli atti giuridici, le situazioni giuridiche, le persone e le norme giuridiche; la terza allo stato di diritto, ossia ai sistemi di diritto positivo caractterizzati dalla soggezione al diritto della produzione del diritto medesimo; la quarta a quelo specifico modello di stato di dirito che è la democrazia constituzionale e alle sue diverse dimensioni i livelli, quali risultano dalle differenti classi di diritti fondamentali nelle quai essa sarà qui declinata" (FERRAJOLI, Luigi. *Principia iuris*: teoria del diritto e della democrazia. Roma: Laterza, 2007a, v. 1, p. V). Trata-se de uma obra mais abrangente do que *Direito e Razão*, na medida em que propõe abordar temas mais genéricos e fundamentais (relativos à teoria do direito e do Estado), propondo, verdadeiramente, uma teoria geral do garantismo, sem direcioná-la para o campo penal, como o faz em seu primeiro trabalho.

[37] FERRAJOLI, 2000, p. 219.

portanto, respeito ao problema jurídico da *legitimação interna* do direito (ou de sua validade). Em outras palavras: o direito, para ser válido, não precisa (não deve) subordinar-se a valores morais.

Essa *visão assertiva ou teórica*, por seu turno, implica a existências de três teses que, embora logicamente conectadas entre si, distinguem-se quanto ao seu significado.

Em primeiro lugar, é uma *tese metalógica*: veda a derivação do direito válido (como é) do direito justo (como deve ser), e vice-versa. Ferrajoli propõe chamar "ideologias" todas as teses e doutrinas viciadas por esse tipo de falácia: isto é, todas as que confundem o dever ser com o ser – considerando as normas juridicamente válidas, enquanto sejam eticamente justas (jusnaturalismo/moralismo ético) – e todas as que, pelo contrário, confundem o ser com o dever ser – considerando as normas eticamente justas, enquanto sejam juridicamente válidas (legalismo/estatalismo ético).[38]

Em segundo lugar, é uma *tese científica*: exclui, como falaciosa, a ideia de que a justiça seja uma condição necessária ou mesmo suficiente à validade das normas jurídicas. Segundo Ferrajoli, o pressuposto dessa tese é o de que o direito sobre o qual se fala é inteiramente positivo, o que foi alcançado a partir do fenômeno das codificações e do advento das Constituições escritas. Segundo o autor, essa tese pode ser afirmada por meio do princípio da legalidade, que foi incorporado nos Estados de Direito e que é uma norma de reconhecimento de todas as normas válidas.[39] Portanto, para ser válida, a norma não precisa ser justa, basta que atente ao princípio da legalidade e a tudo o que lhe subjaz.

Em terceiro lugar, é uma *tese metacientífica*: trata da recíproca autonomia entre o ponto de vista interno (ou jurídico) do direito e o ponto de vista externo (ou ético-político) do direito. Para Ferrajoli, é exatamente essa autonomia que possibilita, a uma só vez, duas coisas: de um lado, o desenvolvimento de uma ciência do direito como disciplina empírico-descritiva de normas jurídicas positivas autônoma em relação à moral; de outro, a crítica externa (sociológica, ético-política) do direito positivo, independentemente dos princípios axiológicos por ele incorporados. Em outras palavras, só o abandono de qualquer moralismo jurídico permite à ciência do Direito traçar regras de validade das normas com base em parâmetros internos, prescindindo de valorações morais externas, e só o abandono de qualquer legalismo ético permite utilizar critérios externos (não jurídicos) para averiguar a justiça do direito positivo.[40]

---

[38] FERRAJOLI, 2000, p. 220.

[39] Ibid., p. 220-221.

[40] Ibid., p. 221.

O mestre italiano conclui a classificação acima, dizendo que essas três teses constituem, exatamente, a *concepção juspositivista* do direito e da ciência jurídica, também conhecida como *convencionalismo* ou *formalismo jurídico*.[41]

Ao lado desse aspecto teórico, Ferrajoli concebe um *sentido prescritivo ou axiológico* e diz: "entendida en este sentido, la separación entre derecho y moral, o entre legitimación interna y justificación externa, es un principio político del liberalismo moderno".[42]

Além de princípio político do liberalismo, essa separação é, ainda, um produto do utilitarismo jurídico ilustrado e, segundo o jusfilósofo italiano, tem o valor de um princípio normativo metajurídico (e, como tal, não é nem verdadeiro, nem falso), que enuncia um "dever ser" do direito e do Estado, a quem impõe a carga de justificar suas finalidades utilitárias. Exatamente por isso, esse sentido diz com a questão da justificação externa do direito (sua justiça, pois). Esse princípio veda que a imoralidade seja utilizada para justificar a coerção do Estado.[43]

Sem dúvida, esse sentido prescritivo tem relação direta com a questão da legitimação do Direito Penal que, pela gravidade das sanções que impõe, precisa ser criteriosamente justificado, e a preocupação de Ferrajoli, ao afirmar esse conteúdo de princípio normativo da separação entre moral e direito, não é outra, senão assinalar a impossibilidade de justificar-se a intervenção penal com base em valores extrajurídicos (morais).[44]

Toda essa articulação desenvolvida por Ferrajoli, no *Direito e Razão*, acerca da separação entre direito e moral deixa absolutamente claro que o garantismo, nesse ponto crucial de sua epistemologia, é produto da modernidade, herdeiro da tradição ilustrada, do utilitarismo liberal e, por fim, do positivismo jurídico. Cumpre seguir na análise, pois.

A teoria cunhada por Luigi Ferrajoli, em *Direito e razão:* teoria do garantismo penal, embora tenha pretensões de valer como uma teoria geral do Direito,[45] foi inequivocamente pensada para o (e a partir do) Direito Penal e Processual Penal e exatamente por isso será o principal objeto de

---

[41] FERRAJOLI, loc. cit.

[42] Ibid., p. 222.

[43] Ibid.

[44] Nesse sentido, afirma FERRAJOLI: "Para que puedan prohibirse y castigarse conductas, el principio utilitarista de la separación entre el derecho y la moral exige además como necesario que dañen de un modo concreto bienes jurídicos ajenos, cuya tutela es la única justificación de las leyes penales como técnicas de prevención de su lesión. El estado, en suma, no debe inmiscuirse coercitivamente en la vida moral de los ciudadanos ni tampoco promover coactivamente su moralidad, sino sólo tutelar su seguridad impidiendo que se dañen unos a otros" (FERRAJOLI, 2000, p. 223).

[45] Como já referido em nota de rodapé acima (nº 36), a obra *Principia iuris:* teoria del diritto e della democrazia é que foi responsável pela formatação de uma densa teoria geral do garantismo.

referência desta investigação, direcionada para o problema da decisão penal.

Como a matéria penal ocupa a cena do garantismo em *Direito e razão*, não é difícil compreender essa epistemologia forjada com base em um ideal extremo de racionalidade. A secularização, a separação radical entre direito e moral, entre crime e pecado, entre Estado e Igreja, para o Direito Penal (mais do que para qualquer outra esfera do Direito), são, sem dúvida, providências (aparentemente) urgentes e inafastáveis, pois bem se sabe o quanto a dor e o sofrimento flagelaram a humanidade em tempos anteriores às luzes do século XVIII.

Nesse sentido, o Iluminismo representou, há que se reconhecer, um grande avanço. O medo do Estado justificava-se àquela altura. A desconfiança em relação ao Poder Executivo era totalmente procedente. Daí porque o Legislativo floresce como o grande soberano, impondo-se a legalidade como forma de evitar a coerção com base em valores morais. Isso, sem dúvida, foi uma conquista emblemática, responsável pela humanização do Direito Penal e que, até hoje, informa sua própria existência.[46]

Ocorre que Ferrajoli escreve em meio à formação dos Estados Constitucionais (não mais meramente legais), e – embora afirme que pretende fazer uma revisão na filosofia ilustrada e se diga pertencer ao que denomina positivismo crítico – insistir na cisão radical entre *moral* e *direito* e na separação entre *justiça* e *validade*, *ser* e *dever ser* acaba sendo uma artificialidade, que tende a ruir ante a inegável influência da moralidade, que impregna os princípios constitucionais.

O garantismo sustenta que deve existir uma separação entre *justificação externa* e *legitimação interna* do direito (penal, em especial), entendendo que a primeira dar-se-ia a partir de princípios morais ou políticos (de tipo extra ou metajurídico), enquanto a segunda realizar-se-ia a partir de princípios normativos internos ao próprio ordenamento jurídico. A legitimação externa seria, portanto, um critério de *justiça*, enquanto a interna, de *validade* do direito penal.[47]

Porém, o próprio autor reconhece que, depois que as Constituições contemporâneas incorporaram a seus textos muitos daqueles valores tidos como metajurídicos (e que compunham o chamado Direito Natural), houve uma aproximação entre a legitimação externa e a interna. Assim

---

[46] Nas palavras de Ferrajoli: "la separación entre legitimación interna y legitimación externa – es decir, entre el derecho y la moral, o entre la validez y la justicia – constituye una conquista fundamental del pensamiento jurídico y político moderno" (FERRAJOLI, 2000, p. 354).

[47] FERRAJOLI, 2000, p. 213.

como perdeu sentido a decantada controvérsia entre jusnaturalismo e positivismo.[48]

À parte isso, segue insistindo na cisão! Argumenta que as modificações (paradigmáticas, diga-se) introduzidas pelos contemporâneos Estados Constitucionais não comprometem o princípio teórico juspositivista da separação entre moral e direito, no âmbito penal. Admite que, sem dúvida, o sistema tornou-se mais complexo, mas que, não por isso, moral e direito passaram a implicar-se.

Mantém, assim, a distinção entre vigência, validade e justiça, ressaltando que confundir as duas primeiras é permanecer no terreno do paleopositivismo, fazendo verificações meramente formais de validade, sem incorporar as substanciais modificações trazidas pelo constitucionalismo. Distinguir vigência de validade é, enfim, condição necessária para atingir o controle material de constitucionalidade, segundo o mestre italiano.

Analisar a validade, por óbvio implica recorrer a valores (o que a diferencia da simples vigência). Não, porém, a valores do tipo extrajurídico, mas a valores internos, positivados nos princípios constitucionais. Permanece-se, aqui, no âmbito interno da teoria do direito. A justiça, por seu turno, implica apelar a valores metajurídicos e, portanto, diz, não com a legitimação interna do direito, mas com a externa. Não é, destarte, um problema de teoria do direito; é antes um problema de filosofia do direito.[49]

A dicotomia positivista *ser x dever* passa a ser vista, nesse novo e complexo modelo, da seguinte forma: o antigo embate entre *ser* (direito positivo) *e dever ser* (direito natural) migra para o confronto entre *ser* e *dever ser* no próprio direito positivado (ou seja, entre a lei e a Constituição, entre a lei e a jurisdição, entre a lei a as atividades administrativas, executivas e de polícia), dando azo às incoerências e antinomias do sistema, a outra distinção, portanto: dessa feita, entre *validade* (normatividade) e *efetividade* (produção concreta de efeitos), *fato* e *direito*. Sendo assim, permanece no círculo vicioso das dualidades.

O problema reside exatamente aqui: embora Ferrajoli reconheça as especificidades dos Estados Constitucionais do segundo pós-guerra, permanece insistindo nas cisões e dualidades (moral *x* direito/ser *x* dever ser/legitimação interna *x* justificação externa/vigência *x* validade), o que

---

[48] São palavras de Ferrajoli: "El resultado de este proceso de positivación del derecho natural ha sido una *aproximación entre legitimación interna o deber ser jurídico y legitimación externa o deber ser extra-jurídico* [...]. En estas condiciones el antiguo conflicto entre derecho positivo y derecho natural y entre *positivismo jurídico y jusnaturalismo ha perdido gran parte de su significado filosófico-político*" (Ibid., p. 356, grifo nosso).

[49] FERRAJOLI, 2000, p. 362.

dá a nítida ideia de uma construção teórica, para além de artificial, difícil de ser sustentada.

Ora, ainda que a moralidade – que estava fora do sistema (concebida como valor metajurídico, político, ético) – tenha passado a integrar o sistema, positivada que foi, sob a forma de princípios constitucionais, permanece como moralidade! A sua inserção no sistema positivo não a transmuda. Não a transforma. Não a descaracteriza. Não se pode, simplesmente (e artificialmente) batizar a dignidade humana, por exemplo, de "princípio meramente jurídico". A dignidade humana segue sendo um juízo moral, apenas passa a ser utilizada na prática social do direito. Mas o caráter moral, por evidente, permanece.[50]

Portanto, justificar o direito penal com base nos princípios que lhe dão corpo é fazê-lo, inegavelmente, a partir de critérios de moralidade, já que esses princípios continuam a ser exigências da moralidade. Não perderam essa raiz pelo simples fato de terem sido recebidos por um ordenamento positivo, criado por meio de uma convenção.

O que dificulta a compreensão é que, em momentos posteriores à publicação do *Direito e razão*, e por conta dos debates teóricos que o garantismo suscitou, Ferrajoli, como acima já se destacou, admite que seria ingênuo negar a positivação de valores morais, mas segue insistindo na cisão positivista. Por conseguinte, reconhece a introdução da moralidade no direito, mas permanece na crença da possibilidade de cisão.

Talvez se possa compreender esse paradoxo a partir da preocupação central de Ferrajoli, principalmente no âmbito penal, de que se criminali-

---

[50] É nesse sentido, também, a crítica abalizada de Alfonso Ruiz Miguel. Ao criticar a separação entre justificação interna e externa, sustenta: "[...] Pero que agrega significa que el significado moral del valor o el derecho se ha incorporado a la constitución, de modo que *la positivación no trasmuta por arte de magia lo que era moral en algo que pasa a ser exclusivamente jurídico*. Y, así, lo que por el proceso de positivación de ciertos principios morales en el estado constitucional se produce no es, como dice Ferrajoli, una mera 'aproximación (raviccinamento) entre legitimación interna o deber ser jurídico y legitimación externa o deber ser extra-jurídico', *sino una clara conexión entre ambas que no puede dejar de manifestarse en las, segundo el propio Ferrajoli, inevitables valoraciones que juristas teóricos y prácticos han de hacer en sus juicios sobre la validad jurídica de las normas, juicios en los que no tiene sentido la separación entre punto de vista interno al derecho o jurídico y externo o extrajurídico*" (RUIZ MIGUEL, Alfonso. Validez y vigencia: un cruce de caminos en el modelo garantista. In: CARBONELL SÁNCHEZ, Miguel; SALAZAR UGARTE, Pedro (Coord.). *Garantismo*: estudios sobre el pensamiento jurídico de Luigi Ferrajoli. Madrid: Trotta, 2009, p. 226, grifo nosso). Ferrajoli responde a Alfonso Ruiz Miguel, afirmando que não se trata – como sustenta o professor da Universidade Autónoma de Madrid – de uma mera questão de palavras: "Lo que la tesis de la separación entre derecho y moral rechaza no es la idea obvia de la positivación de determinados contenidos morales, sino la idea, de ninguna manera inocua y tampoco inocente, de que la convención jurídica positivice la moral en cuanto tal, esto es, 'lo que era moral' no ya según los constituyentes, sino intrínseca u objetivamente" (FERRAJOLI, 2009, p. 43). A questão que remanesce é: o que seria, para Ferrajoli, uma "moral enquanto tal"? O que significa dizer que não se pode positivar uma "moral intrínseca e objetiva"? Onde estaria, portanto, a linha divisória entre a moral que inunda os princípios constitucionais (com o que parece concordar Ferrajoli) e a moral enquanto tal, que não pode ser trazida para dentro do direito positivo?

zem comportamentos meramente imorais, de que se confunda crime com pecado e de que os aspectos da moral comum sigam orientando as proibições penais.[51] Realmente, sob esse prisma e tentando acompanhar o pensamento garantista, o temor é perfeitamente fundado, pois bem se sabe o quanto o Direito Penal (ainda) opera com essas categorias criminosas.[52]

Sobre essa postura, aparentemente contraditória, cumpre destacar um artigo do *maestro* italiano, posterior ao seu *Direito e razão*, intitulado "Laicidad del Derecho y laicidad de la moral",[53] no qual responde às críticas que se seguiram contra o seu postulado axiológico e metodológico da separação entre moral e direito. Embora insista sempre na tese, de certa forma matiza-a (como acima já se desenhou), desta feita esclarecendo que o tom é o da *secularização*, no sentido de distinguir *o que é de Deus e o que é de Cesar*, admitindo, agora, que o direito possui conteúdos morais que são socialmente compartilhados e que negar isso não faria qualquer sentido.[54]

Tem-se a sensação de que o autor tenta restringir a abrangência da sua original separação ilustrada entre moral e direito, explicando, nesse artigo mais recente, que a referida separação pode ser entendida como *direito x religião* e dá-se somente nos dois sentidos acima já analisados: um *assertivo e teórico* (que se relaciona ao *princípio da legalidade penal* – apenas a lei, a convenção pode dizer o que é crime, jamais a moral) e outro *prescritivo e axiológico* (que se relaciona ao *princípio da ofensividade no*

---

[51] Pelo que se percebe das recentes manifestações de Ferrajoli (algumas delas transcritas nesta seção da tese), quando afirma que seria ingenuidade sustentar uma separação total entre moral e direito – porque ao menos os legisladores, ao fabricarem as normas, teriam opiniões morais sobre aquele tema – assume essa moralidade num viés bastante reducionista, como sinônimo de opinião pessoal, subjetiva, ou visão de mundo sobre algo. É essa moral (uma "moral comum", ou uma "moral enquanto tal") que Ferrajoli afirma ser indissociável de qualquer conteúdo jurídico. Porém, como ainda se desenvolverá nesta pesquisa, não é desta moralidade que se trata. Não é essa moral que se pretende seja implicada ao direito. Pelo contrário, moralidade, para a hermenêutica, nada diz com visões de mundo ou com opiniões pessoais. O tema será retomado nas seções seguintes.

[52] A legislação penal brasileira é farta de exemplos de criminalização do pecado e de utilização de critérios morais (moral subjetiva) para o agravamento de penas ou denegação de direitos. Pode-se mencionar: art. 59 do CPb (a personalidade e a conduta social do réu servindo como critérios de fixação da pena-base). Art. 233 do CPb (ato obsceno). Art. 234 do CPb (escrito ou objeto obsceno). Art. 323, IV, do CPP (impede a concessão de fiança se houver no processo prova de ser o réu vadio). Art. 50 do Decreto-Lei nº 3.688/41 (jogo de azar). Art. 58 do Decreto-Lei nº 3.688/41 (jogo do bicho). Art. 59 do Decreto-Lei nº 3.688/41 (vadiagem). Art. 62 do Decreto-Lei nº 3.688/41 (embriaguez). Art. 28 da lei nº 11.343/06 (porte de drogas para consumo pessoal).

[53] FERRAJOLI, Luigi. Laicidad del derecho y laicidad de la moral. *Revista de la Facultad de Derecho de México*, México, n. 248, p. 267-277, p. 2007b.

[54] Afirma Ferrajoli: "[...] Tampoco significa que el derecho no deba tener contenidos morales que sean socialmente compartidos: ésta sería una tesis sin sentido. Desde mi punto de vista, lo que quiere expresarse son dos principios fundamentales de la modernidad (y de la civilización) jurídica – diferentes se si entienden en un sentido asertivo o prescriptivo – cuya afirmación coincide con el proceso de secularización y de afirmación de la laicidad del derecho y de las instituciones públicas" (FERRAJOLI, 2008a, p. 134-135).

Direito Penal, no sentido de que apenas pode ser crime aquela conduta que cause lesão a bem jurídico alheio, e não apenas o comportamento pecaminoso, imoral). Aqui esses sentidos dirigem-se, especificamente, à matéria penal.

Como se vê, a preocupação segue sendo o Direito Penal.[55] De imediato, surge uma questão ao garantismo, a partir desse texto: como fundar uma teoria do Direito coerente, se a separação entre moral e direito apenas se justifica(ria) no Direito Penal?

No entanto, em artigo posterior, publicado no Brasil com o título "Constitucionalismo garantista e neoconstitucionalismo", Ferrajoli volta a insistir na separação entre moral e direito, dessa feita abordando-a no contexto da teoria do Direito (e não do Direito Penal), ressalvando, novamente, que sua proposição não quer dizer que "as normas jurídicas não tenham um conteúdo moral ou alguma 'pretensão de justiça'. Essas seriam teses sem sentido [...]".[56] "Mesmo as normas (a nosso entender) mais imorais e mais injustas são consideradas 'justas' para quem as produz e exprimem, portanto, conteúdos 'morais' que, mesmo se (nos) parecem desvalores, são considerados 'valores' por quem os compartilha", complementa.[57]

Aqui parece claro que o conceito de moralidade adotado por Ferrajoli deriva de uma concepção pessoal, subjetiva, valorativa de certo ou errado, justo ou injusto (conforme já se adiantou na nota de rodapé nº 51). A partir daí, o autor conclui que as normas jurídicas têm conteúdo moral (ao fim e ao cabo, guardam em si uma pretensão qualquer de justiça), já que serão valoradas eticamente por quem as produz.

Todavia, como ainda se verá no decorrer desta investigação, não é esse o sentido de moralidade que se pretende afirmar. Direito e moral não podem ser separados, não porque toda norma jurídica tem um conteúdo valorativo, como diz Ferrajoli; mas porque a produção do Direito está, desde sempre, imersa na moralidade política, no conjunto de tradições que (con)formam determinada sociedade, não se podendo disso escapar. Dizendo de outro modo: a moralidade é condição de possibilidade do

---

[55] Nas palavras de Luigi Ferrajoli: "En síntesis: en el primer significado *la separación entre derecho y moral_(o entre derecho y religión)* equivale al *principio de legalidad*; en el segundo significado equivale al *principio de ofensividad*: dos principios que conforman, de manera conjunta, la base, en particular, de cualquier derecho penal garantista, porque tienen como finalidad garantizar la máxima certeza, la igualdad, la sujeción del juez a la ley, la libertad contra la arbitrariedad y la intervención penal mínima" (FERRAJOLI, 2008a, p. 136, grifo nosso).

[56] FERRAJOLI, Luigi. Constitucionalismo garantista e neoconstitucionalismo. Tradução de André Karam Trindade. In: SIMPÓSIO NACIONAL DE DIREITO CONSTITUCIONAL da ABDConst., 9., Curitiba. Florianópolis: Conceito Editorial, 2010, p. 33-51.

[57] Ibid.

próprio Direito. E aqui não se está falando dessa moral simplista (pessoal/subjetiva), mas de uma moral social, de uma tradição compartida.

Em suma: moral e Direito não podem ser cindidos, tampouco confundidos. Não se trata uma conexão conceitual. Há uma coimplicação. Moral e direito não se confundem, embora estejam umbilicalmente conectados. O garantismo pressupõe um postulado absolutamente inexequível, portanto.

Assim sendo, a tese que ora se defende filia-se – guardadas, por evidente, divergências pontuais – às interessantíssimas críticas que têm sido dirigidas a Ferrajoli, no sentido da impossibilidade de cisão entre moral e direito, embora jamais se sustente tratar-se de um mesmo fenômeno, repita-se.

Essas críticas implicam, também, enfrentar a relevante discussão teórica sobre a possibilidade de harmonizar o positivismo com o constitucionalismo. Obviamente, os críticos de Ferrajoli não concordam com sua posição pacificadora e defendem que o modelo jurídico positivista é totalmente incompatível com o constitucionalismo contemporâneo.[58]

---

[58] Vários autores têm tomado parte nesse debate. Dentre eles, destacam-se: Marina Gascón Abellán, Marisa Iglesias Vila e Alfonso García Figueroa. Marina Gascón Abellán em interessante nota de rodapé no seu artigo intitulado "La teoría general del garantismo: rasgos principales", afirma que a insistência de Ferrajoli em cindir moral e direito acaba afastando-o "de una tendencia que ha tenido gran éxito en la filosofía del derecho contemporánea y que, con más o menos énfasis, viene a relativizar un tipo de relación necesaria o conceptual entre el derecho y la moral. Me refiero, por ejemplo, a autores como Dworkin, Soper, Habermas o Alexy. Aun cuando el garantismo comprende también una filosofía moral o política bastante precisa, *no hay confusión de planos, y sus presupuestos metodológicos no abdican de esa radical separación entre el derecho que es (y que siegue sendo derecho por muy injusto que resulte) y el derecho que debe ser*" (GASCÓN ABELLÁN, Marina. La teoría general del garantismo: rasgos principales In: CARBONELL SÁNCHEZ, Miguel; SALAZAR UGARTE, Pedro (Coord.). *Garantismo:* estudios sobre el pensamiento jurídico de Luigi Ferrajoli. Madrid: Trotta, 2009, p. 37, grifo nosso). Marisa Iglesias Vila – que, segundo Ferrajoli, juntamente com García Figueroa, dirige a crítica mais radical ao modelo garantista de compatibilização entre positivismo e constitucionalismo –, em artigo intitulado "El positivismo en el Estado Constitucional", ataca a posição conciliadora de Ferrajoli (segundo a qual a presença de um sistema constitucional não nos exigiria abandonar o positivismo jurídico e, mais que isso, o constitucionalismo representaria o positivismo em sua forma mais extrema ou acabada) e defende que "[...] si se introduce una dimensión de validez sustantiva como requisito de legalidad, se está al mismo tiempo se estableciendo, aunque sea por mecanismos internos al proprio derecho, una *conexión necesaria entre el derecho y la moral* (sin que ello implique que el derecho y la moral sean un mismo fenómeno)" (IGLESIAS VILA, Marisa. El positivismo en el Estado Constitucional. In: CARBONELL SÁNCHEZ, Miguel; SALAZAR UGARTE, Pedro (Coord.). *Garantismo:* estudios sobre el pensamiento jurídico de Luigi Ferrajoli. Madrid: Trotta, 2009, p. 84, grifo nosso). Na opinião da autora, ainda, o constitucionalismo não pode ser visto apenas como uma teoria de validade jurídica infraconstitucional. "El constitucionalismo, para tener algún alcance significativo, debe poder constituirse en una concepción de la práctica jurídica, una concepción que encaje la idea de una constitución dentro de la lógica del derecho y del discurso jurídico" (Ibid., p. 85). Em seguida, conclui: "La dificultad que de una manera u otra el positivismo sigue enfrentando es la de admitir la incorporación de una dimensión sustantiva de validez jurídica, sin admitir, al mismo tiempo, una conexión necesaria entre el derecho y la moral" (Ibid., p. 90). "Admitir esta conexión [entre moral e direito, acrescentamos] invitará, como mínimo, a articular una concepción del derecho mucho más rica que la que es tradicional en el positivismo jurídico, una concepción menos centrada en el derecho como sistema de reglas, menos absorta en los problemas estructurales y más preocupada por

A investigação aqui apresentada defende que a preocupação de Ferrajoli no campo penal pode ser plenamente contornada, mas por outra via. A proibição de criminalizar o pecado deverá vir de outros mecanismos (hermenêuticos), e não da irreal cisão entre moral e direito. O princípio da legalidade e o princípio da ofensividade, bem como a intervenção penal mínima, podem ser alcançados perfeitamente sem se precisar valer do esforço metafísico de dizer que a moral deve ser separada do direito.

A vinculação entre moral e direito, pelo contrário, precisa ser corajosamente assumida e denunciada. Uma vez admitido isso, passa-se a investigar um conteúdo para essa moralidade, compreendendo de que forma ela opera no interior de um sistema jurídico constitucionalizado e como ela pode ser uma importante aliada na definição de limites para o poder do juiz.

Logo, ao invés de se pensar a moralidade como uma possibilidade de abertura a discricionariedades, de apelos a coisas do outro mundo, ou como sinônimo de subjetividades, concepções pessoais ou visões de mundo, é preciso apropriar-se dela para, ao contrário, minimizar as possibilidades de arbítrio. Aqui a hermenêutica será fundamental, como ainda se verá.

---

nuestras concepciones de la justicia social y por como el derecho implementa ideales morales" (Ibid., p. 93). Ferrajoli responde a Iglesias Vila, insistindo em sua tese da separação entre direito e moral. Sustenta que a posição de Iglesias Vila é jusnaturalista, na medida em que não acredita em um constitucionalismo não democrático, já que atribui validade somente aos modelos constitucionais que incoporem conteúdos democráticos. Para Ferrajoli, ao inverso, "el paradigma constitucional es sólo un paradigma formal" (FERRAJOLI, 2009, p. 30). Mesmo não abraçando uma concepção jusnaturalista do direito (que, para Ferrajoli, é a posição de Iglesias Vila), também não se concorda com a postura garantista de que o paradigma constitucional é, meramente, um paradigma formal. O tema será ainda retomado em seções subsequentes, neste capítulo da tese. Por sua vez, Alfonso García Figueroa, em artigo intitulado "Las tensiones de una teoria cuando se declara positivista, quiere ser crítica, pero parece neoconstitucionalista: a propósito de la teoria del derecho de Luigi Ferrajoli", posiciona-se no sentido de que as tensões que o garantismo carrega tornam-se insuperáveis pela rigidez da teoria em se filiar ao modelo de positivismo jurídico e sugere que a única forma de a teoria ferrajoliana superar certos problemas estruturais seria abandonar o modelo positivista e assumir, realmente, um paradigma constitucionalista. Figueroa fornece, então, uma visão do que compreende por positivismo e afirma que, pelo menos, duas ideias são defendidas por qualquer positivista: a tese da separação entre direito e moral e a tese da neutralidade. Para Figueroa, o fato de Ferrajoli assumir-se como um positivista crítico "relativiza la tesis de la neutralidad" e "la incorporación de valoraciones y la dimensión crítica del plantemiento de Ferrajoli comprometen su presunto positivismo y como poco lo sitúan en una delicada posición". Seguindo nessa crítica, afirma: "el positivista crítico Ferrajoli parece debatirse en un dilema: o bien es un positivista que no hace teoría del derecho o bien es un teórico del derecho que no es positivista" (GARCÍA FIGUEROA, 2009a, p. 275-276). Ao responder a García Figueroa, Ferrajoli replica: "No estoy de acuerdo [...] por mi parte, invitaría a Alfonso García Figueroa, y en general a quines interpretan el constitucionalismo en clave anti o post-positivista, a actualizar su definición paleo-positivista de 'positivismo jurídico'. Ante todo, abandonado el requisito de la neutralidad valorativa [...]. Entendido de forma absoluta, este requisito, que como he dicho es hoy insostenible en el ámbito de la interpretación de las leyes, representa un rasgo propio del paleo-positivismo por lo que respecta únicamente a los juicios de validez [...]. El constitucionalismo rígido, como se ha desarrollado y ha ido generalizándose en la segunda mitad del siglo XX, equivale al perfeccionamiento y a la completa realización del positivismo jurídico: por así decir, a su forma más extrema y acabada" (FERRAJOLI, 2009, p. 27-28).

2.2. Tradição, fusão de horizontes e a estrutura da pré-compreensão: como afastar os juízos morais da compreensão?

Defende-se aqui a hipótese de que a hermenêutica filosófica de matriz gadameriana, aliada à consistente teoria do Direito formatada por Ronald Dworkin (direito como integridade), é um caminho seguro para propor parâmetros de controle para o poder do juiz criminal e, assim, limitar a decisão penal, evitando a discricionariedade e o decisionismo.

O primeiro ponto do arcabouço ferrajoliano que se pretende criticar é a assumida separação entre Direito e Moral.

Como visto acima, esse é o pressuposto teórico e axiológico fundamental do garantismo que, na linha do positivismo jurídico, pressupõe um direito válido somente a partir da cisão radical entre direito e moral.

A pesquisa demonstrará, a partir da análise de conceitos caros à hermenêutica filosófica, que esse afastamento é, para além de metafísico, impossível de ser pensado.

A escolha de Hans-Georg Gadamer e sua hermenêutica filosófica não é, por evidente, aleatória. Justifica-se por vários motivos.

Gadamer atravessou todo o século XX. Nasceu em 1900. Morreu em 2002. Viveu as duas grandes guerras mundiais. Sentiu de perto o nazismo em sua Alemanha. Foi aluno de Heidegger. Aprendeu. Ensinou. Produziu vivamente sua filosofia. São inquestionáveis seus esforços no sentido de recuperar uma tradição perdida nas luzes do Iluminismo e de colocar em xeque a razão da (e na) modernidade, demonstrando que o homem é um ser histórico, finito e que a pertença a uma tradição é condição de possibilidade de toda compreensão. A verdade, portanto, jamais pode ser obtida por meio da aplicação de um método lógico-racional.[59] Mas – como um evento – ela é revelada. Sobrevém, pela dialética hermenêutica.

"A verdade não é conceptual, não é facto – acontece [...]. A verdade não se alcança metodicamente, mas dialeticamente", diz Richard E.

---

[59] Lenio Streck, na epígrafe da 3ª edição de seu *Verdade e consenso,* ao explicar o título do livro, relembra: "Passados mais de quatro décadas do lançamento de Wahrheit und Methode (Verdade e Método) de Hans-Georg Gadamer, ainda persistem mal-entendidos acerca do título, que, segundo ele, *deveria ser lido como Verdade contra o Método.* Com o título da presente obra – Verdade e Consenso – corro um risco similar. Mesmo assim, como uma homenagem a Gadamer, decidi chamá-lo de 'Verdade e Consenso'. Mas, efetivamente, deve ser lido como Verdade contra o Consenso" (STRECK, 2009, grifo nosso). Richard Palmer, ao discorrer também sobre o título da obra-prima de Gadamer, destaca: "Abandona-se a antiga concepção de hermenêutica como sendo a base metodológica específica das Geistewissenschaften; o próprio estatuto do método é posto em causa, pois *o título do livro de Gadamer é irónico: o método não é o caminho para a verdade. Pelo contrário, a verdade zomba do homem metódico"* (PALMER, Richard. *Hermenêutica.* Tradução de Maria Luísa Ribeiro Ferreira. Lisboa: Edições 70, 2006, p. 168, grifos nossos).

Palmer.[60] Para o professor norte-americano (que fez pós-doutoramento em Heidelberg, com Gadamer),[61] a experiência hermenêutica é a revelação da verdade que, assim, nada diz com o conceito de verdade como correspondência. A verdade hermenêutica jamais é total ou destituída de ambiguidade, visto que se fundamenta na dialética (negatividade da interrogação), na fusão de horizontes entre o contexto do sujeito e o contexto da tradição.[62]

A crítica (bem fundada) de Gadamer a *Aufklarung* e a tudo o que lhe subjaz – nomeadamente, à crença na racionalidade, à aposta no método como forma de chegar à verdade, ao preconceito negativo contra a tradição, à separação entre sujeito (que conhece e assujeita) e objeto (que é conhecido), ao alheamento em relação à história –, somada a seu projeto de fundar hermeneuticamente as ciências do espírito, desenvolvendo uma notável estrutura sobre a compreensão, os preconceitos autênticos (positivos), o círculo hermenêutico, a finitude, a historicidade, justificam a opção por esse filósofo como um referencial imprescindível para a tese ora sustentada.

Nesta seção, o objetivo é analisar os conceitos hermenêuticos de *tradição*, *fusão de horizontes* e *pré-compreensão*, a fim de argumentar que, para a compreensão do Direito, jamais se poderá prescindir de juízos que estão arraigados historicamente no próprio intérprete, jamais se poderá, portanto, afastar da moralidade.

A moralidade é condição de possibilidade da compreensão; é condição de possibilidade do próprio Direito. Não se escolhe estar ou não estar nela inserido. Já se está, desde sempre, visto que a moralidade – vinda com a tradição – constitui o sujeito como tal. O homem não tem a faculdade de optar entre exercer ou não juízos morais na compreensão, pois, antes disso, já está mergulhado na moralidade.[63]

Como acima mencionado, Gadamer procura recuperar um elo perdido. O Iluminismo representou uma radical reação à tradição. Os filósofos da Ilustração tomaram toda a tradição no sentido negativo. A proposta era apartar-se, totalmente, de tudo o que estava ficando para trás e construir, a partir de então – e de bases totalmente racionais – uma nova história.

---

[60] PALMER, 2006, p. 169-170 e 246.

[61] Informação obtida em <http://www.mac.edu/faculty/richardpalmer/>.

[62] PALMER, op. cit., p. 246.

[63] "A *tradição* não se coloca pois contra nós; *ela é algo em que nos situamos e pelo qual existimos*; em grande parte é um meio tão transparente que nos é invisível – *tão invisível como a água o é para o peixe*" (Ibid., p. 180, grifo nosso).

Esse projeto, como se sabe, foi levado a cabo rigorosamente. A racionalidade ilustrada espraiou-se e fez discípulos por toda a modernidade. Basta recordar a importância dada às chamadas Ciências da Natureza, a partir do século XVIII. A aplicação de métodos, de lógica racional, como forma de levar o experimento (que nada tem a ver com a experiência no sentido hermenêutico) à possibilidade de comprovação empírica, norteou toda a teoria do conhecimento da época. Às Ciências do Espírito, pouca coisa restava. Na verdade, não tinham uma epistemologia própria, impregnadas que estavam pelo modelo das ciências naturais.[64]

Nesse cenário de reação à modernidade, a hermenêutica desponta, inicialmente, como uma *hermenêutica bíblica*, como forma de compreender as escrituras. Embora a Bíblia seja o livro sagrado dos cristãos e lido constantemente por milhares de pessoas, a tarefa de sua interpretação permaneceu, durante séculos, nas mãos da Igreja, que determinou, dogmaticamente, a sua compreensão (nem sempre a melhor, ou a mais correta).

Propunha a hermenêutica, então, desvencilhar-se de todas as limitações dogmáticas que eram impostas à compreensão dos textos sagrados, rumo a uma interpretação histórica, não apenas gramatical. A partir do momento em que se abandona o dogmatismo imposto pela Igreja e que essa compreensão da Bíblia inclui a historicidade do documento, passa a não existir mais diferença entre compreender um texto sagrado e compreender um texto não sagrado.

Cabe destacar, aqui, a importância da *hermenêutica romântica* (Schleiermacher) e da *hermenêutica histórica* (Dilthey), para demonstrar em que medida contribuem com a *hermenêutica filosófica* e, também, em que medida Gadamer delas se afasta.

Schleiermacher concebe uma hermenêutica universal, a partir do não compreendido. Para ele, a experiência da *estranheza* e do *mal-entendido* são universais. Ocorrem em qualquer tentativa de compreensão, não somente das Escrituras.

Sua maior contribuição, segundo Gadamer, foi haver desenvolvido uma verdadeira doutrina da *arte do compreender*, tomando a hermenêutica como a arte de evitar o mal-entendido. Schleiermacher isola o procedimento do compreender (a hermenêutica deixa de ter uma função auxiliar, subordinada, para tornar-se, ela mesma, uma metodologia própria). Não

---

[64] Por isso Gadamer, ao iniciar sua obra principal (*Verdade e método*), trata do problema do método e adverte: "a auto-reflexão lógica das ciências do espírito, que acompanha seu efetivo desenvolvimento no século XIX, está completamente dominada pelo modelo das ciências da natureza" (GADAMER, Hans-Georg. *Verdade e método I*: traços fundamentais de uma hermenêutica filosófica. 7. ed. Petrópolis: Vozes, 2005, p. 37).

há, em Schleiermacher, a separação entre compreender e interpretar. Ele admite que todo compreender pressupõe um interpretar, diferentemente da concepção comum segundo a qual somente se interpreta aquilo que não foi compreendido (interpreta-se para compreender).

Schleiermacher incorporou o *raciocínio circular*, isto é, a relação entre todo e parte, que é imprescindível à hermenêutica filosófica. Cada individualidade é a manifestação da vida universal. Cada qual traz em si um mínimo de cada um dos demais. O particular só pode resultar do contexto e, em última análise, do todo. Por seu turno, o todo, a partir do qual se deve compreender o individual, não pode ser dado – pelo viés hermenêutico – antes desse individual. Compreender é sempre um mover-se nesse círculo e é por isso que o constante retorno do todo às partes, e vice-versa, torna-se essencial. O movimento circular ocorre porque nada do que se deve interpretar pode ser compreendido de uma só vez.[65]

Ao lado da interpretação gramatical, Schleiermacher coloca a *interpretação psicológica* e, segundo Gadamer, "é aqui que se encontra sua contribuição mais genuína".[66] Essa nova postura hermenêutica (até então baseada na interpretação gramatical, na obtenção de um significado dogmaticamente construído) defendia que a compreensão é uma reprodução da obra original; a reconstrução de uma construção.

O intérprete deveria atingir o inconsciente do autor original, deveria compreender aquilo que o próprio autor, conscientemente, não atingiu. A relevância dessa formulação é retirar o caráter objetivo da compreensão. A relação do intérprete não se dá com a coisa, pois não é a ela, especificamente, que ele se volta, mas ao inconsciente do autor original.

O autor de uma obra de arte, ou de um texto, aparta-se de sua obra, deixando de ser o seu intérprete mais qualificado. Não raro, quem interpreta a obra o faz encontrando sentidos jamais imaginados pelo autor. A obra afasta-se de seu autor e reconstrói-se, ganha outras dimensões, aos olhos do intérprete.

"Importa compreender um autor melhor do que ele próprio se compreendeu".[67] Esse é o postulado da hermenêutica romântica e que, segundo Gadamer, marca toda a história da hermenêutica moderna, encerrando seu verdadeiro problema.

Reside aqui, conforme alerta Gadamer, um importante desempenho teórico, qual seja, extinguir a diferença entre o intérprete e o autor, le-

---

[65] GADAMER, 2005, p. 260-261. A noção de circularidade hermenêutica, conforme Gadamer, voltará neste trabalho, em capítulo seguinte.

[66] Ibid., p. 256.

[67] Ibid., p. 263.

Para Além do Garantismo
UMA PROPOSTA HERMENÊUTICA DE CONTROLE DA DECISÃO PENAL

59

gitimando a *equiparação* de ambos (o que é diferente de pura e simples *identificação* – autor e intérprete não se identificam, equiparam-se), pois o que se deve compreender não é, por óbvio, a autointerpretação reflexiva (intenção original), mas a intenção inconsciente do autor (aquilo que ele não imaginou dizer, mas que está na obra).[68]

Repita-se: deve o intérprete, de forma consciente, buscar aquilo que para o autor ficou inconsciente.[69] Mas isso somente será possível dentro da circularidade, da relação entre todo e parte. A relação do intérprete não se dá ante o objeto, mas ante a compreensão desse objeto, isto é, ante aquilo que o autor quis expressar, porém não o fez.

A ideia é que o leitor interpreta *melhor* a obra do que o seu autor original, que deixa de ser, assim, o seu intérprete mais habilitado. Na verdade, quando o próprio autor passa a refletir sobre a obra, sai da condição de autor original e ocupa a de intérprete, tornando-se ele mesmo leitor de sua própria obra.

Essa fórmula de Schleiermacher, ressalta Gadamer, *"não inclui mais a própria coisa de que se está falando*, mas *considera a expressão que representa um texto*, abstraindo de seu conteúdo de conhecimento, como uma produção livre".[70] Ou seja, há, aqui, uma fundamental contribuição da hermenêutica romântica no sentido de desvencilhar-se da relação sujeito-objeto, que dominou a filosofia da consciência.

Porém, apesar de toda a colaboração dada pela hermenêutica de Schleiermacher, principalmente com a eliminação do dogmatismo, a inclusão do raciocínio circular e o afastamento da relação sujeito-objeto, sua preocupação era teológica (compreender as escrituras), e não histórica. Aí estava o seu limite.

Passa-se, assim, à verificação da hermenêutica histórica de Dilthey.

Dilthey foi biógrafo de Schleiermacher. Influenciado pela hermenêutica romântica, ele a amplia e a transfere para a compreensão da história universal. Apropria-se da ideia da circularidade, que já vinha da hermenêutica romântica, para a História. As partes individuais de um texto só podem ser entendidas a partir do todo, e este somente a partir daquelas. À História universal, interessa a compreensão, não da parte isolada, mas do todo. Um único texto, uma ruína histórica somente fazem sentido a partir do todo da História, e ela somente pode ser compreendida por meio de suas partes.

---

[68] GADAMER, 2005, p. 265.

[69] Para Gadamer, com esse proceder, Schleiermacher "introduz em sua hermenêutica universal a estética do gênio. O modo de criar do artista genial é o modelo a que se reporta a teoria da produção inconsciente e da consciência necessária na reprodução" (Ibid., p. 264).

[70] Ibid., p. 201, grifo nosso.

O problema é que a história universal ainda não acabou! A História não tem fim. Falta-lhe o caráter de conclusividade, que possui um texto para o filólogo. E se a História ainda não findou, como fixar o seu todo, para deixar valer a circularidade hermenêutica? A hermenêutica, nessa situação peculiar, estaria apta a servir de base para a Historiografia?

A história, para Dilthey, não é dogmática. Faz-se por meio de observação, não de fatos, mas de experiência (conceito esse muito caro à hermenêutica).

A história não se conclui. Ela é, em verdade, um processo de vida, cuja apreensão não está na constatação dos fatos, mas na fusão de recordação e expectativa, num todo que chamamos *experiência* e que adquirimos na medida em que fazemos experiências. Portanto, nós não observamos a experiência, nós a realizamos, a vivemos.

Dilthey compreendeu a impossibilidade de o homem afastar-se da História para apreendê-la como objeto, na medida em que ele próprio (o homem) é um ser histórico. O homem vive a experiência histórica. Logo, o homem que investiga é o mesmo homem que faz a História. Não há separação, portanto, entre sujeito e objeto. O próprio sujeito que conhece (homem) está inserido no objeto a conhecer (História).[71]

O desafio para Dilthey foi fundamentar epistemologicamente as ciências do espírito, e o que representa o ponto decisivo aqui é o problema da transição de uma fundamentação psicológica (hermenêutica romântica, acima delineada) para uma fundamentação hermenêutica das ciências do espírito. Porém, na visão de Gadamer, Dilthey foi tímido nessa tarefa, jamais ultrapassando o estágio de "simples esboços".[72]

Portanto, Dilthey, apesar de todo o desenvolvimento da historicidade, não consegue fazer a passagem do ponto de vista psicológico para o hermenêutico. A tarefa ainda ficou por ser realizada.

Essa apresentação (que se sabe breve e perfunctória – até mesmo por não ser objeto direto do trabalho) das hermenêuticas que antecederam Gadamer teve por único objetivo demonstrar o estado da arte em que se encontrava a hermenêutica no século XX, quando Gadamer propôs o seu modelo de hermenêutica filosófica.

Viu-se, pois, que a circularidade hermenêutica, a experiência como um processo dinâmico que ocorre na medida em que é experenciada, a

---

[71] Gadamer, referindo-se ao argumento que Dilthey teria repetido de Vico, quanto ao primado epistemológico do mundo da história feito pelo homem, afirma: "A primeira *condição de possibilidade da ciência da história* consiste em que *eu mesmo sou um ser histórico*, e que *aquele que investiga a história é o mesmo que a faz. O que torna possível o conhecimento histórico é a homogeneidade de sujeito e objeto*" (GADAMER, 2005, p. 300, grifo nosso).

[72] Ibid., p. 303.

Para Além do Garantismo
UMA PROPOSTA HERMENÊUTICA DE CONTROLE DA DECISÃO PENAL

superação da interpretação dogmática/gramatical são algumas noções que já estavam fincadas na hermenêutica, antes de Gadamer. Porém, como se está falando das influências que Gadamer sofreu, é indispensável demonstrar, na própria obra de Gadamer (que é o filósofo eleito como referencial nesta pesquisa), a enorme presença de seu professor, Martin Heidegger, especificamente de sua fenomenologia hermenêutica.

Na segunda parte de seu *Verdade e método*, Gadamer destina um item para discorrer sobre o projeto heideggeriano de uma fenomenologia hermenêutica e, na sequência, analisa a descoberta de Heidegger da *estrutura prévia da compreensão*, bem como apresenta a descrição heideggeriana do *círculo hermenêutico*, conceitos esses indispensáveis à hermenêutica de Gadamer.

Para Gadamer, Heidegger somente se interessa pela problemática da hermenêutica e da crítica históricas com o objetivo ontológico de desenvolver, a partir delas, a estrutura prévia da compreensão.[73] É por meio da análise da historicidade e da temporalidade, que Heidegger construirá a estrutura prévia e circular da compreensão.[74]

O *círculo hermenêutico*, para Heidegger, "não deve ser degradado a círculo vicioso [...] a tarefa primordial, constante e definitiva da *interpretação*, continua sendo *não permitir que a posição prévia e a concepção prévia lhe sejam impostas por intuições ou noções populares*".[75]

Eis aqui uma nítida preocupação, desde Heidegger, com a arbitrariedade na compreensão. Logo, a estrutura da pré-compreensão – como condição de possibilidade da própria compreensão – não pode ser concebida por meio de uma circularidade viciosa entre o todo e as partes (o círculo tem um sentido ontológico positivo, portanto). Há de se conferir à interpretação a tarefa primordial de impedir que os falsos preconceitos, que as subjetividades impregnem a posição prévia.[76]

---

[73] GADAMER, 2005, p. 354.

[74] Na visão de Jean Grondin, Heidegger não gostava de falar de um círculo, pois se trata de uma figura espacial e geométrica e, "como tal, está cortado a la medida del ente que se da meramente 'ante los ojos' y, por tanto, es inapropiado para expresar la estructura preocupada del Dasein ('ser ahí'). Por consiguiente, no es completamente correcto hablar de la 'doctrina' de Heidegger acerca del círculo del entender" (GRONDIN, Jean. *Introducción a Gadamer*. Traducción de Constantino Ruiz-Garrido. Barcelona: Herder, 2003, p. 130).

[75] GADAMER, op. cit., p. 355.

[76] Sobre a preocupação de evitar arbitrariedades na compreensão, é oportuna a lição de Grondin, para quem o círculo hermenêutico é fenomenológico (e não lógico-epistemológico); por isso – afirma Grondin numa citação que faz de Heidegger –, a interpretação que seja consciente da existência dos juízos preestabelecidos verá que sua "primera, constante y última función es evitar que las ocurrencias y los conceptos populares le impongan en ningún caso el 'tener', el 'ver' y el 'concebir' 'previos', para desenvolver éstos partiendo de las cosas mismas, de suerte que quede asegurado el tema científico (SZ, 153 [ST, 171-172])". E prossegue Grondin, aduzindo que, "por consiguiente, *no se puede afirmar que este concepto de interpretación hermenéutica represente carta blanca para todo juicio*

Essa ideia – fundamental também em Gadamer – é a principal hipótese de defesa da tese ora apresentada. Mostrar que a hermenêutica não compactua com arbitrariedades e que, exatamente por isso, é um ótimo viés para estabelecer controle para o poder do juiz.

Gadamer igualmente se preocupa com as arbitrariedades na compreensão e afirma: *"toda interpretação correta tem que proteger-se da arbitrariedade e voltar seu olhar para as coisas elas mesmas"*.[77]

Essa noção heideggeriana da *coisa mesma* – seu desenvolvimento não é objeto deste estudo – aparece em Gadamer no sentido de que a coisa interpretada, ela mesma, já acontece, ou seja, a coisa já antecipa o seu sentido. Um texto, por exemplo, já diz algo. Quando aparece um primeiro sentido no texto, o intérprete já tem noção do todo do texto (pela parte que se lhe apresentou).

Lenio Streck fala da ausência de um "grau zero" na compreensão. O texto já acontece, é um evento. A pré-compreensão adianta-lhe o sentido que, portanto, não está à disposição do intérprete.[78]

Por evidente, esse sentido somente aparece porque quem lê o texto o faz com base em pré-compreensões que sugerem um determinado sentido para o texto. Isso significa que o intérprete não chega cru ao texto, tampouco o texto é para ele asséptico. Porém, essas prévias concepções precisam, no decorrer no processo, ser constantemente testadas e revisadas, para confirmar se elas (ainda) são adequadas àquele texto.[79] Lembre-se que essas pré-noções não são as noções populares, mas são o fruto da intersubjetividade entre texto e intérprete, deixando vir à tona os pré-juízos positivos.

A interpretação começa, pois, com uma expectativa de sentido que precisa ser confirmada na coisa mesma (texto). À medida que se avança nesse processo de interpretação, os sentidos previamente apresentados precisam ser, passo a passo, ratificados no texto. Caso não o sejam, devem ser substituídos por outros mais adequados. Não raro, opiniões prévias são erradas, equivocadas (inautênticas, falsas) e não encontram ressonân-

---

preestabelecido de carácter interpretativo. Se trata, por el contrario, de um concepto interpretativo crítico, más aún, autocrítico, que se preocupa de uma demonstración por las cosas mismas" (GRONDIN, 2003, p. 130-131, grifo nosso).

[77] GADAMER, op. cit., p. 355, grifo nosso.

[78] STRECK, 2009, p. 77 *et seq.*

[79] Diz Gadamer: "Quem quiser compreender um texto, realiza sempre um projetar. *Tão logo apareça um primeiro sentido no texto, o intérprete prelineia um sentido do todo.* Naturalmente *que o sentido somente se manifesta porque quem lê o texto lê a partir de determinadas expectativas* e na *perspectiva de um sentido determinado.* A compreensão do que está posto no texto consiste precisamente na elaboração desse projeto prévio, que, obviamente, tem que ir sendo *constantemente revisado* com base no que se dá conforme se avança na penetração do sentido" (GADAMER, 2005, p. 356, grifos nossos).

cia na coisa-texto. Segundo Gadamer, a tarefa constante da compreensão é esta: "elaborar os projetos corretos e adequados às coisas, que como projetos são antecipações que só podem ser confirmadas nas coisas".[80]

Portanto, as opiniões prévias inadequadas, arbitrárias seguramente não encontrarão resposta no texto e serão descartadas. A compreensão só encontra a sua verdadeira possibilidade quando as opiniões prévias com as quais inicia não são arbitrárias.

Gadamer reconhece que há grande dificuldade para afastar as opiniões prévias indevidas. Como se protegeria um texto previamente contra mal-entendidos? Pondera, no entanto, que não é necessário – por impossível – esquecer as opiniões prévias pessoais. O que se exige, para a hermenêutica e para evitar o mal-entendido, é a *abertura para a opinião do texto*, confrontando-a com as opiniões próprias do intérprete.

Mas, diante dessa possível multiplicidade de opiniões próprias, o que fazer? Há, para a hermenêutica, seguramente, um limite. "nem tudo é possível", alerta Gadamer. O "opinável" é controlado. Aqui também existe um critério: o limite está, exatamente, na coisa mesma; no texto, que já diz algo e deve controlar os prejuízos inautênticos; no todo da tradição. O tema da alteridade do texto ainda será analisado nesta tese.

Até aqui, o que se quis deixar claro, ainda que preliminarmente (pois o tema será retomado), é que a hermenêutica não negocia com arbitrariedades. Definitivamente, não!

Cabe destacar que Ferrajoli faz uma menção crítica à hermenêutica, tomando-a por relativista, quando discorre sobre "os equívocos do formalismo e do antiformalismo". A crítica parece, a princípio, equivocada. É bom dizer, ademais, que a menção a Gadamer, que consta da nota n° 114 do capítulo de *Direito e razão*, é feita por meio de outro autor, não existindo referência direta ao *Verdade e método*.[81]

De decisionista ou relativista, realmente, nada tem a hermenêutica gadameriana. Pelo contrário, Gadamer preocupa-se – e não é pouco – com a limitação dessa possibilidade de os prejuízos inautênticos levarem a um mal-entendido na compreensão.

Uma vez demonstrado que, para a hermenêutica, a compreensão/ interpretação/aplicação (que não são cindidas, integram um processo

---

[80] GADAMER, 2005, p. 356.

[81] Ao dirigir suas críticas a algumas formulações, Ferrajoli afirma: "lo mismo ha de decirse del antilogicismo de esa orientación metodológica desarrollada en Alemania bajo el nombre de 'juristische hermeneutik' que teoriza, en oposición al esquema silogístico, la inevitable discrecionalidad, valoratividad y creatividad de toda la actividad judicial, exigidas por la llamada precomprensión de los hechos y por la correlativa concreción de las normas" (FERRAJOLI, 2000, p. 163). Sem querer aprofundar a crítica de Ferrajoli, uma coisa é certa: à hermenêutica gadameriana, seguramente, não se dirige, pois distante está desses relativismos.

unitário voltado para o mundo prático, como ainda se verificará neste trabalho) dá-se a partir do movimento circular entre intérprete e texto, com suas partes e seu todo, em que o texto antecipa um sentido que confirmará (ou não) as opiniões prévias com as quais se lança o intérprete à tarefa compreensiva, importa, para a pesquisa, distinguir os *preconceitos falsos* dos *verdadeiros* e a importância (e o alcance) da *tradição*.[82]

Com efeito, há uma relação umbilical entre *preconceito* e *tradição*. "São os preconceitos não percebidos que nos tornam surdos para a coisa de que nos fala a tradição",[83] lembra Gadamer.

No início desta seção, destacou-se que o Iluminismo pretendeu fazer uma ruptura com a *tradição*, lutando contra ela e, assim, tomou a noção de *preconceito* por um viés totalmente *negativo*, pois o pressupôs como fruto de um passado que deveria ser abandonado.

A *tradição* (cuja crítica ilustrada teve como alvo primordial a tradição religiosa do cristianismo) foi substituída inteiramente pela *razão*. A *autoridade* haveria de vir da *razão* (deveria ser a ela submetida), jamais da *tradição*. A Ilustração culpa a autoridade (vinda da tradição) pelo não uso da razão, isto é, o homem obedecia cegamente a uma autoridade, apenas porque a tradição assim o exigia, e, dessa forma, não fazia uso da sua racionalidade.

Convém lembrar que Ferrajoli é herdeiro do movimento da Ilustração e, consequentemente, toma de forma radical a razão como fonte de toda a autoridade. Não por acaso, o título de sua obra principal é *Direito e*

---

[82] Importa apresentar ainda a opinião de Jean Grondin, para quem, embora Heidegger tenha representado, realmente, grande influência na obra de Gadamer, há diferenças claras entre o pensamento de ambos os autores acerca do círculo hermenêutico. Segundo Grondin, "la motivación no es exactamente la misma en ambos autores. En Heidegger se trata, ante todo, de una motivación existencial. En el entender, en cuanto entenderse del Dasein, está en juego siempre una anticipación de la existencia, que ha de aclarar la interpretación [...]. La orientación de Gadamer tiene tonos marcadamente diferentes. Entabla polémica más que nada contra el modelo metodológico de objetividad, que anatematiza cualquier implicación de quien entiende en lo que él entiende [...]. La mencionada diferencia es resultado principalmente de una distinta motivación de los conceptos del entender en Heidegger y en Gadamer. Sin embargo, otras diferencias afectan a la comprensión del círculo. En primer lugar, llama la atención que Heidegger, en oposición a Gadamer, no hable nunca del círculo del todo y de sus partes, sino del círculo del entender y de su interpretación [...]. No podemos hacer caso omiso tampoco de una ultima diferencia entre Gadamer y Heidegger en la cuestión del círculo: mientras que Heidegger realza más bien la primacía del futuro en los proyectos del entender anticipante, vemos que Gadamer espera hacer más justicia al motivo fundamental de una hermenéutica del 'estado de yecto', al mantener la primacía del pasado. Para Gadamer, el futuro es precisamente el que se sustrae a nuestro entender y lo que nosotros podemos – a lo sumo – 'anticipar' a la luz de las experiências ya reunidas [...]. El acuerdo esencial entre Gadamer y Heidegger se refiere al carácter ontológico, pero también a la ganancia de conocimiento que se obtiene con este círculo" (GRONDIN, 2003, p. 131-136). O objetivo dessa citação foi, tão só, mostrar que – à parte a clara inspiração de Gadamer na obra de Heidegger – os filósofos mantêm diferenças claras em algumas concepções.

[83] GADAMER, 2005, p. 359.

Razão. Toda a epistemologia garantista é baseada no uso da razão. Razão ilustrada, é bom dizer.

Gadamer esclarece, porém, que preconceito quer dizer, simplesmente, *juízo prévio* e que não significa, de modo algum, *falso juízo,* "uma vez que seu conceito permite que ele possa ser valorizado *positiva* ou *negativamente".*[84]

Como alerta Palmer, "os juízos prévios não são algo que devamos aceitar ou que possamos recusar; são a base da capacidade que temos para compreender história". Logo, não se pode dispor dos pré-juízos. Eles são condição de possibilidade de toda e qualquer compreensão. Eles sempre existirão. Queiramos, ou não.[85]

Toda a carga negativa que impregna a noção de preconceito vem da Ilustração e espalha-se na modernidade. O preconceito foi reduzido – equivocadamente – ao significado de "juízo não fundamentado".[86] Para o Iluminismo, o que confere ao juízo sua dignidade é só a fundamentação (racional), a garantia do método (e não do encontro com a coisa mesma). Essa é uma conclusão típica do espírito do *racionalismo.* Há, portanto, a pretensão do conhecimento científico de eliminar qualquer tipo de preconceito, o qual significa falta de fundamentação metodológica, racional.

Coube a Gadamer, porém, restabelecer o conteúdo positivo dos *preconceitos* e recuperar a noção de *tradição* e *autoridade,* despedaçada com a *Alfklärung.*

Os preconceitos são, insista-se, condição de possibilidade para a compreensão. Não se compreende sem a inserção na estrutura da pré--compreensão. Na verdade, compreende-se, porque se pré-compreende. Eis o sentido positivo dos preconceitos, resgatado pela hermenêutica de Gadamer. Existem, sim, preconceitos legítimos, verdadeiros, positivos!

---

[84] GADAMER, 2005, p. 360, grifo nosso. Sobre esse tema, é pertinente mencionar a réplica de Lenio Streck à crítica de Daniel Sarmento. Segundo Lenio, Sarmento acusa a hermenêutica de irracionalista, porque aposta na pré-compreensão como forma de impor limites ao decisionismo. Lenio esclarece, no entanto, que o equívoco da crítica está, exatamente, em confundir pré-compreensão (condição de possibilidade de toda e qualquer compreensão) com pré-conceitos (inautênticos, que levam ao erro na compreensão). Diz ele: "que fique bem claro: não se pode confundir pré-compreensão com visão de mundo, preconceitos ou qualquer outro termo que revele uma abertura para o relativismo. A pré--compreensão demonstra exatamente que não há espaço para esse tipo de relativização subjetivista que acabaria, no fundo, caindo nas armadilhas de um ceticismo filosófico. [...] É a esses preconceitos que, por certo, Sarmento se refere. Por isso seu alvo é equivocado. Atira nos preconceitos buscando atingir a pré-compreensão [...]. Numa palavra: Sarmento talvez tenha sido traído pelos pré-conceitos e não pela pré-compreensão" (STRECK, 2009, p. 453-454).

[85] PALMER, 2006, p. 186.

[86] GADAMER, 2005, p. 361.

Na lição de Grondin, os pré-juízos legítimos são exatamente os que nos proporcionam acesso à coisa mesma, enquanto os ilegítimos são os que obstaculizam esse acesso.[87]

Ainda com apoio em Grondin, é preciso ressaltar que, em Gadamer, a coisa mesma não significa coisa em si. Para a hermenêutica filosófica gadameriana, não existe compreensão sem antecipação de sentidos, isto é, sem pré-compreensão. Sendo assim, um prejuízo ilegítimo somente se retifica a partir de outra antecipação de sentido, que venha a substituir as antecipações anteriores. Em outras palavras: somente saberei se o pré--juízo que carrego comigo é inautêntico ao confrontá-lo, não com a coisa em si, mas com outra antecipação de sentido acerca da coisa mesma (texto, por exemplo). "Esas cosas en sí, las conoce únicamente Dios", conclui Grondin.[88]

A coisa mesma, portanto, não é algo que se pode atingir sem a estrutura prévia da compreensão. Antes, ela a pressupõe. Essa coisa mesma já está, desde sempre, no horizonte da compreensão e, para que os prejuízos possam tornar-se legítimos, é necessário que o sujeito estabeleça uma relação dialogal com a coisa mesma, possibilitando as perguntas corretas. Daí porque se afirma – como ainda se verá no decorrer desta pesquisa – que a verdade hermenêutica acontece no diálogo, na interação, no jogo de perguntas e respostas, na fusão de horizontes e de sentidos, em que os prejuízos ilegítimos têm – pela experiência do estranhamento – a chance de se tornarem legítimos.[89]

A partir dessa análise dos prejuízos e da relação com a coisa mesma, é forçoso concluir que – diferentemente do que sugere o garantismo – a hermenêutica nada tem de relativista. O objetivo de toda essa construção hermenêutica, que vai desde a circularidade até a estrutura prévia da compreensão, passando pela fusão de horizontes, não é outro senão evitar os mal-entendidos, isto é, evitar que noções populares, as assim chamadas "visões de mundo", prejudiquem a compreensão.

---

[87] GRONDIN, 2003, p. 138.

[88] Ibid., p. 138-139.

[89] Vale, ainda, mais uma referência a Grondin, sobre esse assunto: "Por consiguiente, la 'cosa' se encuentra ya en el horizonte del entender. Por tanto, elaborar una anticipación adecuada a la cosa significa desarrollar los proyectos del entender que sean conformes a la cosa debatida. Esto presupone que la cosa nos concierne; que estamos afectados por ella. Aquí no es posible elaborar proyecciones adecuadas a la cosa sin que uno mismo entre en el juego, es decir sin que uno se ponga a dialogar con la cosa. Este modelo dialogal de entender se halla orientado, indudablemente, en contra del paradigma epistemológico de un sujeto del entender que se halle desconectado de su objeto. Pero este paradigma epistemológico es tenaz y hace que surja de nuevo la cuestión: en este proceso, el que entiende no es a la vez juez y parte? No!, responde Gadamer, porque aquí la cosa habla y ofrece resistencia. La verdad reside en la adecuación del entender que se conforma a la cosa, una adecuación que debe manifestarse constantemente" (Ibid., p. 139).

Para Além do Garantismo
UMA PROPOSTA HERMENÊUTICA DE CONTROLE DA DECISÃO PENAL

Registre-se a diferença, pois: para a Ilustração, o que nos poderia afastar dos erros, dos preconceitos (sempre negativos, lembre-se) seria o uso disciplinado e metodológico da razão. A precipitação, a posição prévia é, para a Ilustração, a verdadeira fonte de equívocos que induz ao erro no uso da própria razão. Logo, o homem deveria afastar-se de suas concepções prévias e usar criteriosamente a razão para, assim, atingir a verdade. O tribunal da razão (assujeitador) seria, dessa feita, a fonte de toda a verdade.

Para a hermenêutica, já se viu, em absoluto, não! Os preconceitos – ao contrário de serem fontes de equívocos e erros – são pressupostos inarredáveis da própria compreensão. Portanto, pergunta-se Gadamer, *qual a base que fundamenta a legitimidade dos preconceitos?* Essa é a questão central de uma hermenêutica verdadeiramente histórica, sua questão epistemológica fundamental.[90]

Gadamer retoma a questão da *autoridade*, atribuindo ao Iluminismo a responsabilidade de tê-la reduzido à noção de obediência cega, contrapondo-a totalmente à razão e à liberdade. Para Gadamer, todavia, a essência da autoridade não é isso!

Autoridade, diz Gadamer, não é submissão, mas *conhecimento* e *reconhecimento*. Ela não é outorgada, mas deve ser alcançada. "Reconhece-se que o outro está acima de nós em juízo e visão e que, por consequência, seu juízo precede, ou seja, tem primazia em relação ao nosso próprio juízo".[91]

A *autoridade*, assim compreendida, não está oposta à *razão* (como queria a *Alfkärung*). Se ela repousa sobre o *reconhecimento* (eu reconheço que o outro está em posição de primazia em relação a mim e o autorizo), repousa sobre uma ação da própria *razão* que, "tornando-se consciente dos seus próprios limites, atribui ao outro uma visão mais acertada".[92] Ou seja, eu não obedeço cegamente; obedeço porque, refletindo racionalmente, reconheço no outro condições legítimas de exercer a autoridade.[93]

O *Romantismo*, antes de Gadamer, dirigiu uma crítica à *Alfkärung*, especificamente no que concerne a essa exigência ilustrada da fundamentação racional de tudo. A tradição, para o Romantismo, é uma forma pe-

---

[90] GADAMER, 2005, p. 368.

[91] Ibid., p. 371.

[92] Ibid.

[93] No mesmo sentido, R. Palmer: *"A tradição e a autoridade já não precisam de ser olhadas como inimigas da razão e da liberdade racional, tal como eram no Iluminismo,* no período romântico e em nossa própria época. A tradição fornece um fluxo de concepções no interior do qual nos situamos, e devemos estar preparados para distinguir entre pressupostos que dão fruto e outros que nos aprisionam e nos impedem de pensar e de ver. *Em nenhum evento há oposição intrínseca entre as pretensões da razão e as da tradição"* (PALMER, 2006, p. 186-187, grifo nosso).

culiar de autoridade, que tem validade inquestionável, sem precisar de fundamentação racional (ex.: costumes). Gadamer reconhece que, nesse ponto, a hermenêutica tem uma dívida para com o Romantismo, que conseguiu demonstrar que, ao lado dos fundamentos racionais, a tradição (que dispensa essa fundamentação) é uma realidade, que determina nossas instituições e comportamentos.

À parte isso, Gadamer ressalta que o embate do Romantismo com a *Alfkärung* sobre a tradição ficou muito aquém de seu verdadeiro "ser histórico".[94] Caberia, como coube, à hermenêutica aprofundar essa discussão.

A *tradição* para a *hermenêutica* não possui nenhum sentido objetivo. Isto é, o que nos diz a tradição jamais pode ser pensado como algo estranho e alheio a nós. Estamos, desde sempre, inseridos na tradição, que nos condiciona, nos (sobre)determina. Há um pertencimento à tradição.

Visto isso, eis a conclusão: estamos desde sempre inseridos na tradição (pertencimento) que nos condiciona por meios de conceitos prévios (positivos), e essa é a condição de possibilidade de toda e qualquer compreensão.

Só compreendemos porque pertencemos a uma tradição, e não porque utilizamos um método racional, que nos afastaria da tradição e nos possibilitaria olhar o objeto. O sentido dessa pertença à tradição dá-se por meio da *comunidade de preconceitos* fundamentais e sustentadores. A pré--compreensão surge exatamente porque à tradição pertencemos e temos a possibilidade de nos haver com a coisa mesma.

Entretanto, nem sempre a transmissão dessa tradição dá-se de forma inquestionável e natural. Quando o sujeito é familiarizado com a coisa transmitida pela tradição, pode acolhê-la normalmente. Mas é possível que a coisa transmitida pela tradição cause estranheza ao sujeito. Lembre--se que a autoridade vinda com a tradição não implica obediência cega. *A tradição deve levar à reflexão.* O passado pode (e deve) ser colocado em xeque.

Ressalta Gadamer que, de fato, existe uma *polaridade* entre *familiaridade* e *estranheza* "e nela se baseia a tarefa da hermenêutica".[95] A tradição não pode ser aceita acriticamente. Ora ela nos é familiar, ora ela nos causa estranhamento.

Porém, alerta, a tarefa da hermenêutica não pode ser compreendida no sentido psicológico proposto por Schleiermacher, como o âmbito que abriga o mistério da individualidade (trazer um sentido não percebido

---

[94] GADAMER, 2005, p. 374.

[95] Ibid., p. 391.

Para Além do Garantismo
UMA PROPOSTA HERMENÊUTICA DE CONTROLE DA DECISÃO PENAL

conscientemente pelo autor original), mas num sentido verdadeiramente hermenêutico, isto é, "em referência a algo que foi dito, a linguagem em que nos fala a tradição, a saga que ela nos conta".[96]

A hermenêutica, assim, nada tem a ver com método. Não é seu objetivo desenvolver um procedimento compreensivo, mas "esclarecer as condições sob as quais surge a compreensão"[97] (esclarecer as condições de possibilidade da compreensão). As condições de compreensão não se buscam em um método, elas têm de estar dadas, pelos preconceitos (legítimos) transmitidos pela tradição.

Esses preconceitos e opiniões prévias não se encontram à livre disposição do intérprete. O intérprete não está em condições de distinguir por si mesmo e de antemão os *preconceitos produtivos* (autênticos – aqueles que tornam possível a compreensão) *daqueles outros que obstaculizam a compreensão e levam a mal-entendidos* (inautênticos – aqueles que são falsos).

A distinção entre os preconceitos autênticos e inautênticos deve acontecer na própria *compreensão* (jamais previamente). A hermenêutica precisa perguntar-se pelo modo como isso se dá. Aqui reside a importância fundamental da *distância temporal* e de seu significado para a compreensão, que permaneceu à margem na hermenêutica tradicional.

A proposta da hermenêutica romântica, como já analisado, era a equiparação do intérprete com o autor original. A compreensão era concebida como uma reprodução de uma produção originária (compreender o autor melhor do que o fez o próprio). Para Gadamer, porém, esse postulado precisa ser reorientado, diferentemente da forma sugerida por Schleiermacher.

O fato de a compreensão posterior possuir uma superioridade de princípio em relação à produção original e poder, por isso, ser formulada como um "compreender melhor" não se deve a uma equiparação entre o intérprete e o autor original (como supunha Schleiermacher), mas, ao contrário – afirma Gadamer –, descreve uma diferença insuperável entre o intérprete e o autor – diferença que é dada pela *distância histórica*.

Gadamer critica essa expressão "compreender melhor", dizendo que o momento posterior da compreensão não goza de superioridade em relação ao momento originário da produção. *Não se trata, portanto, de compreender melhor; trata-se antes de compreender de um modo diferente.* Esse conceito de compreensão rompe o círculo traçado pela hermenêutica romântica.

---

[96] GADAMER, 2005, p. 391.

[97] Ibid.

Para Gadamer, assumir a importância da *distância temporal* na compreensão possibilita, muitas vezes, resolver a verdadeira questão crítica da hermenêutica: *distinguir os preconceitos verdadeiros* (condições de possibilidade da compreensão) *dos preconceitos falsos* (responsáveis pelos mal-entendidos),[98] na medida em que o intérprete, consciente da distância temporal, provoca o encontro entre si mesmo e a tradição e deixa-se por ela interpelar, a fim de avaliar se seus preconceitos são adequados à compreensão da coisa mesma, ou não.

Para cumprir o proposto nesta seção do trabalho, resta analisar o conceito de *fusão de horizontes* em Gadamer para, posteriormente, concluir por que, diante de toda a estrutura hermenêutica da compreensão, é impossível, para o Direito, afastar-se da moralidade.

Visto que a distância temporal é necessária ao processo de compreensão, para auxiliar na distinção entre preconceitos autênticos e inautêncos, pergunta-se: existiriam dois horizontes diferentes na compreensão? O horizonte no qual vive quem compreende (intérprete) e o horizonte histórico a que o intérprete pretende deslocar-se (o passado em que foi produzida a obra original)?

Para Gadamer, "o horizonte é algo no qual trilhamos nosso caminho e que conosco faz o caminho. Os horizontes se deslocam ao passo de quem se move".[99] Isto é, o horizonte do passado não é fechado, não ficou para trás. Está sempre em movimento por meio da tradição.

Dessa forma, não existem horizontes históricos; há um único horizonte. É o movimento circular que implica passado e presente. No presente recebemos o passado transmitido pela tradição. É impossível afastarmo-nos do nosso presente (abstrairmos a nossa consciência histórica, de seres históricos) para voltarmo-nos para o passado, como pretendia o historicismo. Igualmente, é impossível livrarmo-nos do passado, para tomar decisões para o futuro, apenas fundados no presente.

O horizonte do presente está num processo de constante formação, na medida em que estamos obrigados a pôr constantemente à prova todos os nossos preconceitos. "O horizonte do presente não se forma, pois, à margem do passado".[100]

Daí por que, para Gadamer, compreender é sempre "o processo de *fusão desses horizontes* presumivelmente dados por si mesmos [...]. A vigência da tradição é o local onde essa fusão se dá constantemente, pois

---

[98] GADAMER, 2005, p. 395.

[99] Ibid., p. 402.

[100] Ibid., p. 404.

Para Além do Garantismo
UMA PROPOSTA HERMENÊUTICA DE CONTROLE DA DECISÃO PENAL

nela *o velho e o novo sempre crescem juntos para uma validez vital*, sem que um e outro cheguem a se destacar explícita e mutuamente".[101]

É a fusão de horizontes de passado e presente. A tradição vem transmitida pelo passado e funde-se no presente. Compreendo meu presente porque estou, desde sempre, inserido na tradição que me transmitiu meu passado. Não há como separar os horizontes. Eles seguem implicados, sem o que não se pode falar em compreensão.

Por tudo o que foi demonstrado acerca do projeto gadameriano, é possível concluir que, definitivamente, a cisão entre Direito e Moral, pregada pelo garantismo de Ferrajoli, não resiste a um crivo hermenêutico.

A partir do momento em que compreender pressupõe a inserção na tradição, a proposta racional iluminista de separação entre direito e moral cai por terra. Isso porque compreender pressupõe pré-compreender, pressupõe imersão na tradição e, pois, em juízos morais, que nos são transmitidos historicamente, no processo de fusão de horizontes.

Lembre-se, ademais, que Iluminismo não combina com tradição. E o garantismo, em certa medida, repete os postulados da Ilustração (conceito negativo de preconceitos, tradição e autoridade, por exemplo).

A razão do garantismo é absolutamente distinta da proposta de uma racionalidade hermenêutica.

Naquela (garantismo), há um substrato cartesiano, instrumental, com a pretensão de um grau zero de partida em direção a uma compreensão do Direito, por meio de uma teoria formal da linguagem (a esse ponto, a investigação retornará em capítulo seguinte).

Na hermenêutica, pelo contrário, não há esse grau zero de partida. Está-se, desde sempre, imerso na tradição que carrega consigo a comunidade de preconceitos. A racionalidade está, isso sim, em saber distinguir os pré-conceitos verdadeiros dos falsos, em colocar à prova a tradição, em realizar a experiência do estranhamento com a coisa mesma.

Os preconceitos, para Ferrajoli, de outra banda, são sempre tomados em sua forma negativa, ao temer pela incorporação, pelo Estado (Direito), dos ideais da moral religiosa medieval e, por conta disso, trata de radicalizar a cisão entre Direito e Moral.

Não se está dizendo aqui que esse risco (de criminalizar o pecado) não exista. Por óbvio, que sim (o Código Penal brasileiro e a lei de contravenções penais, por exemplo, estão aí para demonstrá-lo). O que se defende, todavia, é que cindir moral e direito não é o caminho para evitar essas perigosas associações.

---

[101] GADAMER, 2005, p. 404-405, grifos nossos.

Não é o caminho, em primeiro lugar, por ser impossível. Cindir moral e direito é uma artificialidade que não cabe em países orientados por Constituições impregnadas de princípios. Em segundo lugar, não é caminho, porque há outro, bem mais razoável para afastar a criminalização do pecado: a hermenêutica.

Pela tradição, e pela incorporação de prejuízos autênticos, é possível limitar o poder do intérprete e decidir, corretamente, pela total ilegitimidade de criminalizarem-se condutas simplesmente imorais. Os princípios de moralidade política não o permitiriam.

Outra característica garantista tipicamente herdeira da Ilustração é a importância desmedida do princípio da legalidade, a partir do qual o garantismo acredita que somente a lei (fruto de uma convenção) possui autoridade (racional) para impor obrigações, e sua interpretação há de ser feita com base em princípios jurídicos (igualmente fruto de outra convenção), que lhe determinarão o sentido.

Não bastasse, o garantismo acredita que os princípios estão lá (metafisicamente), no texto da Constituição, e que seu sentido deve ser buscado mediante uma fundamentação interna, do próprio ordenamento, como se fosse ele autorreferencial. Não se pode mais buscar a fundamentação externa. Ela apenas foi necessária para positivar os princípios. Mas, uma vez dentro do sistema, é nele que se deve alimentar a compreensão.

Essa noção não cabe na hermenêutica. Para compreender o sentido da Constituição, o intérprete precisa encontrar-se com a coisa mesma (o texto – que não está "lá", em algum lugar divino, mas interage com o intérprete), a partir de suas pré-compreensões, possibilitadas pela pertença a uma tradição histórica. Pré-compreender para compreender.

Porém, para pré-compreender, o intérprete já está na moralidade, pois já está na história, na tradição, em todos os costumes e orientações (sociais, políticas, filosóficas, jurídicas) que são por/com ela carregadas. A moral é, assim, condição de possibilidade da compreensão. Há a pertença; não a cisão.

Outra nota importante é que hermenêutica nada tem com conservadorismo. A importância da tradição não significa aprisionamento ao passado. Como já referido, significa reflexão sobre o passado. A experiência do estranhamento e da familiaridade.

Os pré-conceitos são, a todo momento, colocados à prova. Podem confirmar-se ou não. Nem tudo cabe. Nem tudo é possível.

Maurício Ramires percebeu a importância da tradição para o direito brasileiro, e alerta: "A necessidade de continuação da tradição não é passividade. Em um país que tem uma Constituição democrática e um passado de direito autoritário – caso do Brasil –, não só a tradição não é

Para Além do Garantismo
UMA PROPOSTA HERMENÊUTICA DE CONTROLE DA DECISÃO PENAL

desprezível como é ainda mais importante para a interpretação constitucional".[102]

Portanto, os pré-conceitos autoritários (inautênticos) encontram barreira na Constituição. Como diz Ramires: "são inautênticos simplesmente porque a Constituição os rejeita, e o intérprete não tem liberdade para entender de forma diversa".[103] O passado autoritário não encontra resposta na nova ordem constitucional instituída. A tradição, que não aprisiona, é, assim, reconstruída. O movimento circular é dinâmico. O intérprete dialoga com a tradição, não se submete a ela.

Os aportes indispensáveis da hermenêutica filosófica são, portanto, um caminho privilegiado para demonstrar a importância do resgate positivo da tradição e, em consequência, da impossibilidade de cindir moral e direito. A tradição, que nos condiciona e (sobre)determina, traz, em si, juízos morais que são pressupostos para a compreensão.

À parte isso, não se está defendendo um apelo a arbitrariedades e decisionismos. Pelo contrário. A tradição (moralidade) não aprisiona, mas também não abre portas para relativismos ou ceticismos interpretativos. Não é a separação entre moral e direito que assegurará – desde uma perspectiva hermenêutica – a distância da discricionariedade. Antes, ela a instiga. A moral precisa implicar-se no Direito, e, ainda assim (e por causa disso), as decisões judiciais hão de ser controladas.

2.3. A integridade e a moralidade política em Ronald Dworkin: o juiz não descobre, nem inventa o direito; argumenta

Na seção anterior, demonstrou-se que, pelo viés da hermenêutica filosófica, não há como sustentar a cisão garantista entre moral e direito. Pelo contrário, a moralidade está implicada na própria compreensão, sendo, em verdade, sua condição de possibilidade.

Na presente seção, o referencial teórico para insistir na impossibilidade de separação entre direito e moral virá da teoria do *Direito como integridade*, do jusfilósofo norte-americano Ronald Dworkin.

Viu-se, em 2.1, que a ideia do garantismo acerca da moralidade é, de certa forma, nebulosa. Tanto essa moralidade pode dizer com valores morais/políticos (quando Ferrajoli explica que as Constituições contemporâneas incorporaram *valores morais* que estavam latentes no Direito Natural, tais como igualdade, liberdade, dignidade), como pode relacionar-se com

---

[102] RAMIRES, 2010, p. 100.

[103] Ibid.

uma certa moral comum judaico-cristã (quando Ferrajoli – não sem razão – teme que valores morais impregnados pela (e na) religião sejam o mote da criminalização do pecado, como, por exemplo, definir como infrações penais a prostituição, o jogo de azar, a vadiagem, os atos obscenos etc.).

Afinal, de que moralidade se trata? A cisão entre moral e direito é equivocada em que medida? Que tipo de moralidade pode, legitimamente, ser associada ao Direito? Quando se diz que moral e direito estão implicados, qual a interpretação correta para isso?

Optou-se nesta pesquisa por abordar a noção de moralidade política, tal qual desenvolvida na obra de Ronald Dworkin. Uma moralidade que informa a comunidade de princípios, conceitos caros à teoria do Direito como integridade, concebida pelo referido autor.

Não se trata, em absoluto, de definir um conceito semântico para moralidade, pois isso seria, inclusive, contraditório à tese ora sustentada (de que não há como fechar sentidos semanticamente). Trata-se de construir uma interpretação em que argumentos morais (se) integram (n)o Direito, na medida em que as decisões devem ser tomadas tendo em vista o cumprimento de parâmetros de justiça, equidade e integridade, em uma comunidade de princípios.

Embora o pensamento de Dworkin seja construído nas bases da *common law*, a propriedade das suas formulações e a abrangência de suas ideias são tais que permitem uma aproximação com os sistemas romano-germânicos, o brasileiro, em especial.[104]

Ademais, é bom que se diga, Dworkin é um sério crítico do positivismo e, também por esse motivo, suas ideias são muito bem-vindas, se o objetivo é apontar as tensões do garantismo.[105]

---

[104] Por evidente, reconhece-se, aqui, que a tradição do Direito norte-americano é bastante distinta da brasileira (a começar pela séria aplicação da teoria dos precedentes, na prática do *judicial review*) e que Dworkin dela é produto. Porém, ainda assim, dada a complexidade de sua teoria do direito como integridade e os aportes que dela são consequentes, é absolutamente viável sua aplicação – guardadas as ressalvas necessárias – a uma proposta hermenêutica de controle da decisão penal no Brasil.

[105] Em *Levando os direitos a sério*, especificamente nos capítulos 2 e 3, que tratam do modelo de regras, Dworkin lança suas críticas ao positivismo (DWORKIN, Ronald. *Levando os direitos a sério*. 3. ed. São Paulo: WMF Martins Fontes, 2010a, p. 23 et seq.). Também em *Uma questão de princípios*, especificamente na Parte Dois (O Direito como interpretação), a crítica ao positivismo retorna (DWORKIN, Ronald. *Uma questão de princípio*. São Paulo: Martins Fontes, 2000, p. 175 et seq.) Em *O Império do Direito*, ao desenvolver a sua tese do direito como integridade, a crítica ao positivismo é uma questão que subjaz. São palavras do jusfilósofo: "Em *Taking Rights Seriously*, apresentei argumentos contra o positivismo jurídico que enfatizavam a fenomenologia da decisão judicial [...]. O presente livro, particularmente no capítulo IV, enfatiza mais as deficiências interpretativas do positivismo que suas falhas fenomenológicas, embora no fundo sejam as mesmas. Durante muitos anos também argumentei contra a alegação positivista de que não podem existir respostas 'certas' a questões jurídicas polêmicas, mas apenas respostas 'diferentes'; insisti, em que, na maioria dos casos difíceis, existem respostas certas a ser procuradas pela razão e pela imaginação" (DWORKIN, Ronald. *O império do Direito*. 2. ed. São Paulo: Martins Fontes, 2007, Prefácio, p. XII-XIII).

Para Além do Garantismo
UMA PROPOSTA HERMENÊUTICA DE CONTROLE DA DECISÃO PENAL

Antes, porém, de analisar a dimensão do que Dworkin entende por moralidade, cabe introduzir, por necessário, sua teoria do *Direito como integridade*, da qual o conceito de moralidade é parte indispensável.

Ronald Dworkin é norte-americano, nascido em 1931. Estudou Direito em Harvard Law School. Foi assistente do juiz Learned Hand, da Corte de Apelação dos Estados Unidos.[106] Em 1969 substituiu H. L. A. Hart – com quem dialoga, criticamente, sobre o positivismo – na cadeira de Teoria Geral de Direito da Universidade de Oxford, de onde já está aposentado. Atualmente, é professor de Direito em New York University School of Law.[107]

Dworkin é um jusfilósofo do mundo prático. A ele, portanto, importa saber como os juízes estão decidindo. Mas, para isso, é preliminar conhecer o que eles (juízes) pensam sobre o (que é o) Direito e seus fundamentos. A partir da sua vinculação ou simpatia a uma ou outra teoria, o juiz pode pensar que cabe a ele *descobrir, inventar* ou *argumentar* o Direito! A repercussão de tal divergência na vida concreta das pessoas é, sem dúvida, majestosa e, dependendo da orientação abraçada, desastrosa!

Daí a necessidade de compreender o que se está dizendo quando se afirma que existem divergências *no/sobre o direito*. E isso é indiscutível. É certo que juízes, advogados, professores, constantemente, divergem sobre o direito e, especificamente, sobre qual decisão jurídica é melhor em determinado caso concreto. Nem sempre estão de acordo nas respostas encontradas. Mas que tipo de divergência é essa? Do que se trata?

Dworkin sustenta que toda a divergência no/sobre o direito é uma *divergência teórica*. Os juristas divergem, realmente, sobre os fundamentos do direito. É desse tipo de divergência que se trata. Por isso, critica, peremptoriamente, as teorias que acreditam que as divergências sobre o direito não passam de mera questão de fato. Tais teorias reduzem a controvérsia a simples questões empíricas.

Um belo exemplo de defesa da divergência como questão de fato vem do *convencionalismo*. Os defensores dessa ideia acreditam que o direito é fruto daquilo que "as instituições jurídicas decidiram no passado"[108] e que, em verdade, não há nenhuma divergência sobre os fundamentos do Direito, pois "o que o direito é não depende, de modo algum, daquilo que

---

[106] São várias as referências ao juiz Learned Hand na obra de Dworkin. No capítulo 1, de sua obra de fôlego, *O império do Direito*, Dworkin escreve: *"Learned Hand, que foi um dos melhores e mais famosos juízes dos Estados Unidos,* dizia ter mais medo de um processo judicial que da morte ou dos impostos" (DWORKIN, 2007, p. 3, grifos nossos).

[107] Informações obtidas em <http://pt.wikipedia.org/wiki/Ronald_Dworkin>.

[108] DWORKIN, op. cit., p. 10.

ele deveria ser".[109] Em suma, o que é o direito trata, simplesmente, de *descobri-lo*. Ele já está "lá", em algum lugar (convenções passadas) e, apenas, precisa ser revelado.

Para tal corrente, a aparente divergência teórica sobre o Direito, na verdade, não é uma divergência sobe o que o Direito é (isso todos devem saber, visto que basta voltar os olhos para o passado e descobri-lo), mas sobre o que o Direito deveria ser. "Divergem quanto a questões de moralidade e fidelidade, não de direito".[110]

Essa tese, portanto, entende que as questões de moralidade não são questões do direito. Separa o direito que é do direito que deve ser, lançando para esse último, metafisicamente, as divergências morais. O juiz convencionalista simplesmente aplica o direito que encontrou, pouco importando se sua decisão é justa ou injusta. Não lhe cabe transformar o direito, mas aplicá-lo.

Uma outra versão que também não acredita nas divergências sobre os fundamentos do direito vem do *pragmatismo*, diametralmente oposto ao *convencionalismo*, mas que com ele guarda em comum a rejeição da divergência teórica. *Os juízes devem tentar melhorar a lei sempre que possível.* O mau juiz é o juiz mecânico, que apenas revela o direito. *O bom juiz prefere a justiça à lei.* Isto é, não se preocupa com o que foi produzido no passado. Não descobre o direito, *inventa-o*, em nome da justiça.[111]

Essa versão, dita comumente "progressista" (em oposição à anterior, que seria a "conservadora"),[112] não acredita que os juízes decidam com base em questões passadas, por impossível de serem descobertas; tudo não passa de um uso retórico dessa tese, para encobrir, na verdade, decisões que são fruto, unicamente, de preferências ideológicas.[113]

A afirmativa faz sentido, sem dúvida. Realmente, já se viu ser impossível descobrir o direito pesquisando os arquivos das instituições (legislativo, judiciário). Do ponto de vista hermenêutico, isso é, para além de inexequível, irreal.

---

[109] DWORKIN, op. cit., p. 10.

[110] Ibid., p. 11.

[111] Ibid.

[112] Ibid.

[113] Para Dworkin, "alguns juristas acadêmicos extraem conclusões especialmente radicais da sofisticada versão do ponto de vista do direito como simples questão de fato. Afirmam que as decisões institucionais do passado não somente às vezes, mas quase sempre, são vagas, ambíguas ou incompletas e, com freqüência, também incompatíveis ou mesmo incoerentes. Concluem que realmente nunca existe direito relativo a nenhum tópico ou questão, mas apenas retórica que os juízes utilizam para mascarar decisões que, na verdade, são ditadas por preferências ideológicas ou de classe" (Ibid., p. 13).

Os pragmatistas "progressistas" também não acreditam numa divergência teórica sobre o direito, mas por outra razão. Se para os convencionalistas ela não existe, porque toda a divergência dita teórica não é sobre o que o direito é, mas sobre o que ele deveria ser, para os pragmatistas ela não existe porque, na verdade, a "divergência teórica é apenas política disfarçada".[114] Assim, os juízes podem divergir sobre o que é melhor para a coletividade ou qual a melhor decisão do caso concreto, baseados em seus juízos pessoais e sua prudência, mas isso não implica que estejam divergindo sobre fundamentos teóricos do direito. Divergem sobre políticas, não sobre princípios.

Dworkin, no entanto, demonstra que as controvérsias sobre o direito não se limitam à discussão sobre se os juízes devem seguir determinada lei ou adaptá-la tendo em vista interesses de justiça.[115] É claro que os juízes devem aplicar as leis. A questão está em saber atingir o significado da lei. Isto é, os juízes divergem, sim, sobre os fundamentos do direito; sobre qual o significado ou alcance de uma lei em determinado caso concreto.

O texto da lei (entidade física), lembra Dworkin, não se confunde com o direito por ele criado (produto da interpretação).[116] Aqui reside explicação basilar para entender-se por que o direito não é simples questão de fato. Discutir sobre o que é o direito implica, necessariamente, discutir sobre o produto do texto, que é a interpretação. O direito, assim, é, sempre, uma *prática interpretativa*, jamais semântica. Até porque, por mais claro que seja o texto, ainda que não traga vaguezas ou ambiguidades, haverá questões mais complexas no momento de decidir qual a solução jurídica adequada para o caso.

Aprofundando a tese de que o Direito não é mera questão de fato, mas um conceito interpretativo, o autor dirige importantes *críticas às teorias semânticas* – ao positivismo, em especial.

Teorias semânticas não compreendem os argumentos do direito, pois acreditam que é possível simplesmente descrever o Direito, a partir de dados empíricos, objetivos (critérios linguísticos, critérios objetivos que fornecem definições sobre o sentido do Direito, separando o sujeito que conhece e o objeto que é conhecido).

---

[114] DWORKIN, 2007, p. 13.

[115] Ibid., p. 25.

[116] "Precisamos estabelecer uma *distinção entre dois sentidos da expressão 'lei'*. Ela pode descrever uma *entidade física* de um certo tipo, um documento com palavras impressas, as próprias palavras que os congressistas ou membros do Parlamento tinham diante de si quando votaram para aprovar esse documento. Mas também pode ser usada para *descrever o direito criado* ao se promulgar o documento, o que pode constituir uma questão bem mais complexa" (Ibid., p. 21, grifo nosso).

Eis aí o grave problema: as teorias semânticas procuram algo que não existe: critérios objetivos. Tais critérios não existem porque a linguagem não os pode fornecer. A linguagem não dispõe de mecanismos para isso; não nos pode dar conceitos destituídos de valor. O direito, assim, não é apenas questão de fato, como queria o positivismo. Não pode ser visto apenas do ponto de vista empírico.[117]

Discutir semanticamente o direito, tentar estabelecer uma teoria linguística para harmonizar critérios sobre o que o direito é jamais atingirá o foco, isto é, jamais alcançará o objeto das reais divergências.

Para demonstrar essa posição firme, Dworkin traz exemplos em que juízes foram chamados a decidir questões controvertidas, que envolviam demandas bastante complexas, dentre os quais se podem destacar, apenas para ilustrar o argumento, o caso *Elmer*[118] e o caso *Brown*.[119]

O primeiro exemplo traz Elmer, que assassinou o avô por envenenamento, em New York, sabedor que seria o maior beneficiário de sua herança. Ocorre que a legislação do estado de New York silenciava quanto à possibilidade ou não de uma pessoa, beneficiada em um testamento, herdar, quando assassinasse o testador. A lei simplesmente nada proibia.

Qual, então o sentido dessa lei? Poderia Elmer herdar? O caso foi levado à apreciação do Poder Judiciário. De um lado, o interesse de Elmer e, de outro, das filhas do testador, que seriam beneficiadas caso Elmer fosse proibido de herdar. Quem estaria com a razão? Que tipo de controvérsia suscitava o caso?

Dworkin demonstra que as controvérsias foram teóricas. Interpretativas. Não se tratava de mera questão de fato. Todos sabiam que deveriam aplicar a lei. Mas qual a melhor interpretação para ela? Venceu o entendimento de que Elmer não poderia herdar, embora a lei não o

---

[117] Em *O império do Direito*, quando Dworkin discorre sobre esse tema, criticando as teorias semânticas do Direito, traz à tona a seguinte questão: *os nazistas tinham direito*? Para o autor, se as teorias semânticas estão corretas, o direito existe, a despeito de ser bom ou mau, pois juízos valorativos estão excluídos dessa análise. Bastam os critérios objetivos (factuais) de definição. O Direito nazista foi uma realidade, a despeito de ter sido bom ou mau. As teorias interpretativas, entretanto, enfrentam essa questão por outra ótica, pois se voltam, por natureza, para uma cultura jurídica em particular, em geral para a cultura à qual pertencem seus autores. Assim, é possível sustentar que os nazistas tiveram, de fato, um direito, mas não por conta de critérios gerais ou globais e objetivos, senão por força de argumentação que leve em conta uma atitude interpretativa daquela determinada prática jurídica específica. Segundo Dworkin, seria direito no sentido "pré-interpretativo", ou seja, um acordo mínimo, inicial – contingente e local – sobre a prática jurídica em análise. O direito nazista pode ser compreendido, assim, como uma realização histórica das práticas e instituições gerais a partir das quais se desenvolveu nossa própria cultura jurídica. Conclui Dworkin, afirmando: "uma vez extraído o aguilhão semântico, não precisamos nos preocupar muito com a resposta certa à pergunta sobre se existe ou não direito nos sistemas legais imorais" (DWORKIN, 2007, p. 126 *et seq*.).

[118] Ibid., p. 20-25.

[119] Ibid., p. 36-38.

proibisse, pois se identificou um princípio segundo o qual ninguém pode beneficiar-se de sua própria torpeza. Seria ingênuo imaginar que a complexidade da questão trazida à tona com esse caso limitar-se-ia à mera divergência empírica.

Situação semelhante pode ser observada no caso *Brown vs. Board of Education* (1954), em que um precedente (*Plessy vs. Ferguson*, de 1896) foi revisto, porque a United States Supreme Court (USSC) entendeu que não cabia mais manter a segregação racial nas escolas, e que a Décima Quarta Emenda (igual proteção perante a lei) estava, sim, sendo violada.

Nesse caso, a divergência girava em torno de decidir se a cláusula da igual proteção estava sendo desrespeitada com a segregação racial nas escolas. Brancos e negros estudavam, porém separados. Isso era correto? De 1896 até 1954, a Suprema Corte entendeu que nada havia de errado. Porém, com o caso *Brown*, a posição foi revista, ainda que não o tenha sido de forma categórica.[120] De qualquer sorte, o que mudou foi a concepção sobre o direito. Por evidente, isso não é mera questão de fato, mas de fundamento.

Enfim, os exemplos são esclarecedores, e os argumentos de Dworkin, suficientes. As divergências em torno do direito não são empíricas. São interpretativas. São teóricas. Não se trata de discutir qual sentido deve ser dado ao termo *direito* (sentidos esses, em grande parte, atribuídos discricionariamente, visto que não há teoria da linguagem suficientemente precisa capaz de dissipar as dúvidas – prova disso é a área de penumbra defendida por Hart).[121] Trata-se de discutir os fundamentos teóricos do direito.

O positivismo, alerta Dworkin, conduz a uma "imagem demasiado tosca do que deve ser a divergência".[122] Os que ainda nele acreditam estão marcados com o aguilhão semântico. Não enxergam que as divergências sobre as quais se debruçam são para muito além de empíricas. Não se dão conta de que somente mergulhando a fundo no direito será possível tratá-lo com a seriedade que merece.

Feitas as críticas necessárias, Dworkin propõe o seu próprio caminho, a sua própria teoria: o *Direito como integridade*.

O *Direito*, defende Dworkin, é um *conceito interpretativo*; portanto, qualquer teoria sobre o Direito deve assentar sobre alguma concepção do

---

[120] Dworkin esclarece que a solução no caso *Brown* foi conciliatória, porque não rejeitou cabalmente a fórmula "separado, porém igual". A USSC não afirmou, de forma categórica, que estava revogando o precedente (*Plessy*) (DWORKIN, 2007, p. 37).

[121] DWORKIN, 2007, p. 48, nota de rodapé nº 34.

[122] Ibid., p. 56.

que é interpretação.[123] O Direito é uma *prática argumentativa*, que se deve voltar para a solução de problemas da prática humana (Dworkin, relembre-se, está preocupado com o mundo prático!).

A *interpretação* no/do Direito é, sempre, *criativa e construtiva*, jamais conversacional. Esse é um conceito-chave para Dworkin. Afastando-se totalmente das polêmicas travadas entre jusnaturalismo x positivismo e assumindo – ainda que não o expresse de forma clara – a influência da hermenêutica e da linguagem desenvolvidas no século XX, Dworkin defende que interpretar é atribuir sentido (propósito) a um objeto ou uma prática.[124]

Não se trata de saber a intenção do autor, muito menos a intenção da lei, mas a intenção do intérprete. Porém, há um limite na atribuição de sentido que está na história, na tradição – há uma espécie de coerção.[125] A *interpretação construtiva* consiste em interpretar as instituições e suas práticas da melhor forma possível, à sua melhor luz. Aqui há nítida aproximação entre Dworkin e Gadamer. Lembre-se que, na hermenêutica de Gadamer, é a tradição que possibilita a compreensão.[126]

---

[123] Referindo-se, mais especificamente, à *interpretação* no/do *Direito Constitucional* (o que interessa sobremaneira à tese ora defendida), Dworkin afirma que as chamadas "teorias não interpretativas do Direito" são assim rotuladas de forma totalmente equivocada, porque, em verdade, são teorias interpretativas. "As teorias geralmente classificadas como 'não interpretativas' – as que nos parecem mais ativistas ou liberadas do texto efetivo da Constituição – são claramente interpretativistas em qualquer sentido plausível. Elas não desconsideram nem o texto da Constituição nem os motivos dos que a fizeram; antes procuram colocá-los no contexto adequado". Por outro lado, as que se intitulam interpretativas e que se caracterizam por estarem mais atreladas ao texto da Constituição são as que têm mais possibilidade de, no fundo, não exercer corretamente a tarefa de interpretação do Direito. "Na verdade, pode parecer que as teorias comumente chamadas de 'interpretativas' – as teorias que nos parecem mais presas ao texto da Constituição considerado isoladamente – têm mais probabilidade de revelar-se não interpretativas nesse sentido amplo. Pois parecem prestar bem pouca atenção a questões a respeito da 'finalidade' de se ter uma Constituição ou de por que a Constituição é a lei fundamental" (DWORKIN, 2000, p. 45-46).

[124] Como já defendido neste trabalho, a aproximação entre os pensamentos de Ronald Dworkin e Gadamer é possível. Analisando a obra de Dworkin, não parece restar dúvida de que a hermenêutica filosófica o influenciou. Embora não o assuma expressamente, há algumas referências a Gadamer no texto de Dworkin e, em *O império do Direito*, dedica nota de rodapé à hermenêutica, citando Gadamer, reforçando, assim, a possibilidade da aproximação, que ora se sustenta (DWORKIN, 2007, p. 62-63).

[125] Sobre esse tema, há interessante passagem no texto: "Em linhas gerais, *a interpretação construtiva é uma questão de impor um propósito a um objeto ou prática, a fim de torná-lo o melhor exemplo possível da forma ou do gênero aos quais se imagina que pertençam*. Daí não se segue, mesmo depois dessa breve exposição, que um intérprete possa fazer de uma prática ou de uma obra de arte qualquer coisa que desejaria que fossem; que um membro da comunidade hipotética fascinado pela igualdade, por exemplo, possa de boa-fé afirmar que, na verdade, a cortesia exige que as riquezas sejam compartilhadas. Pois *a história ou a forma de uma prática ou objeto exerce uma coerção sobre as interpretações disponíveis destes últimos*, ainda que, como veremos, a natureza dessa coerção deva ser examinada com cuidado" (DWORKIN, 2007, p. 63-64, grifos nossos).

[126] Discorrendo sobre a interpretação criativa e construtiva no/do Direito, Dworkin utiliza uma metáfora, que diz respeito às *regras de cortesia* e à *atitude interpretativa* para justificar que a interpretação das práticas sociais (do Direito) é *criativa e construtiva, não conversacional* (Ibid., p. 56 *et seq.*).

A *atitude interpretativa* é a *reflexão crítica*, é a pergunta, o questionamento em relação a determinada prática social. É a pergunta sobre o valor, o propósito, o objetivo de determinada prática que tem sido repassada, geração após geração, em determinada comunidade. É uma espécie de estranhamento com algo que, tradicionalmente, é transmitido.

A consequência da prática interpretativa é, portanto, a possibilidade de mudança. O estranhamento com a prática tradicional pode gerar a alteração daquela determinada prática.[127]

A *interpretação conversacional*, diferentemente da construtiva, é a que fazemos quando estamos num ambiente de conversa – qualquer atividade referente à compreensão de signos. Nesse contexto, buscamos a intenção do nosso interlocutor (*o que você quis dizer com isso?*). Na interpretação conversacional não há cisão entre o autor e o que ele diz.

Por que a interpretação do direito não pode ser conversacional? Por conta da dificuldade ou impossibilidade de se buscar a intenção do autor. Muitas vezes nem sequer sabemos quem é o legislador. Existem dificuldades e limitações empíricas para lidar com essa interpretação original.[128] Mais do que isso, o objeto da interpretação autonomiza-se, não sendo possível obter-se o entendimento por meio do resgate da intenção do autor.

Seguindo na sua formulação teórica, Dworkin põe-se a confrontar dois modelos contrapostos (*convencionalismo* e *pragmatismo*, acima já referidos). Identificando, criteriosamente, as falhas de cada qual, o jusfilósofo aponta a terceira via (que é a sua tese – integridade), pugnando pela necessidade de superar os equívocos e impropriedades dos padrões criticados.

O *convencionalismo* identifica-se com o aprisionamento ao passado. O Direito seria uma simples questão de fato, de descobrir o que pretenderam os antepassados; seria "nada mais que aquilo que as instituições jurídicas, como as legislaturas, as câmaras municipais e os tribunais, decidiram no passado".[129] Segundo os convencionalistas, a prática jurídica, bem compreendida, é uma questão de respeito e de aplicação das convenções, considerando as suas conclusões – e nada mais – como direito.

---

[127] Nesse sentido, Dworkin alerta: "a interpretação repercute na prática, alterando a sua forma, e a nova forma incentiva uma nova reinterpretação" (Ibid., p. 59). Ou seja, é a tradição sendo recriada, por meio da interpretação. Gadamer, como já analisado, também tem muito a dizer sobre isso, bastando lembrar que a hermenêutica recupera o conceito de tradição e autoridade, em um formato positivo, mostrando que autoridade não é obediência cega. Isto é, a tradição pode e deve ser reavaliada constantemente.

[128] Dworkin desenvolve o tema no capítulo IX de *O império do Direito* (As leis) e no capítulo 2 da Parte Um de *Uma questão de princípio* (O fórum do princípio).

[129] DWORKIN, 2007, p. 10.

O *pragmatismo*, por seu turno, sustenta uma postura utilitarista e cética. Os juízes tomam e devem tomar quaisquer decisões que lhes pareçam melhores para o futuro da comunidade, ignorando qualquer forma de coerência com o passado. Os pragmáticos negam que as decisões políticas do passado, por si sós, ofereçam qualquer justificativa para a legitimidade do poder coercitivo do Estado.[130]

O argumento para essa legitimidade pode estar na justiça, na eficiência ou em alguma outra virtude contemporânea. O pragmatismo estimula os juízes a decidir e a agir segundo seus próprios pontos de vista e refuta a coerência com o passado, pela coerência. O Direito, assim, não existe, ou, como diz Dworkin, referindo-se aos pragmáticos, "é apenas uma questão daquilo que os juízes tomaram no café da manhã".[131]

Como se vê, o *convencionalismo* cai no embuste da crença (metafísica) na possibilidade de se descortinar a vontade do legislador (ou tribunal). É um apego ao passado, para manter uma determinada prática. O positivismo jurídico pode ser apontado como uma teoria convencionalista, por exemplo, que pensa o Direito como simples questão de fato (empirismo lógico). Aqui se corre o risco de cair na discricionariedade, porque a precisão semântica (descobrir o que as instituições do passado quiseram dizer) não acontece. Assim, é esperado que a decisão flua de escolhas arbitrárias do juiz.

De outra banda, o *pragmatismo* também resvala no perigosíssimo decisionismo, mas por outra razão. Se o passado e a tradição não limitam em nada, se apenas há um foco no futuro, se as pessoas não têm quaisquer direitos e tudo depende do que o juiz tomou no seu café da manhã, então, a comunidade estaria inteiramente nas mãos dos juízes, que decidiriam de acordo com suas próprias convicções, sobre o que vem a ser melhor e mais benéfico para o outro. Isso seria desastroso!

Portanto, nem uma corrente, nem a outra consegue afastar o decisionismo.

Na medida em que Ferrajoli assume o positivismo (embora em sua versão crítica), aproxima-se do convencionalismo e defende um uso preciso da linguagem para que a interpretação não seja equivocada (no que não acredita Dworkin – a linguagem não prende o sentido). Ferrajoli confia, também, na tese metafísica da verdade como correspondência como

---

[130] Importante pragmatista é Richard Posner, que dialoga criticamente com Dworkin. É de sua autoria o livro *Para além do Direito* (Tradução de Evandro Ferreira e Silva. São Paulo: WMF Martins Fontes, 2009) e também *Problemas de filosofia do direito* (Tradução de Jefferson Luiz Camargo. São Paulo: Martins Fontes, 2007).

[131] DWORKIN, op. cit., p.187.

um ideal, um recurso paradigmático. Esse tema será objeto específico de seção posterior na pesquisa que ora se desenvolve.

Porém, cumpre destacar, aqui, o temor nutrido por Ferrajoli em relação à possibilidade de o juiz – diante dos espaços abertos da legislação – decidir com base em seus valores morais pessoais.

Ao discorrer sobre a *subjetividade específica do conhecimento judicial*, o mestre italiano lista os três fatores que causam a *incerteza* da verdade processual e a afastam do paradigma da verdade como correspondência; um deles é, exatamente, o *caráter não impessoal do juiz*, que sempre estará condicionado pelas circunstâncias ambientais, por seus sentimentos, suas inclinações, suas emoções, seus valores ético-políticos.[132]

É exatamente contra isso que se posiciona Dworkin. O juiz, embora esteja condicionado por fatores subjetivos (e isso jamais pode ser negado, pois seria absurda ingenuidade fazê-lo), sua decisão não pode ser fruto dessa moral subjetiva pessoal. O juiz deve decidir com base em *princípios de moralidade política*, que com aqueloutra não se confunde. O limite há de estar claro. Daí a imprescindibilidade da fundamentação das decisões.

Dworkin, embora implique moral e direito, definitivamente, não compactua com escolhas judiciais arbitrárias. Pelo contrário, são exatamente os princípios de moralidade política que restringirão a possibilidade de arbitrariedades.

Os princípios de moralidade, na visão dworkiniana, impõem-se ao juiz. Não são fruto de escolha arbitrária. Assim, o limite para o decisionismo vem da fundamentação coerente, com base nos princípios que exsurgem da tradição.

Por conta de sua formulação, Dworkin conclui que existe uma *resposta certa em Direito*, tema sobre o qual a pesquisa retornará em momento oportuno. A interpretação (construtiva) deve apresentar determinada prática ou instituição em sua melhor luz, isto é, a melhor intepretação moral que se possa dar àquela determinada prática jurídica. Dworkin afasta o ceticismo (relativismo), segundo o qual não há uma resposta melhor do que outra, mas apenas respostas diferentes.

Após as críticas bem fundadas ao convencionalismo e ao pragmatismo, Dworkin apresenta sua teoria, entendendo o Direito como a combinação de quatro virtudes (ideais) políticas: *equidade, justiça, devido processo legal adjetivo e integridade.*

A *equidade* residiria em encontrar os procedimentos políticos – métodos para eleger dirigentes e tornar suas decisões sensíveis ao eleitorado – que distribuem o poder político de maneira adequada. Diz respeito,

---

[132] FERRAJOLI, 2000, p. 56.

portanto, à prática da tomada de decisões, de forma democrática, pelos cidadãos.

A *justiça*, por seu turno, tem um sentido muito mais substancial, já que diz respeito às decisões em si, que as instituições políticas consagradas devem tomar, tenham ou não sido escolhidas com equidade, e objetiva garantir um resultado moralmente justificável.

O *devido processo legal adjetivo* diz respeito a procedimentos corretos para julgar se algum cidadão infringiu as leis estabelecidas pelos procedimentos políticos.

A *integridade* é uma exigência específica de *moralidade política* e funciona como uma espécie de fiel da balança que transita entre as demais virtudes, com o fim de ajustá-las e garantir a coerência entre elas.

Justiça não implica equidade, e vice-versa. Isto é, decisões justas podem ser tomadas sem verificar a equidade, e decisões com base na equidade podem, perfeitamente, ser injustas. A *integridade* aparece, aqui, para fazer a correção e conferir à interpretação a coerência devida, necessária ao sistema jurídico.

Dworkin ressalta que a integridade é um conceito muito mais grandioso, sutil, elegante e bem elaborado do que aquilo que, por clichê, atribui-se à analogia (necessidade de se tratar casos semelhantes da mesma maneira). A integridade, segundo o autor, está para além disso.

A fim de refutar as bases de ambas as correntes contrapostas (*convencionalismo* e *pragmatismo*), Dworkin sugere os *testes da integridade*, propondo que qualquer decisão jurídica deve passar pelo teste da *adequação* e da *justificação*, para saber se é uma decisão que respeitou a integridade, que foi tomada com base em princípios.

Adequada será a decisão que mantiver uma ligação com o pensamento jurídico daquele povo, que respeitar o que foi produzido pelo Direito sobre a matéria em discussão, que possibilitar, enfim, uma evolução natural, sem quebras e rompimentos drásticos com toda uma vivência jurídica importante. O *pragmatismo* falha nesse teste, pois rompe totalmente com o passado e somente tem em vista o resultado da decisão para o bem-estar geral do porvir.

A *justificação*, de sua banda, exige que a decisão se fundamente em razões coerentes de *moralidade política*, visando à melhor interpretação em um determinado caso concreto. Aqui deverão ser levados em conta os princípios que norteiam aquele determinado sistema jurídico. Justificada será, destarte, a decisão que obedecer a esses princípios, que demonstrar maior coerência no trato da moralidade política, obediência ao ideal de justiça em vigor na comunidade, ainda que, para isso, seja necessário romper amarras com o passado. O *convencionalismo* não passa por esse teste, já que não se importa com princípios da comunidade atual, mas apenas com o que foi estabelecido no passado.

Eis a encruzilhada: nem descobrir o Direito, nem inventar o Direito. Dworkin *quer argumentar*. Chega-se, assim, ao *direito como integridade*, única concepção capaz de gerar decisões justas, argumentativamente construídas, coerentes, equilibradas, que atendam às exigências da adequação, a fim de manter a coerência do que já foi produzido pelas instituições jurídicas, sem, entretanto, ficar atrelado ao passado, podendo justificar o rompimento de paradigmas, precedentes, com base em razões fundadas em princípios de moralidade política.

Realmente, há necessidade de haver um terceiro elemento que equilibre os ideais de *justiça* e *equidade*, nem sempre conciliáveis. Por exemplo, nem sempre as decisões majoritárias – que primam pela equidade – são justas. Regra de maioria, para Dworkin, não é sinônimo de justiça, visto que a preocupação é com a defesa dos direitos, o que pode ser comprometido por uma decisão majoritária (afinal, que maioria se empenharia em defender direitos de uma minoria?).[133]

Vale ressaltar, por lealdade, que, embora a integridade seja um excelente caminho para uma crítica ao garantismo, nesse ponto, em especial, as teses aproximam-se, pois Ferrajoli, ainda que por outros vieses,

---

[133] Nesse tema, Dworkin apresenta o interessante argumento das *decisões conciliatórias*, salomônicas. São decisões que, não raro, respeitam a equidade, mas podem ser extremamente injustas, dada a arbitrariedade dos métodos de escolha. Fornece vários exemplos, entre os quais a questão do aborto: sem dúvida, é um tema que divide opiniões. Imagine, então, que o Parlamento resolvesse criminalizar o aborto para as mulheres que nasceram em anos pares, mas não para as que nasceram em anos ímpares. Seria uma decisão com base em equidade, já que metade das mulheres que praticaram aborto seria punida, a outra metade não. É uma decisão muito mais equitativa do que a do tipo "o vencedor leva tudo". Mas seria justa? O Direito conformar-se-ia com tal decisão arbitrária? Como diz Dworkin, "esse modelo salomônico trata a ordem pública de uma coletividade como um tipo de mercadoria a ser distribuída de acordo com a justiça distributiva, um bolo que deve ser equitativamente dividido dando-se a cada grupo a parte que lhe cabe" (DWORKIN, 2007, p. 216). O autor esclarece que nós admitimos algumas decisões arbitrárias (ex.: zoneamento, permitir fábricas em algumas zonas e não em outras, proibir o estacionamento de ambos os lados das ruas em dias alternados), mas as rejeitamos totalmente quando o que está em jogo é uma questão de moralidade política, de princípios. E prossegue: "cada ponto de vista deve ter voz no processo de deliberação, mas a decisão coletiva deve, não obstante, tentar fundamentar-se em algum princípio coerente" (DWORKIN, 2007, p. 217). O sentido de *equidade* é, como se vê, mais fácil de ser apreendido do que o de *justiça*. A explicação é lógica: a *equidade* lida com questões formais (respeito a regras democráticas – regra de maioria, em especial – de tomada de decisões), enquanto a *justiça* envolve questões substantivas, de moralidade política, sobre o que é dificílimo (para não dizer, impossível) estabelecer consenso, em virtude do pluralismo das sociedades contemporâneas. Dworkin fornece outro exemplo mais instigante, a fim de analisar se haveria razões de justiça suficientes para negar as decisões conciliatórias: imaginemos que só nos seja possível salvar alguns prisioneiros da tortura. A justiça dificilmente vai exigir que não salvemos nenhum, mesmo quando apenas a sorte, e não um princípio, venha a decidir quem será salvo e quem continuará sendo torturado. Assim, razões de justiça são insuficientes para rejeitar decisões conciliatórias, embora nossos instintos continuem sendo hostis para com esse tipo de decisão. Daí a necessidade da integridade como o fiel da balança, como o nosso "Netuno". Como diz Dworkin, "[...] *se as decisões conciliatórias têm um defeito, este deve estar na característica que as distingue das outras, no fato de tratarem as pessoas diferentemente quando nenhum princípio pode justificar a distinção*" (DWORKIN, 2007, p. 219, grifo nosso).

também vê a democracia para além da simples regra de maioria. É o que chama de democracia substancial (material).[134]

Outro conceito necessário à tese dworkiniana é o de *comunidade de princípios*. O Direito como integridade pressupõe uma comunidade de princípios, que se distingue da *comunidade de circunstâncias de fato* e da *comunidade de regras*.

O primeiro modelo (*comunidade de circunstâncias de fato*) supõe que os membros de uma comunidade tratam sua associação apenas como um acidente de fato da história e da geografia.

O segundo (*comunidade de regras*) acompanha a concepção que o *convencionalismo* tem acerca do Direito, pois pressupõe que os membros de uma determinada comunidade aceitam o compromisso geral de obedecer às regras previamente postas e de continuar a propagação dessas regras, sem exercer sobre elas a atitude interpretativa (crítica). As regras somente serão alteradas caso haja um novo acordo. Esse tipo de comunidade, por exemplo, não rejeita as soluções conciliatórias, que, como já analisado neste trabalho (em nota de rodapé acima), são soluções que divergem bastante do ideal de integridade, defendido por Dworkin.

No modelo de *comunidade de princípios*, ao revés, as pessoas aceitam que são governadas por princípios comuns, e não apenas por regras criadas por um acordo político (convenção). A política, nesse tipo de comunidade, é uma arena de debates sobre quais princípios a comunidade deve adotar como sistema, que concepção deve ter de justiça, equidade e justo processo legal.[135]

Os membros de uma comunidade de princípios admitem que seus direitos e deveres políticos não se esgotam nas decisões particulares tomadas por suas instituições políticas, mas dependem, em termos mais gerais, do sistema de princípios que essas decisões pressupõem e endossam.

A *integridade política* é tomada como um ideal político distinto, que deve ser aceito de forma geral, mesmo por pessoas que porventura tenham divergências sobre o que deve ser justo ou equitativo. Uma comunidade de princípios não é, automaticamente, uma comunidade justa, e sua concepção de interesse equitativo pode ser falha. Mas o que importa ao modelo de princípios é a integridade (mais do que a justiça ou a equidade).

Se as pessoas divergem sobre conceitos de justiça e equidade (e isso é uma realidade!), o modelo de uma comunidade de princípios satisfaz, de

---

[134] *Cf.* FERRAJOLI, Luigi. *Derechos y garantías:* la ley del más débil. Madrid: Trotta, 2001. Ver especificamente o texto "Derechos fundamentales" (p. 37-72), no qual o autor estabelece a distinção entre democracia formal e substancial. Também em *Derecho y Razón*, p. 864.

[135] DWORKIN, 2007, p. 254.

Para Além do Garantismo
UMA PROPOSTA HERMENÊUTICA DE CONTROLE DA DECISÃO PENAL

forma infinitamente melhor que os demais, as condições da verdadeira comunidade. O modelo de princípios agrega. Permite que as decisões sejam tomadas em bases sólidas, bases que devem ser objeto de discussão ampla na comunidade, bases que devem ser conhecidas por todos, a ponto de uma decisão (ainda que pareça, aos olhos de alguns, injusta ou contrária à equidade) jamais poder ser adjetivada de arbitrária ou discricionária.

A *integridade* também há de estar presente na legislação e nas decisões judiciais. Tanto legisladores, quanto juízes devem seguir a integridade, para que seus atos e decisões sejam os melhores possíveis para uma comunidade fraterna.

A tarefa interpretativa é parte integrante da integridade. Uma decisão somente respeitará a integridade se compreender que os princípios de moralidade política que subjazem àquela comunidade estão no comando. É necessário equilibrar a tradição passada com as necessidades atuais da comunidade. Identificar os valores políticos que nutrem a comunidade (para além do que qualquer um possa pensar sobre justiça ou equidade).

A integridade, enfim, não é simplesmente coerência – se tomarmos por coerência simplesmente a repetição de decisões anteriores. A integridade é muito mais do que isso. O importante, para a integridade, não é repetir as decisões do passado (isso é um traço característico do convencionalismo), tampouco se presta a tomar decisões unicamente para o futuro, orientadas por razões de utilidade, ignorando a tradição jurídica produzida (o que é próprio do pragmatismo).

A integridade, diz Dworkin, "exige que as normas públicas da comunidade sejam criadas e vistas, na medida do possível, de modo a expressar um sistema único e coerente de justiça e equidade na correta proporção".[136] Seguindo esse ideal, uma decisão que respeite a integridade pode (e deve) afastar-se de decisões anteriores, em busca da fidelidade aos princípios da comunidade. A coerência pode, não raro, ver-se prejudicada, em nome de um princípio de moralidade política. E é bom que o seja, se necessário for.

O tema *moralidade política*, como se viu, impregna toda a tese do direito como integridade. Os conceitos de interpretação construtiva e de comunidade de princípios não prescindem da noção de moralidade política; antes, pressupõem-na.

Claro está, a este passo, que a moralidade política nada tem com a chamada moral comum, com subjetivismos arbitrários, com o que cada um pensa sobre algo (já foi visto que concepções pessoais e isoladas sobre justiça ou equidade não fundamentam uma decisão com base na integridade).

---

[136] DWORKIN, 2007, p. 264.

Para os objetivos desta tese, que analisa a busca de limites para o poder do juiz criminal, pela via da hermenêutica, a teoria do direito como integridade, mas, especificamente, a noção de moralidade política dworkiniana é vital, pois funciona como um antídoto contra o risco do decisionismo e dos ativismos judiciais.[137]

Dworkin sustenta que é impossível ao juiz decidir apoliticamente.[138] Toda decisão judicial é política, entendendo-se política, aqui, como *moralidade política*, no sentido acima já apresentado, ou seja, fundado em princípios, em ideias de justiça (do que é melhor para uma determinada comunidade, levando em conta toda a sua história, sua tradição) e não na moralidade comum, própria, individual. Não é decidir de acordo com concepções morais subjetivas, mas de acordo com a ideia, mais ampla e complexa, de princípios de moralidade política que vigoram num determinado tempo e espaço.

Para o autor, Direito e Moral estão implicados (embora não se confundam), no que se distingue dos autores positivistas (e do garantismo, em especial), que pressupõem uma separação necessária entre ambos os conceitos. Política, moral e direito estão, em Dworkin, umbilicalmente relacionados. Decidir politicamente é, igualmente, decidir com base em princípios (de moralidade política).[139]

Os princípios carregam, em si, conteúdo extremo de moralidade, e isso precisa, em Dworkin, ser assumido, exatamente para controlar e legitimar as decisões e as obrigações em uma determinada comunidade.

O modelo de regras não tem capacidade de gerar decisões legítimas, se, por detrás delas, não se identificar o princípio instituidor, que leva-

---

[137] Segundo Dworkin, "o ativismo é uma forma virulenta de pragmatismo jurídico. Um juiz ativista ignoraria o texto da Constituição, a história de sua promulgação, as decisões anteriores da Suprema Corte que buscaram interpretá-la e as duradouras tradições de nossa cultura política. O ativista ignoraria tudo isso para impor a outros poderes do Estado seu próprio ponto de vista sobre o que a justiça exige" (DWORKIN, 2007, p. 451-452).

[138] O autor trata do tema em *Uma questão de princípio*, especificamente no capítulo 1, da Parte Um (Os juízes políticos e o Estado de Direito). "Os juízes nos Estados Unidos e na Grã-Bretanha tomam decisões políticas? Naturalmente, as decisões que os juízes tomam deve ser políticas em algum sentido [...]. Quero indagar, porém, se os juízes devem decidir casos valendo-se de fundamentos políticos, de modo que a decisão seja não apenas a decisão que certos grupos políticos desejariam, mas também que seja tomada sob o fundamento de que certos princípios de moralidade política são corretos" (DWORKIN, 2000, p. 3).

[139] Como já assinalado na seção anterior, para o *garantismo*, a separação entre Moral e Direito é pressuposta. O fundamento do direito, quando baseado em questões morais, é sempre externo – questões de Justiça. Fundamentar o direito internamente implica fundamentá-lo dentro do próprio sistema constitucional – questões de validade (o que seria uma petição de princípio, segundo Dworkin). Na verdade, questões referentes à justiça, à liberdade, à dignidade são, inquestionavelmente, morais, por mais que já integrem, positivamente, o texto de uma Constituição. Inserir tais valores no texto não lhes retira o caráter ínsito de moralidade; portanto, atribuir sentidos a esses valores implica, necessariamente, enfrentar questões de moralidade política, para usar a expressão dworkiniana.

Para Além do Garantismo
UMA PROPOSTA HERMENÊUTICA DE CONTROLE DA DECISÃO PENAL

rá à integridade. As regras, por si próprias, estão enclausuradas na convenção. Todavia, relembre-se, a tradição não aprisiona. Pelo contrário, precisa ser constantemente revisada. A convenção pode não estar mais atendendo às necessidades daquela sociedade em especial, e a regra, isolada, não resiste.

A corte constitucional deve tomar decisões de princípio, decisões justas e corretas com base na moralidade política, decisões sobre que direitos as pessoas têm num determinado sistema constitucional, compreendendo que a tradição deve ser respeitada até o ponto em que não comprometa a felicidade daquela comunidade. Para Dworkin, a noção de princípio é totalmente substantiva (e não formal), pois leva em conta argumentos de moralidade, de justiça (políticos, enfim).

Importa notar que a noção de princípio defendida por Dworkin não é, em absoluto, semântica. A diferença que estabelece entre regras e princípios é, como ele próprio diz, de natureza lógica.[140] Para os fins desta pesquisa, interessa, tão só, destacar que a concepção de princípio em Dworkin é, antes de mais nada, argumentativa.[141] Dizendo de outra forma: os princípios de moralidade política devem orientar as decisões jurídicas de tal modo que essas decisões cumpram a integridade, isto é, sejam coerentes e respeitem a justiça e a equidade.

Não se trata, portanto, de buscar – em algum lugar – princípios *a priori* construídos (axiomatizados) para, dentre eles, eleger um que se aplique ao caso em análise, excluindo os demais. Na verdade, o princípio exsurge, impõe-se ao intérprete, da situação hermenêutica. O intérprete não escolhe. A resposta advém da historicidade que alimenta a interpre-

---

[140] "A diferença entre princípios jurídicos e regras jurídicas é de natureza lógica. Os dois conjuntos de padrões apontam para decisões particulares acerca da obrigação jurídica em circunstâncias específicas, mas distinguem-se quanto à natureza da orientação que oferecem. As regras são aplicáveis à maneira do tudo-ou-nada. Dados os fatos que uma regra estipula, então ou a regra é válida, e neste caso a resposta que ela fornece deve ser aceita, ou não é válida, e neste caso em nada contribui para a decisão [...]. Os princípios possuem uma dimensão que as regras não têm – a dimensão do peso ou importância [...]. Se duas regras entram em conflito, uma delas não pode ser válida [...]. A forma de um padrão nem sempre deixa claro se ele é uma regra ou um princípio [...]. Palavras como 'razoável', 'negligente', 'injusto' e 'significativo' desempenham frequentemente essa função [...]. A utilização desses termos faz com que essa regra se assemelhe mais a um princípio. Mas não chega a transformar a regra em princípio [...]" (DWORKIN, 2010a, p. 39 *et seq.*).

[141] Diz Dworkin: "Saber se um princípio é ou não um princípio da comunidade nesse sentido é matéria para argumentação e não para relatórios" (DWORKIN, 2010a, p. 125). Entre nós, Antônio G. M. Maués, ao escrever sobre o conteúdo dos princípios em Dworkin, esclarece: "Já os princípios não se aplicam automaticamente dados os seus pressupostos – os quais, muitas vezes, sequer se encontram estabelecidos – mas fornecem uma *razão* para decidir em determinada direção que é levada em conta junto com as razões fornecidas por outros princípios, não implicando uma decisão específica" (MAUÉS, Antônio Gomes Moreira. *Poder e democracia:* o pluralismo político na Constituição Federal de 1988. Porto Alegre: Síntese, 1999, p. 72). É exatamente essa razão para decidir que privilegia o *locus* dos princípios que, assim, instituem a regra sobre a qual se apoia a decisão. O tema será retomado, oportunamente.

tação. O princípio está por trás da regra, vivificando-a na interpretação do caso concreto.

Com apoio em Rafael Tomaz de Oliveira, que realizou preciosa investigação sobre o conceito de princípio, expondo claramente os pontos de choque entre as teorias de Dworkin e Alexy, pode-se concluir que *"os princípios são normativos em Dworkin porque acontecem, argumentativamente, no interior desta atividade interpretativa que é o direito"*.[142]

As decisões judiciais, destarte, não podem limitar-se a questões de fato. Decidir corretamente implica decidir politicamente, com base em princípios. Isso significa atingir a moralidade, que está para muito além da possível concepção semântica que se possa ter desse ou daquele texto legal.

Mas Ferrajoli não admite essa implicação tão direta com a moral. Teme. Não crê que os juízes possam dar conta dos valores morais (podem acabar envolvendo sua moralidade subjetiva, sua visão de mundo). É melhor que se mantenham livres da moralidade e busquem identificar os princípios (antes morais) que foram positivados. Uma vez transformados em texto legal, perdem seu conteúdo moral. Será isso possível? Para a integridade, seguramente, não. Os juízos morais, como se vem de demonstrar, são interpenetrados no Direito. A dualidade moral x direito, que vem de uma separação unicamente semântica, é fortemente rejeitada pela teoria do direito como integridade. Os princípios devem conduzir, em suma, à melhor interpretação moral do direito.

Convém registrar, também, a diferença entre decidir politicamente e decidir sobre políticas. O primeiro sentido é o que Dworkin utiliza na tese (decisões políticas são decisões de moralidade, de princípio – *politic*). O segundo corresponderia a decisões sobre estratégias de governo, políticas públicas, administração do bem comum (*policies*). Para Dworkin, o juiz jamais pode tomar decisões dessa segunda linha.

A moralidade política, ademais, possui conexão direta com o conceito de *tradição* (e aqui, mais uma vez, encontra-se uma excelente aproximação com Gadamer, como já referido neste texto).

Metaforicamente, Dworkin utiliza-se do exemplo do *romance em cadeia* (*chain novel*) exatamente para situar o intérprete na posição daquele que recebe algo e tem a tarefa de dar continuidade, da melhor forma possível (em sua melhor luz), sem, no entanto, confundir-se com a pessoa daquele autor que o antecedeu na obra.

Portanto, assim como o romancista em cadeia tem o desafio de dar continuidade à obra literária, fazendo-o da melhor forma possível, sem, todavia, pretender descobrir a intenção do outro literato que o antecedeu,

---

[142] OLIVEIRA, 2008, p. 200, grifo nosso.

Para Além do Garantismo
UMA PROPOSTA HERMENÊUTICA DE CONTROLE DA DECISÃO PENAL

o intérprete/juiz tem o dever de cuidar do Direito, recebendo-o, pela tradição, e recriando-o, em sua melhor luz, para devolvê-lo à comunidade atual. E isso somente será possível se toda a tarefa desse juiz tiver por desiderato os princípios da moralidade política que norteiam aquela determinada comunidade em que está inserido.

É bem possível que – em determinadas circunstâncias – o passado seja rompido, alguns paradigmas sejam quebrados, sem, contudo, desarmonizar o Direito.[143] A integridade respeita a tradição, mas a tradição também respeita a integridade. Tradição não é engessamento do passado. Até porque o processo é vivo, é circular, é finito. Um ciclo pode encerrar-se, mas o Direito sobrevive e precisa ser transmudado. Um sentido atribuído no passado pode não mais condizer com as expectativas de justiça do presente e, então, migra. Afinal, a moralidade política é um conceito dinâmico. Não se deixa aprisionar.

Como visto em Gadamer, a experiência do estranhamento é enriquecedora. Os pré-juízos podem tornar-se inautênticos quando colocados em confronto com a coisa mesma e, assim, a compreensão não se dá. É necessário, portanto, deixar valer a circularidade hermenêutica e o constante processo de interpenetração todo/parte, passado/presente.

Não se trata de *descobrir* o que quiseram nossos antepassados, nossas instituições seculares (por impossível, já que, como insiste Dworkin, inclusive isso seria uma questão de interpretação), tampouco se trata de *inventar* um Direito que o juiz, dependendo do prato do dia, considere melhor (em sua concepção subjetiva de "melhor" – o que, insista-se, nada tem a ver com moralidade) para o bem-estar coletivo (por arbitrário, e incompatível com a tradição constitucional).

Trata-se, em verdade, de *argumentar*. Direito é atitude, diz Dworkin. É um contínuo (re)construir, trazendo para o *fórum dos princípios* toda a discussão e a interpretação, buscando nas práticas sociais e na moralidade política a formação das melhores decisões possíveis, em busca da justiça e da fraternidade.

Que a aparente utopia não seja obstáculo para tomar a sério o Direito cunhado por Dworkin, pois – em tempos de desafios constantes à jurisdição constitucional – o caminho por ele sugerido é tão instigador quanto necessário, em busca, ao mesmo tempo, da realização efetiva dos direitos fundamentais e dos almejados limites ao poder de decidir.

---

[143] Volta-se, aqui, ao julgamento emblemático do caso *Brown* (1954), já mencionado nesta tese, em que a Suprema Corte, quebrando precedente antigo, entendeu que a segregação racial nas escolas feria a Décima Quarta Emenda (igual proteção).

3. A precisão semântica garantista: da discricionariedade ao controle – o direito pode ser mera questão de sorte?

3.1. Ferrajoli e a precisão semântica: a discricionariedade em foco

Nas seções acima, aprofundou-se a delicada questão da cisão entre direito e moral, defendida pelo garantismo, e analisou-se de que forma essa opção axiológica/metodológica/epistemológica não sobrevive no sistema constitucional contemporâneo, em que os princípios que conformam toda a ordem jurídica derivam, direta e indissociavelmente, da moralidade. Recorreu-se à hermenêutica para fundar a crítica a esse ponto da teoria ferrajoliana.

Com base em Dworkin, e com total apoio na hermenêutica de Gadamer, tomou-se a moralidade como comunhão de princípios – moralidade política, que nada diz com questões morais pessoais ou religiosas. O juiz há de decidir com base em princípios de moralidade política, ou seja, com base em ideais de justiça, equidade, integridade, compreendendo a tradição jurídica, mas sempre a confrontando com as perspectivas de uma vida feliz.

Toda essa discussão está por trás, por evidente, do tema, tão interessante, quanto controverso, relativo à *interpretação* no/do Direito. Com Dworkin, já se iniciou nesse viés, quando o jusfilósofo apresenta a sua complexa teoria do Direito, afirmando que toda a prática social (o Direito, inclusive) é interpretativa. Não se trata, portanto, de descobrir um sentido aprisionado de um texto, mas de interpretar.

Gadamer também entra nesse debate com todo o aparato de sua hermenêutica filosófica.

Em todo bom debate jurídico, ao fim e ao cabo, acaba-se tangenciando a interpretação, por mais que não seja o tema central da contenda. Qual a melhor interpretação de um texto jurídico? Como obtê-la? Descobrindo o que pretendiam seus criadores? Ou tentando adivinhar o sentido da lei em si? Haveria, a propósito, o "sentido da lei em si"? Seria melhor, então, inventar um significado? Mas, se assim o for, quais as bases para isso?

O que está em tensão, nessa controvérsia, não é outra coisa senão saber se uma interpretação é (ou não) arbitrária e, se não o é, quais os critérios para fazer o controle.

Neste ponto da pesquisa, o que se vai verificar é que a solução epistemológica dada por Ferrajoli, embora demonstre clara e inequívoca preocupação com a busca de limites para a arbitrariedade, não satisfaz.

A busca do garantismo é por um equilíbrio: entre a *obtusidade legalista* e o *arbítrio substancialista*.[144] Como fugir do legalismo, sem cair no decisionismo?

A epistemologia garantista defende, como já destacado acima, o uso da *razão* no Direito Penal (cisão moral *x* direito), demonstrando que os sistemas necessitam maximizar os vínculos de conhecimento (*cognoscitivismo*) e minimizar os vínculos de poder (*decisionismo*).

A razão, em sentido teorético, implica a imposição de vínculos ao poder judicial, por meio dos comandos normativos (que precisam espelhar as garantias do Estado Democrático de Direito), bem como do processo de introjeção desses comandos pelo juiz que – para além de fazê-los valer à luz dos preceitos constitucionais – deverá, por ocasião da decisão, trabalhar com *proposições refutáveis*, motivando todas as suas escolhas.[145]

Embora insista na imposição de vínculos, controles, limites, Ferrajoli reconhece que os critérios propostos pela epistemologia garantista são, em grande medida, *ideais* e *utópicos* (já que sempre haverá os espaços de poder irredutíveis no atuar do juiz) e que, a despeito disso, deve-se perseguir, dentro do possível, a redução dos hiatos de insegurança.[146]

"En todo juicio, en suma, siempre está presente una cierta dosis de prejuicio".[147] Os pré-juízos a que Ferrajoli faz referência dizem com os pré-juízos inautênticos da hermenêutica. Ferrajoli aceita que o juiz "sempre está condicionado pelas circunstâncias ambientais nas quais atua, por seus sentimentos, suas inclinações, suas emoções, seus valores ético-políticos".[148]

---

[144] FERRAJOLI, 2000, p. 163.

[145] Ibid., p. 22.

[146] Nesse sentido, adverte Ferrajoli: "Todo el esquema epistemológico hasta aquí ilustrado y el modelo penal garantista que en él se informa tiene el fundamental y descontado defecto de corresponder a un moldeo limite, en amplia medida ideal, porque de hecho nunca ha sido realizado ni nunca será realizable" (Ibid., 2000, p. 38).

[147] Ibid., p. 57.

[148] FERRAJOLI, 2000, p. 56, tradução livre.

Com essa assertiva, o autor assume posição no sentido de que – apesar da necessidade de se buscar aferir critérios minimamente racionais, garantistas e cognitivos no exercício do poder de julgar – sempre será necessário contar com boa parte de incerteza.

Existe uma esfera insuprimível de discricionariedade, na visão de Ferrajoli, que advém, diretamente, da natural e esperada falta de neutralidade e de assepsia do julgador. A contaminação do juiz por fatores subjetivos (emoções, ambiente em que está integrado, convicções morais, valores familiares, culturais, políticos, sociais etc.) é componente necessário de qualquer manifestação de sua lavra. Daí por que Ferrajoli refere-se aos autores iluministas como "ilustrados iludidos",[149] já que criam, inocentemente, numa total blindagem do juiz em relação ao fato julgado, na medida em que lhe cabia, tão só, aplicar um silogismo perfeito (ilusão metafísica) para confeccionar a decisão.[150]

Neste ponto, é imprescindível fazer referência à divisão que Ferrajoli encontra dentro do *poder judicial*, que incluiria:

a) *poder de denotação, interpretação* ou *verificação jurídica*;

b) *poder de comprovação probatória* ou de *verificação fática*;

c) *poder de conotação* ou de *compreensão equitativa*;

d) *poder de disposição* ou de *valoração ético-política*.

Logo de início, percebe-se – como era de se esperar das muitas dualidades garantistas – que Ferrajoli separa questão de fato e questão de direito e refere-se à *interpretação* somente na *verificação jurídica* que, segundo ele, nunca pode ser absolutamente certa e objetiva. *Interpretação da lei*, para Ferrajoli, não é jamais uma atividade somente recognoscitiva, mas sempre é *fruto de uma eleição prática em relação às hipóteses interpretativas alternativas*.[151]

Nessa primeira manifestação do poder judicial, verifica-se intensa influência da discricionariedade positivista, na medida em que o garantismo afirma que a interpretação de uma lei é sempre fruto de uma "eleição prática" entre hipóteses interpretativas alternativas. Se fruto de uma "eleição prática" é, implica reconhecer, na sequência, que o elemento "discricionariedade" segue presente na decisão.

Embora Ferrajoli encarne uma postura que se diz crítica em relação ao positivismo exegético (chamado por Ferrajoli de paleopositivis-

---

[149] FERRAJOLI, 2000, p. 62.

[150] Por todos, Montesquieu, que afirmava ser o juiz, simplesmente, a boca através da qual se pronunciam as palavras da lei. Cf. MONTESQUIEU. *Do espírito das leis*. São Paulo: Martin Claret, 2002, p. 165 *et seq*.

[151] FERRAJOLI, op. cit., p. 38-39.

mo), a partir da distinção entre vigência e validade (isto é, defendendo a verificação material de constitucionalidade das leis inferiores), no que concerne à interpretação, o garantismo praticamente reproduz a fórmula kelseniana da discricionariedade.

São indiscutíveis, nesse particular, os pontos de toque entre o garantismo e a Teoria Pura do Direito (TPD). O decantado capítulo VIII da mais festejada obra de Hans Kelsen dá-nos bem a ideia dessas zonas de contato.[152]

Com efeito, Kelsen defende que existe, ao menos, uma relativa indeterminação no ato de aplicação do Direito, pois as palavras não possuem a capacidade de exprimir um significado único; sendo assim, sempre haverá algumas possibilidades, isto é, algumas interpretações possíveis, dentro de um universo previamente determinado pela instância superior.

Esse universo previamente determinado é comparado por Kelsen a uma *moldura*, ou seja, é uma margem de livre apreciação. No caso do juiz, ele recebe a moldura que vem estampada na lei e complementa-a, voluntariamente.[153]

Logo, porque as palavras da lei não aprisionam o significado (e com isso se está totalmente de acordo), o positivismo entrega o ato interpretativo à vontade do julgador, acreditando que tudo o que ele decidir, desde que dentro de um mínimo previamente dado (moldura), será juridicamente válido. Não existe, portanto, uma resposta correta, mas várias possibilidades que se adaptam à moldura. Entre essas várias possibilidades, o juiz está autorizado a escolher qual quiser.

Exatamente por isso, Kelsen defende que interpretar não é um ato de conhecimento, mas de vontade. Tentar descobrir a resposta correta, isto é, a única possibilidade de interpretação não é (nem pode ser) tarefa da ciência jurídica. Isso pode até se dar, segundo Kelsen, mas na esfera da política do Direito, envolvendo, para tanto, critérios morais e juízos sociais de valor.

---

[152] KELSEN, Hans. *Teoria pura do Direito*. 2. ed. bras. Tradução de João Baptista Machado. São Paulo: Martins Fontes, 1987.

[153] São palavras de Kelsen: "Tem sempre de ficar uma *margem*, ora maior ora menor, de *livre apreciação*, de tal forma que a norma do escalão superior tem sempre, em relação ao ato de produção normativa ou de execução que a aplica, o caráter de um quadro ou moldura a preencher por este ato. Mesmo uma ordem o mais pormenorizada possível tem de deixar àquele que a cumpre ou executa uma pluralidade de determinações a fazer [...]. *O sentido verbal da norma não é unívoco, o órgão que tem de aplicar a norma encontra-se perante várias significações possíveis* [...]. O Direito a aplicar forma, em todas essas hipóteses, uma *moldura dentro da qual existem várias possibilidades de aplicação, pelo que é conforme ao Direito todo ato que se mantenha dentro deste quadro ou moldura*, que preencha esta moldura em qualquer sentido possível [...]. Dizer que uma sentença judicial é fundada na lei, não significa, na verdade, senão que ela está contida na moldura ou quadro que a lei representa – não significa que ela é a norma individual, mas apenas que é uma das normas individuais que podem ser produzidas dentro da moldura da norma geral" (Ibid., p. 364-366, grifo nosso).

A ideia é perfeitamente condizente com o postulado positivista de separação entre direito e moral, já abordado nesta tese. A partir do momento em que a ciência do direito purifica-se dos juízos morais, é óbvio que a teoria não tem como oferecer ferramentas para a obtenção da resposta certa. A teoria simplesmente identifica que as palavras da lei não fornecem um único significado e, a partir daí, lava as mãos. Entrega ao juiz o encargo. Qualquer esforço para enfrentar a questão da indeterminação é do âmbito da política do Direito, jamais da ciência do Direito.[154]

Não é por acaso que Kelsen dedica apenas um tímido capítulo (com apenas oito páginas) à interpretação. Na verdade, a interpretação não é um problema teórico, mas simplesmente prático. Não é objeto de investigação da TPD, mas objeto de escolha discricionária do juiz, no caso concreto.

Por evidente que não é o mesmo tratamento recebido do garantismo. Ferrajoli está muitíssimo preocupado com a questão da interpretação, dentro da teoria do Direito por ele cunhada. Mas o que se quis destacar é que – à parte toda a atenção do garantismo para com a interpretação – Ferrajoli segue refém da discricionariedade.

Como bem alerta Lenio Streck, embora Kelsen tenha superado, em alguma medida, o positivismo primitivo do século XIX, permanece imerso na ideia do subjetivismo assujeitador. Continua, portanto, a acreditar que a decisão advém de um ato de vontade, solitário (solipsista), do juiz. Da discricionariedade, portanto.[155]

---

[154] Para constatar como a questão da interpretação é de reduzida importância para a TPD e como interpretar é, para Kelsen, um ato de vontade, vejamos: "A questão de saber qual é, entre as possibilidades que se apresentam nos quadros do Direito a aplicar, a 'correta', não é sequer – segundo o próprio pressuposto de que se parte – uma questão de conhecimento dirigido ao Direito positivo, *não é um problema de teoria do Direito, mas um problema de política do Direito*. [...] *Justamente por isso, a obtenção da norma individual no processo de aplicação da lei é, na medida em que nesse processo seja preenchida a moldura da norma geral, uma função voluntária*. [...] Na medida em que, na aplicação da lei, para além da necessária fixação da moldura dentro da qual se tem de manter o ato a pôr, possa ter ainda lugar uma atividade cognoscitiva do órgão aplicador do Direito, não se tratará de um conhecimento do Direito positivo, mas de outras normas que, aqui, no processo da criação jurídica, podem ter a sua incidência: normas de Moral, normas de Justiça, juízos sociais de valor que costumamos designar por expressões correntes como bem comum, interesse do Estado, progresso, etc. Do ponto de vista do Direito positivo, nada se pode dizer sobre a sua validade e verificabilidade. Deste ponto de vista, todas as determinações desta espécie apenas podem ser caracterizadas negativamente: são determinações que não resultam do próprio Direito positivo. Relativamente a este, *a produção do ato jurídico dentro da moldura da norma jurídica aplicanda é livre, isto é, realiza-se segundo a livre apreciação do órgão chamado a produzir o ato*. Só não seria assim se o próprio Direito positivo delegasse certas normas metajurídicas como a Moral, a Justiça, etc. Mas, neste caso, estas se transformariam em normas de Direito positivo" (KELSEN, 1987, p. 368-369, grifo nosso).

[155] Segundo Streck, "em um ponto específico Kelsen 'se rende' aos seus adversários: *a interpretação do direito é eivada de subjetivismos provenientes de uma razão prática solipsista*. Para o autor austríaco, esse 'desvio' é impossível de ser corrigido [...]. Kelsen já havia superado o positivismo exegético, mas *abandonou o principal problema do direito: a interpretação concreta*, no nível da 'aplicação'. E nisso reside

Feitas essas considerações aproximativas – com as necessárias ressalvas – entre o garantismo e a TPD, segue-se na análise do esquema desenhado por Ferrajoli, para cuidar do poder judicial.

A segunda faceta do poder judicial é a *verificação fática*, que se deve dar por meio da análise minudente das provas produzidas e exige decisões argumentadas, pois também implica poder de eleição em relação a hipóteses explicativas alternativas, ainda que disciplinadas pelo conjunto de garantias processuais.

Para o garantismo, a acusação deve ser precisa, baseada em fatos empiricamente demonstráveis, para gerar a possibilidade de refutabilidade. Hipótese legítima é apenas aquela que pode ser refutada.[156]

Ocorre que, para Ferrajoli, o grave problema da indeterminação da linguagem, que ocupa a cena da verificação jurídica (interpretação), também vai aparecer aqui. As palavras seguem sendo imprecisas, vagas, indeterminadas. E o distanciamento temporal é, ainda, um agente complicador.

Se o processo é a reconstrução (precária) de um fato passado, a atividade intelectual realizada é semelhante à que faz um historiador.[157] Se ele (juiz, historiador) não se pode transportar ao passado, terá de basear sua interpretação em evidências (documentos, testemunhas, perícias, provas, enfim), as quais – em que pese todo o cuidado que se possa ter para torná-las certas, vinculantes – sempre carregarão o insuperável espaço de discricionariedade.

O esforço de Ferrajoli, nesse sentido, é notável, ao desenvolver toda uma argumentação lógica em torno da teoria das provas, distinguindo provas de indícios, indução de dedução, discorrendo sobre o princípio do livre convencimento até construir critérios de decisão para considerar uma determinada referência indutiva mais razoável ou plausível que outra (já que, reconhece ele, toda a verdade advinda da interpretação fática é, tão somente, provável).

Para a construção desses critérios, Ferrajoli busca auxílio em Popper, Hempel e Oppenheim, no que chama "modelo nomológico-dedutivo da explicação causal", que, adverte Ferrajoli, se não permite demonstrar a

---

a 'maldição' de sua tese [...]" (STRECK, Lenio Luiz. Aplicar a "letra da lei" é uma atitude positivista? *Revista NEJ-Eletrônica*, v. 15, n. 1, jan./abr. 2010c, p. 161 grifo nosso).

[156] "No se puede probar, y todavía menos contradecir, una acusación indeterminada o expressada mediante valoraciones, tanto inverificables, como no confutables" (FERRAJOLI, 2000, p. 129).

[157] "[...] la verificación fáctica en el proceso penal, al igual que en cualquier verificación histórica, es el resultado de una ilación entre hechos 'probados' del pasado y hechos 'probatorios' del presente [...]" (FERRAJOLI, 2000, p. 129).

verdade (mas apenas confirmá-la), pode apoiar a falsidade de uma hipótese explicativa.[158] Isso porque, conclui:

> Não dispomos de um método de descobrimento ou de verificação, senão apenas de um método de confirmação e de refutação. Um descobrimento – seja de um cientista, historiador ou detetive – não é nunca um ato mecânico, senão sempre um fato criativo e confiado à *imaginação* e à *invenção*.[159]

Como se vê, o garantismo relaciona verdade com correspondência à realidade. Verdade, portanto, num processo penal, seria a reprodução fidedigna do fato passado. Isso, realmente, é uma ilusão.

Por terceiro, há o *poder de conotação*. O juiz, além da interpretação da lei e da verificação fático-probatória, deve "compreender todas as circunstâncias que fazem cada fato distinto dos demais".[160] Portanto, a terceira manifestação do poder judicial (poder de conotação ou de compreensão equitativa) diz com a verificação do caso concreto, dos elementos acidentais e especiais de cada prática delituosa que a tornam única. Essa tarefa que apela para a equidade do juiz inclui, no esquema garantista, uma atividade valorativa, já que será preciso lidar com conceitos imprecisos, tais como "motivo fútil", "meio cruel" entre outros.

Aqui também Ferrajoli admite que esse poder (de conotação), fatalmente, implicará eleições e valorações amplamente discricionárias, intrínsecas à função judicial e, como tal, insuprimíveis.[161] Para além disso, afiança que essa discricionariedade, própria do poder de conotação (equidade), é legítima, fisiológica, e está ligada ao fato de que "o juiz não julga o tipo de delito, que é uma questão legislativa, mas o delito concreto, singular e irrepetível e, portanto, deve entendê-lo em sua especificidade".[162]

Esse juízo de equidade (que, repita-se, distingue-se do juízo de interpretação jurídica e da verificação fática), por dizer com especificidades da concretude do caso, deveria impelir o juiz a abandonar suas ideologias pessoais, prejuízos e inclinações, para compreender ou participar das ideologias, inclinações e condicionamentos da própria pessoa que está sob julgamento. Por isso, o garantismo acredita que a equidade é uma condição da imparcialidade do juiz. O bom juiz, o juiz da equidade deve des-

---

[158] FERRAJOLI, 2000, p. 141.

[159] Ibid., p. 143, tradução livre, grifos nossos.

[160] Ibid., p. 160.

[161] "Es claro que la comprensión equitativa de todas estas circunstancias específicas, y tanto más si no están previstas por la ley, comporta un poder de connotación que se expresa en *elecciones y valoraciones ampliamente discricionales*. Este poder, al igual que el poder de denotación de los hechos como delitos conforme a los elementos constitutivos connotados por la ley, *es un poder intrínseco ala función judicial que no puede ser suprimido*" (Ibid., p. 161, grifo nosso).

[162] FERRAJOLI, loc. cit.

pir-se de seus prejuízos e abraçar os do imputado. Tentar compreender o fato como se no lugar do imputado estivesse.[163]

A partir dessa noção, compreende-se porque a equidade sempre foi concebida como uma prática de favor ao imputado, como uma indulgência. Julgar com equidade no sentido de julgar levando em conta as condições pessoais do réu, para tornar o julgamento menos rigoroso. A justiça para o caso não é a justiça para o homem. Este necessita ser olhado com outros olhos, que não os do rigor da lei.[164]

Muito embora Ferrajoli compreenda a equidade como um viés do poder judicial em que se dá a análise das especificidades do caso concreto, não comunga do conceito comumente dado à equidade, enquanto sinônimo de uma fonte do direito alternativa à legalidade.

Para o garantismo, a equidade não é um recurso extraordinário ou subsidiário em relação à legalidade; é um recurso ordinário. Isto é, não se dá *extra, ultra* ou *contra legem*, mas *intra legem*.

Para Ferrajoli, essa noção totalmente equivocada da equidade (como uma espécie de muleta da justiça) – e a relação desajustada que se faz dela com a legalidade – deve-se à falta da adoção de uma *teoria do significado*, como a que o garantismo procura construir. Trabalhando desde a filosofia analítica, Ferrajoli propõe uma alternativa semântica (teoria lógica do significado, de Gotlob Frege, à qual ainda serão destinadas algumas linhas), a partir da aplicação dos conceitos de *conotação* e *denotação* de um signo.[165]

Identificando a *legalidade* (conformidade com a lei) com a *denotação* (atividade subsuntiva entre o fato e a norma que o prevê como delito) e a *equidade* (conformidade com o caso concreto) com a *conotação* (do fato previsto como delito e seu conseguinte conteúdo informativo particular), o garantismo não vê contraposição entre esses dois conceitos. Pelo contrário, são indissociáveis. Há relação de complementaridade entre o geral (legalidade) e o particular (equidade). A legalidade não é possível sem a equidade, tampouco a equidade sobrevive fora da legalidade. Ambas são aspectos distintos do *conhecimento judicial*.[166]

---

[163] "En este sentido, la equidad es también una condición de la imparcialidad del juez. Es inicuo no sólo el juez obtuso que no sabe captar las connotaciones específicas del caso juzgado, sino también el que hace pesar su subjetividad en el juicio sin conseguir y quizá sin siquiera intentar desprenderse de ella para comprender la del imputado" (Ibid., p. 165).

[164] "'Ser indulgente con las cosas humanas es también de equidad', es decir, ser como 'aquel que, apartándose de la estricta justicia y de sus peores rigores, sabe ceder'" (FERRAJOLI, loc. cit.).

[165] "En efecto, el problema de la equidad y de su relación con la legalidad se puede resolver si suministrarmos una caracterización semantica adecuada de estos dos conceptos utilizando a tal fin la *teoria lógica del significado* [...]" (Ibid., p. 158, grifo nosso).

[166] Ibid., p. 158.

A questão aqui, ao que parece, é seguir separando o geral do particular (outra dualidade), como se a interpretação de uma lei não fosse sempre em relação a um caso específico. Como se possível fosse interpretar "em tese", construindo um discurso apriorístico para, posteriormente, aplicá-lo a um caso específico.[167]

Outro aspecto da equidade que vale registrar é a sua relação com o *favor rei* e com a discricionariedade.

Como acima descrito, o juízo de equidade consiste na conotação das especificidades do caso concreto. Para isso, o juiz deve compreender bem o caso e, de preferência, apartar-se de seus valores morais para tentar assimilar os do próprio imputado. É função da equidade, desse modo, tentar compreender o sujeito julgado para, pela compreensão, perdoá-lo (o instituto do perdão judicial, por exemplo, seria uma manifestação garantista da equidade[168]).[169]

Sem questionar a fórmula do *favor rei* e toda a estrutura do processo e direito penal garantistas, no sentido de minimizar a intervenção penal (com o que se concorda integralmente), defende-se, nesta tese, que, inclusive a utilização da regra de favorecimento ao imputado deve ser mediada por razões de moralidade política, e não pela discricionariedade ou pela indulgência.

O *favor rei* deve ser justificado hermeneuticamente, e não apenas fruto de uma eleição discricionária (ou por beneplácito) do juiz. Não se pactua com decisionismos, nem que sejam *pro reo*. O que se pretende demonstrar é que há de haver critérios coerentes (integridade) a conduzir a decisão judicial. O sistema constitucional não convive com casuísmos e decisões salomônicas.

É possível, sim, que o juiz utilize indevidamente certas premissas, aparentemente garantistas, desafiando a tradição e, até mesmo, causando um dano no sistema jurídico-constitucional. Lembre-se a decisão que se colecionou no item 1.3 deste livro, na qual o juiz, embora determinando a soltura do réu que estava preso pelo furto de duas melancias, não cons-

---

[167] Retornar-se-á a esse tema no capítulo seguinte, quando se analisará a questão de compreender/interpretar/aplicar.

[168] No Código Penal brasileiro, o *perdão judicial* é previsto, por exemplo, para a hipótese de homicídio culposo, quando "o juiz poderá deixar de aplicar a pena, se as consequências da infração atingirem o próprio agente de forma tão grave que a sanção penal se torne desnecessária" (art. 121, § 5º).

[169] "Una comprensión perfecta, que llegase a penetrar por completo todas las connotaciones y los condicionamientos singulares – psicológicos, materiales y sociales – del caso específico comportaría quizá, en muchos casos, la absolución, conforme al principio *tout comprendre est tout pardonner*" (FERRAJOLI, 2000, p. 165).

truiu nenhuma argumentação coerente para tanto. Usou, tão só, do poder (embora demonstrasse indulgência pelos réus).[170]

Em outras palavras: não é apenas porque essa ou aquela decisão favorece (na consciência do juiz) o imputado, que será legítima. O que é ou não legítimo não pode depender do poder de escolha do juiz, tampouco de seu "bom coração", muito menos da ilusão (metafísica) de colocar-se o julgador no lugar do imputado (para compreendê-lo melhor), afastando seus preconceitos (coisa impossível, aliás); deve depender da análise dos princípios de moralidade, que são constituintes da decisão. Por conseguinte, como tem sido sustentado na tese, o juiz criminal há de ter constrangimentos, inclusive quando toma uma decisão favorável ao imputado. Afinal, não se trata de um partidarismo (*pro* ou contra), mas de uma exigência democrática.

No exemplo citado na subseção 1.3 (furto das melancias), seria absolutamente possível uma decisão controlada, arquitetada argumentativamente, sem que o juiz precisasse, portanto, valer-se do decisionismo, uma decisão que tomasse o direito a sério, que respeitasse a integridade. O decisionismo *pro reo* parece ser mais uma tensão no corpo epistemológico do garantismo, porque, ao mesmo tempo que Ferrajoli insiste na necessidade da imposição de vínculos, permite, conscientemente, o uso do arbítrio em casos de favorecimento do imputado, com a aplicação da equidade. A questão que jaz é: quem vai dizer (e com base em que) que a situação favorece ou não o imputado? Onde estão os critérios? Enfim, volta-se ao problema primário: decisionismos e escolhas arbitrárias.[171]

---

[170] Lenio Streck, em seu *Verdade e consenso*, traz hipótese similar, referente a um caso em que atuou, como procurador de Justiça, em grau de recurso. Tratou-se de uma tentativa de furto qualificado, em que a Magistrada rejeitou a denúncia, sem qualquer fundamentação. O Ministério Público, em 1° grau, recorreu da decisão. Diz Streck: "Exarei parecer no recurso, entendendo ser nula a decisão, por total falta de fundamentação, que pura e simplesmente fez menção a um 'precedente' (na verdade, um prêt-à-porter), sustentado no (assim denominado) princípio da insignificância. Eis o precedente, utilizado plenipotenciariamente como fundamentação do ato decisório: 'Furto. Rejeição da denúncia. Princípio da insignificância. Hipótese que caracteriza o delito de bagatela, ensejando a aplicação do princípio da insignificância. Apelo improvido'. E nada mais foi dito na decisão" (STRECK, 2009, p. 227).

[171] O exemplo do perdão judicial, colecionado por Ferrajoli, embora o nome sugira a prática de uma indulgência, na verdade, pode ser justificado, argumentativa e dogmaticamente, com base na própria teoria da sanção penal. Se o juiz, em hipótese de homicídio culposo, deve abster-se de aplicar a pena quando as consequências da sanção parecerem inócuas em relação às do próprio crime, é porque, nesse caso, a própria sanção penal perde completamente sua função. Por qualquer ângulo que se analise, a pena é, claramente, desnecessária. Não possui qualquer função preventiva, tampouco se prestaria a uma retribuição (retribuir o quê, se o crime foi culposo e, para além disso, trouxe graves consequências para o próprio autor?). Ou seja, o juiz não deixa de aplicar a pena ao réu porque está sendo indulgente (agindo com equidade), mas porque nenhuma teoria razoável da sanção penal credenciaria o contrário. Em suma, não se precisa recorrer à equidade do juiz. Argumentar, com base em princípios e na dogmática disponível, já é o suficiente (e o recomendado) para resolver a questão.

Por fim, examinemos a *discricionariedade dispositiva* (poder de disposição ou de valoração ético-política). Para Ferrajoli, ao lado dos poderes de verificação jurídica, verificação fática e conotação (equidade) – que, juntos, formam o poder de *cognição*, cujo espaço de arbítrio é, em certa medida, irredutível e fisiológico – existe o *poder de disposição*, que é o "produto patológico de desviações e disfunções politicamente injustificadas dos três primeiros tipos de poder".[172]

Em suma: enquanto o *poder de cognição* é formado por três espaços de poder cuja discricionariedade inerente é praticamente insuprimível, por fisiológica, o *poder de disposição* é o mau uso dos demais: aqueles são fisiológicos, este último é patológico e, assim o sendo, existe a possibilidade de correção, ainda que a sua eliminação seja praticamente impossível.

Esse reconhecimento de espaços insuprimíveis de discricionariedade torna o sistema garantista, na expressão de seu criador, ideal e utópico. Jamais será totalmente satisfeito, pois sempre existirá o poder do juiz de fazer escolhas discricionárias.

Tal pensamento advém da aceitação, por parte de Ferrajoli, de que o silogismo judicial é uma ilusão metafísica. Isso significa que, para o garantismo, o sistema somente seria perfeito (plenamente realizável) se o silogismo também o fosse. Como não o é (por conta dos espaços abertos), jamais haverá um sistema garantista puro (ficará, sempre, no plano do ideal).[173]

A questão delicada aqui é pensar que o silogismo salva(ria)! A resposta correta pode ser plenamente realizada (ao contrário do que propõe a teoria ferrrajoliana) se a hermenêutica entrar no jogo! Se o intérprete não procurar fazer operações silogísticas, mas agir hermeneuticamente, pouco importarão as zonas de penumbra ou espaços abertos, pois a compreensão do sentido virá por meio de outros critérios.

Essa ideia (positivista) de silogismo tem por detrás uma concepção aristotélica de *verdade como correspondência*. A ideia (ilustrada) é que a lei, como expressão máxima da vontade geral, há de prever todas as possibilidades e regular todas as situações da vida social, para que o juiz, tão somente, seja a boca da lei, como no esquema proposto por Montesquieu. Isto é, o juiz deve, somente, aplicar o silogismo perfeito: verificar a que dispositivo legal o fato *corresponde* (verdade como correspondência).

---

[172] FERRAJOLI, 2000, p. 40.

[173] São palavras de Ferrajoli: "Todo el esquema epistemológico hasta aquí ilustrado y el modelo penal garantista que en él se informa tiene el fundamental y descontado defecto de corresponder a un modelo limite, en amplia medida ideal, porque de hecho nunca ha sido realizado ni nunca será realizable [...]. La Idea de un perfecto silogismo judicial que permita la verificación absoluta de los hechos legalmente punibles, corresponde, como veremos desde este capítulo, a una ilusión metafísica" (Ibid., p. 38).

Por evidente, Ferrajoli não acredita no silogismo perfeito (mas crê em espaços insuprimíveis de discricionariedade), na aplicação mecânica da lei, tampouco na verdade como correspondência, qualificando de "ingenuidade filosófica viciada de realismo metafísico"[174] o modelo ilustrado da perfeita correspondência. Porém, propõe que se admita essa ideia da verdade-correspondência como um sistema limite, isto é, como um paradigma a ser seguido, ainda que jamais plenamente realizável. Ora, isso sugere que o garantismo compactua, ainda que não de forma integral, com o pensamento ilustrado que acredita na precisão semântica, no silogismo perfeito, pois não? E aí está o problema. Não no fato de o silogismo perfeito jamais ser possível. Mas no fato de o garantismo sugerir que se utilize essa ideia como modelo.[175]

Na primeira parte de seu *Direito e razão*, ao discorrer sobre *a concepção semântica da verdade processual como correspondência* e *a verdade processual como verdade aproximativa*, Ferrajoli afiança desacreditar totalmente esse modelo de verdade ilustrada, afirmando que a verdade certa, objetiva ou absoluta é inalcançável e representa a expressão de um ideal. Para além de inatingível, a ideia é ingênua.[176]

O problema, ou a contradição, parece estar exatamente na colocação desse ideal iluminista como um modelo-limite. Ferrajoli segue insistindo que a verdade como correspondência, embora irrealizável, deve servir como parâmetro, o que soa como um paradoxo. Afinal, se desacredito algo, persigo-o por quê? Como se o problema estivesse exatamente no fato de não se conseguir atingir essa verdade. Porém, não é aqui que está o nó górdio, mas, sim, em se presumir que esse modelo (embora ideal) deva ser buscado!

E o nó está aí exatamente porque, perseguindo esse ideal, Ferrajoli vai trabalhar com a possibilidade de a precisão semântica fechar o sentido dos textos. Em vários momentos da obra ferrajoliana, vê-se a opção por buscar critérios linguísticos para minimizar os espaços abertos de discricionariedade, com a elaboração, por exemplo, de tipos penais mais fechados, obedecendo fielmente ao princípio da taxatividade penal.

Por óbvio, insista-se, Ferrajoli está preocupado (e muito) com a busca de controles para o poder de disposição do juiz[177] (para usar o termo

---

[174] FERRAJOLI, 2000, p. 46.

[175] Referindo-se à verdade como correspondência da ilustração, Ferrajoli declara: "Sin embargo, se puede salvaguardar su valor teórico y político si – y solo si – se redefine como modelo limite nunca plenamente conseguible sino sólo aproximable y, sobre todo, se aclaran las condiciones en presencia de las cuales puede ser más o menos satisfecho" (FERRAJOLI, loc. cit.).

[176] Ibid., p. 50.

[177] O poder de cognição dificilmente será controlado, porque seu espaço é fisiológico.

do garantismo). Porém, busca-os por meio da *precisão semântica*, por mais ingênua que possa parecer, à primeira vista, essa conclusão. Afinal, como um teórico da envergadura de Luigi Ferrajoli poderia acreditar em critérios linguísticos como forma de controle? Mas a obra do *maestro* italiano não parece deixar dúvidas quanto a isso.

Na verdade, há notável vigor em sua obra com o objetivo claro de definir critérios linguísticos e semânticos.[178]

A propósito, em 28 de agosto de 2004, Ferrajoli concedeu entrevista a Alfonso García Figueroa e, sobre o tema que ora se analisa, fez considerações importantes, cuja menção é de inegável valor.[179]

Acerca das concepções de direito, o entrevistador indagou de Ferrajoli onde situaria sua teoria em relação às de outros autores neoconstitucionalistas como Alexy, Dworkin ou Nino.

O professor de Roma Tre respondeu que o paradigma constitucional que defende não é distinto das demais democracias constitucionais e que é estruturalmente diverso do paleopositivismo do Estado legislativo de Direito, mas, não por isso menos, senão antes bem mais ainda, ligado ao princípio iuspositivista da legalidade.

Quanto a Dworkin, apenas mencionou que sua principal referência são os sistemas de *Common Law*, dentro dos quais o princípio da legalidade é menos exclusivo que em nossos ordenamentos e, inevitavelmente, é mais amplo o papel normativo e inovador da jurisprudência.[180]

Com essa resposta, fica clara a filiação de Ferrajoli à corrente positivista (embora a um tipo de positivismo crítico, segundo ele próprio) e

---

[178] Do artigo intitulado "La Semántica de la teoría del Derecho", que se propõe a oferecer os resultados de uma primeira reflexão sobre a semântica da teoria do direito conectada com o mais recente trabalho de fôlego de Ferrajoli (*Principia iuris*), destacam-se as seguintes afirmações: "El universo del discurso de la dogmática jurídica y de la teoría del derecho de corte normativista, consistiendo en un universo a su vez lingüístico, requiere como método específico de observación el *análisis del lenguaje legal*, es decir, la interpretación jurídica de aquellos datos empíricos que consisten en las proposiciones normativas de las cuales se compone el discurso del legislador" (FERRAJOLI, Luigi. La semántica de la teoría del Derecho. In: FERRAJOLI, Luigi. *Epistemología jurídica y garantismo*. México: Distribuciones Fontamara, 2008b, p. 23, grifo nosso); "El segundo lenguaje es (referindo-se à linguagem teórica), por el contrario, *un lenguaje elaborado artificialmente, carente de referencia semántica directa con entidades observables*, y por ello utilizable en la formulación de conceptos y de enunciados los cuales, se bien resultan confirmables en la medida en que consiguen explicar y sistematizar los resultados de la experiencia observacional, no están conectados directamente con ésta y son desarrollados deductivamente según una sintaxis explícita y rigorosamente preestablecida" (Ibid., p. 46, grifo nosso).

[179] Essa entrevista encontra-se publicada no livro CARBONELL SÁNCHEZ, Miguel; SALAZAR UGARTE, Pedro (Coord.). *Garantismo: estudios sobre el pensamiento jurídico de Luigi Ferrajoli*. Madrid: Trotta, 2009, p. 515-535.

[180] "En Dworkin se explica con el hecho de que escribe teniendo como principal referente sistemas de Common Law, dentro de los cuales el principio de legalidad es menos exclusivo que en nuestros ordenamientos e inevitablemente es más amplio el papel normativo e innovador de la jurisprudencia" (CARBONELL SÁNCHEZ; SALAZAR UGARTE, 2009, p. 519).

a importância sacerdotal do princípio da legalidade. A leitura breve que faz de Dworkin não parece harmoniosa com as ideias defendidas pelo jusfilósofo americano, pois – embora com base no sistema *Common Law* – Dworkin certamente não compactua com ativismos judiciais. Pelo contrário, sua aposta na integridade tem por desiderato, exatamente, combater o protagonismo judicial.

Perguntado, depois, sobre a importância das teorias da argumentação jurídica, respondeu Ferrajoli que está de acordo com a enorme relevância das referidas teorias (citando Alexy, MacCormick, Peczenik e Aarnio) e afiançou que o grau de discricionariedade na interpretação e na aplicação da lei sempre depende, essencialmente, da *taxatividade da linguagem legal*, isto é, de sua *univocidade* e *precisão*.

Disse, ademais, que os textos constitucionais são formulados em linguagem retórica e vaga (mas não menos vagas do que muitas normas penais) e que, por isso, deveria existir, de um lado, uma *ciência da legislação* (no sentido de Filangieri e Bentham) e, de outro, uma *ciência da Constituição*, dedicadas, ambas, à *promoção de uma linguagem legal e constitucional o mais rigorosa possível*.[181]

Parece clara a opção por uma correção semântica da discricionariedade, pois.

À parte isso, na mesma resposta, Ferrajoli defendeu uma tese que considera singular: a seu juízo, a Constituição restringe, mais do que amplia, os espaços de discricionariedade dos juízes. Ante uma norma que em sede de interpretação admita vários significados diversos, é possível excluir (como inadmissível) o significado que contraste com normas constitucionais, para admitir somente aqueles coerentes com ela.[182]

Em publicação posterior,[183] Ferrajoli responde a seus críticos e ratifica ambos os posicionamentos: a inevitabilidade da discricionariedade e a importância dos princípios constitucionais para fechamento de sentido.

---

[181] CARBONELL SÁNCHEZ; SALAZAR UGARTE, 2009, p. 523-524.

[182] Diz Ferrajoli: "Añado una tesis que puede parecer singular. *La Constitución, a mi juicio, restringe, más que amplía, los espacios de discrecionalidad de los jueces*: frente a una norma que en sede de interpretación admita varios significados diversos, de hecho, vale para excluir como inadmisible el significado que contraste con normas constitucionales y para admitir sólo los significados coherentes con ellas" (Ibid., p. 524). Essa tese, por incrível que pareça, assemelha-se ao que diz a hermenêutica. Princípios fecham sentido, ao invés de abri-lo. A tese é, entre nós, defendida por Lenio Streck que, inclusive, refere-se a Ferrajoli como um positivista que defende que os princípios fecham sentidos. "Por mais paradoxal que possa parecer, os princípios têm a finalidade de impedir 'múltiplas respostas'. Portanto, os princípios 'fecham' a interpretação e não a 'abrem', como sustentam, em especial, os adeptos das teorias da argumentação, por entenderem que, tanto na distinção fraca quanto na distinção forte entre regras e princípios, existe um grau maior ou menor de subjetividade do intérprete". E, em nota de rodapé, referindo-se a Ferrajoli, destaca: "Até jusfilósofos de *corte positivista* como *Luigi Ferrajoli* rejeitam a tese da 'abertura semântica dos princípios'" (STRECK, 2009, p. 166, grifos nossos).

[183] FERRAJOLI, 2009.

Ferrajoli toma a discricionariedade como um dado inexorável que, em seu modo de ver, é fruto da "natureza linguística das normas constitucionais que são objeto de interpretação e, em particular, de seu grau de indeterminação" e que isso é assim, a despeito da tese garantista. Portanto, não foi o garantismo que criou a discricionariedade, mas ela é naturalmente decorrente da incerteza linguística. Segundo o *maestro* italiano, a forma de minimizar esse problema seria a criação de uma linguagem constitucional mais precisa e segura (propõe o mesmo para reduzir as incertezas da linguagem em matéria penal, quando insiste no princípio da taxatividade).[184]

Mas, embora insistindo no caráter insuprimível da discricionariedade judicial, Ferrajoli acredita que os princípios constitucionais podem fechar sentido, ao invés de ampliá-lo. Leciona Ferrajoli:

> Por mais que sejam vagos e estejam formulados em termos valorativos, os *princípios constitucionais servem*, em todo caso, para *aumentar a certeza do direito*, já que *limitam o leque de possíveis opções interpretativas*, obrigando os juízes a associar às leis unicamente os significados normativos compatíveis com aqueles.[185]

Embora seja digno de nota esse posicionamento, parece que Ferrajoli segue preso a uma teoria semântica, pois, ainda que reconheça que princípios fecham sentido, não abandona a ideia da preexistência de significados variados (que estão "lá", em algum lugar), devendo o juiz escolher aquele compatível com os princípios.

Não é essa a ideia (hermenêutica) que se tem defendido nesta tese. Os sentidos dos princípios não estão à disposição. O princípio impõe-se ao intérprete, que com ele interage (dialoga) pela circularidade hermenêutica. Os pré-juízos verdadeiros são confirmados na coisa mesma (texto constitucional) e, dessa forma, não há possibilidade de fazer escolhas de significados. O sentido já é antecipado pela pré-compreensão, que o confirma com a tradição.

Realmente, os princípios constitucionais limitam mais do que alargam. Contudo, é senso comum dizer-se o contrário: que os princípios constitucionais são abertos e que admitem uma gama de interpretações, como se o intérprete pudesse fazer escolhas aleatórias, numa verdadeira deriva hermenêutica, atribuindo significados os mais diversos para o texto constitucional.

---

[184] "[...] Ni mucho menos depende de mis tesis teóricas, sino de la *naturaleza lingüística de las normas constitucionales* que son objeto de interpretación, y en particular de su grado de indeterminación, la *incertidumbre del derecho y la discrecionalidad de la jurisdicción constitucional*: incertidumbre y discrecionalidad que de ninguna manera van a disminuir porque la teoría las niegue sino sólo, al contrario, si su reconocimiento sirve para *promover un lenguaje constitucional más preciso y riguroso*" (Ibid., p. 64, grifo nosso).

[185] Ibid., p. 67, tradução livre.

Mais uma vez, Lenio Streck deve ser chamado ao debate. Aliás, é imperioso referir, a esta altura, que toda arquitetura teórica (e filosófica) concebida pelo pesquisador gaúcho – nomeadamente no que tange à guerra contra os relativismos e decisionismos e os aportes da hermenêutica gadameriana e da teoria de Ronald Dworkin – vem ao encontro desta investigação. Desde o início da pesquisa apontou-se a imprescindibilidade da obra de Streck, cujo refinamento e cuja profundidade fazem com que qualquer pesquisa no Brasil sobre teoria da decisão (que se pretenda séria) tenha a cautela de conhecê-la.

O professor gaúcho preocupa-se, e não é pouco, com esse tema. Em seu *Verdade e consenso*, ao fazer interessante contraponto com as teorias da argumentação, afirma que "por mais paradoxal que possa parecer, *os princípios têm a finalidade de impedir 'múltiplas respostas'*. Portanto, *os princípios 'fecham' a interpretação e não a 'abrem'*". Inclusive, nesse ponto, Streck cita, em rodapé, Luigi Ferrajoli, alertando que, embora de corte positivista, rejeita a tese da abertura semântica dos princípios.[186]

De fato, os princípios hão de ser uma boa via para o combate aos decisionismos, na medida em que espelham o ideal de justiça, de moralidade política e, se hermeneuticamente incorporados, conduzirão à resposta correta de forma segura.

As regras, por seu turno, nada limitam, se encaradas numa visão positivista (cuja força e amplitude, infelizmente, pouco se conseguiu reduzir no direito brasileiro). Isso porque a linguagem não prende sentido. As regras de tudo ou nada jamais serão claras o suficiente e, ante a indeterminação, ante a moldura incompleta, abre-se a janela da discricionariedade. Os princípios hão de funcionar, aqui, como uma correção.

No final da entrevista acima relatada, Ferrajoli é perguntado sobre seus projetos mais imediatos e assim responde:

> Estou levando finalmente a termo uma *teoria geral do direito e da democracia*,[187] elaborada com o auxílio da *lógica* e o emprego do *método axiomático*, segundo o velho projeto concebido nos anos sessenta: a *formalização da linguagem teórica*, através da definição de todos os seus termos a partir de um número limitado de princípios e a demonstração de todas as suas teses a partir de um número limitado de postulados e definições.[188]

Tanto a entrevista, quanto as respostas a seus críticos demonstram o quanto não é ilusão supor que Ferrajoli, de fato, aposta na busca do aprimoramento semântico; além de deixar nítida a sua simpatia pela filosofia analítica e pelo positivismo lógico.

---

[186] STRECK, 2009, p. 166.

[187] Ferrajoli refere-se aqui a seu mais recente trabalho (*Principia iuris*), já mencionado nesta tese.

[188] CARBONELL SÁNCHEZ; SALAZAR UGARTE, 2009, p. 533-534. Tradução livre.

O garantismo parece claramente preso à filosofia da consciência, pois, uma vez filiado ao cognoscitivismo, pressupõe um sujeito (intérprete) que deve conhecer e um objeto (texto) que será desvelado. Mais que isso: um sujeito dono da razão que domina o objeto (aprisiona-o) e manipula-o, atribuindo-lhe sentidos. A linguagem, nessa construção ferrajoliana, servirá apenas como o instrumento, como a técnica e, por isso, precisa ser criteriosamente aperfeiçoada, trabalhada, sob pena de malograr o esforço de impor limites às decisões arbitrárias.

O mais recente trabalho do filósofo italiano, sua obra de fôlego mais extensa, é, exatamente, um projeto de *formalização da linguagem teórica*, como definido por seu próprio criador. Portanto, se ingenuidade existe, ela é, no mínimo, fomentada pela postura epistemológica do próprio garantismo.[189]

Outras passagens do *Direito e razão* são também emblemáticas, nesse sentido. Mas há uma formulação que merece destaque, pois vem ao encontro da premissa que ora se sustenta, ou seja, a de que Ferrajoli busca a precisão semântica como um ideal.

Trata-se da questão relativa à *verificabilidade* e à *refutabilidade* das assertivas, o que é, diga-se, uma revelação do quanto o garantismo ainda se encontra nas grades da filosofia da consciência, na medida em que utiliza

---

[189] Marina Gascón Abellán, da Universidade de Castilla-La Mancha, Espanha, atribui a Ferrajoli a filiação a uma tese interpretativa cognoscitivista, isto é, ainda presa ao esquema sujeito-objeto, visto que tenderia ao descobrimento do significado do texto. Ao discorrer sobre o modelo de juiz no positivismo crítico, assim se manifesta: "La propia concepción garantista del derecho así lo exige: el juez, para poder ser una garantía de los derechos contra la arbitrariedad, no debe, a su vez, actuar arbitrariamente [...]. Para no ser arbitrario, este modelo de juez 'a lo Montesquieu' debe exercer *facultades cognoscitivas* y *no un poder decisional*. Por ello, a pesar de que Ferrajoli entiende que una *cierta discrecionalidad es insuprimible, ésta puede reducirse al mínimo mediante una adecuada política legislativa* una de cuyas tesis básicas es el *uso de un lenguaje* normativo riguroso (porque todos los términos empleados entén definidos) y *factual* (porque emplee solo términos referenciales y no valorativos); es decir, mediante el principio de estricta legalidad. *Interpretar, sobre esta base, se concibe como una operación cognoscitiva consistente en descubrir el significado objetivo de los textos normativos,* y los enunciados normativos resultantes de la interpretación pueden entenderse como verdaderos o falsos [...]. *En realidad, no puede decirse que Ferrajoli sostenga una teoría de la interpretación tan ingenua,* entre otras cosas porque un cierto grado de hétero-integración moral y política del derecho resulta siempre inevitable. Pero en la medida en que *sobrevalora las posibilidades del lenguaje normativo* o, si se quiere, minusvalora su tendencial vaguedad o indeterminación, *su tesis interpretativa podría calificarse sin grave esfuerzo de cognoscitivista*". (GASCÓN ABELLÁN, 2009, p. 27-28, grifo nosso). Embora se discorde de alguns pontos sustentados pela autora (por exemplo, quanto à inevitabilidade de hétero-integrações – pensa-se, pelo contrário, que as hétero-integrações são necessariamente evitáveis, visto que valores de moralidade comum e espaços de discricionariedade não cabem numa estrutura hermenêutica), é patente que a preocupação de Ferrajoli centra-se, de forma determinante, na precisão da linguagem. E isso é claramente apontado pela autora. Entre nós, foi Alexandre Morais da Rosa que, em sua tese de doutoramento, apontou o apego de Ferrajoli à precisão semântica: "O *'otimismo semântico' de Ferrajoli, na linha Iluminista, acredita ineguamente,* como visto (Cap. 5), que *mediante técnica legislativa apurada se possa colmatar o problema da polissemia da linguagem, desprezando, por assim dizer, toda a construção hermenêutica contemporânea,* aprisionado que está na concepção da *'Filosofia da Consciência',* na melhor tradição vienense [...]" (ROSA, 2006, p. 301, grifo nosso).

Para Além do Garantismo
UMA PROPOSTA HERMENÊUTICA DE CONTROLE DA DECISÃO PENAL

um método cartesiano (verificação e comprovação), em que o sujeito – do alto de sua racionalidade – apreende o objeto, por meio da experiência científica (que, diga-se, nada tem com a experiência em sentido hermenêutico).

Quando Ferrajoli defende a verificabilidade e a refutabilidade das assertivas usa, claramente, um método científico objetificante, o que vai na contramão da proposta hermenêutica aqui sustentada. Acreditar que as decisões possam ser verificadas e refutadas é submetê-las a experimento, tal como se procede nas Ciências da Natureza. O ideal de cientificidade está aqui presente: só é verdadeira a experiência que pode ser verificável. Ignora-se o conteúdo histórico, temporal e finito da experiência que, na hermenêutica, possui sentido bem diverso do que se costuma forjar na experiência científica (baseada em métodos rigorosos e alheada historicamente).[190]

Para o garantismo, somente serão legítimas (verdadeiras) as assertivas passíveis de *verificabilidade* e de *refutação* (base empírica). Qualquer outra disposição legal (ou análise factual), impossível de ser empiricamente demonstrada, deverá ser deslegitimada, porque, sobre ela, não se poderão exercer juízos de *verdade* e de *falsidade*, mas somente *juízos valorativos*, que dependem, exclusivamente, do subjetivismo do julgador.[191]

A proposta do garantismo é elaborar técnicas (limites, garantias, condições de legitimidade do exercício do poder judicial) no plano teórico, fazê-las vinculantes no plano normativo e assegurar sua efetividade no plano prático. Ferrajoli, na verdade, trata das garantias como técnicas, como método, o que não é de se estranhar se se considerar a raiz positivista da teoria.

Verificabilidade e refutação entram nesse contexto como técnica, portanto. E, aqui, Ferrajoli utiliza-se de uma teoria semântica (*teoria referencial do significado*), de Gottlob Frege, que tenta construir uma *linguagem artificial* "na qual, com poucos símbolos, fosse possível exprimir com exatidão todas as formas linguísticas".[192] Somente serão passíveis de refuta-

---

[190] Cf. R. Palmer: "Através de um procedimento rigorosamente metódico, a experiência científica retira o objecto da sua época histórica e reestrutura-o, adequando-o ao método [...]. Enquanto este espírito predominar, só é real aquilo que é verificável; não há qualquer lugar para os aspectos não objetificáveis e históricos da experiência [...]. Contra o mito de um conhecimento puramente conceptual e verificável, Gadamer coloca o seu conceito histórico e dialéctico de experiência, cuidadosamente enunciado; neste, conhecer não é simplesmente um fluxo de percepções, mas um acontecimento, um evento, um encontro" (PALMER, 2006, p. 197).

[191] Ferrajoli exemplifica com o delito de ato obsceno, pugnando por sua invalidade, visto que de impossível verificação (e refutação). O que é ou deixa de ser obsceno somente depende do juiz, de suas questões pessoais de moralidade (FERRAJOLI, 2000, p. 117 *et seq.*).

[192] Cf. OLIVEIRA, Manfredo Araújo de. *A reviravolta linguístico-pragmática na filosofia contemporânea.* São Paulo: Loyola, 1996, p. 59.

ção as asserções cujos termos empregados tenham extensão determinada, com intenções definidas de maneira clara e precisa.

Diz Ferrajoli sobre a teoria de Frege:

[devem-se] distinguir duas acepções distintas de significado de um signo: a *extensão ou denotação*, que consiste no conjunto dos objetos aos quais o signo se aplica ou se refere, e a *intenção ou conotação*, que consiste no conjunto das propriedades evocadas pelos signos e possuídas pelos objetos concretos que entram em sua extensão.[193]

Essa teoria usada como base pelo garantismo para tentar lidar com o (delicado) problema da discricionariedade é própria da filosofia analítica. Gottlob Frege tinha por objetivo mostrar que todas as verdades da aritmética são demonstráveis a partir de leis lógicas.[194] Isto é, as leis da aritmética são analíticas. Podem ser conhecidas apenas com base na razão. Como se vê, há um aspecto puramente matemático na empresa de Frege. Segundo Richard G. Heck Junior, Frege foi treinado como um geômetra.[195]

Com esse objetivo, Frege desenvolveu um novo sistema de lógica formal. Segundo sua ideia central, por meio da lógica formal, os recursos da matemática poderiam ser aplicados ao tratamento dos problemas filosóficos. Essa ideia marca toda a filosofia analítica contemporânea, podendo ser notada nos trabalhos de Russell, Wittgenstein, Carnap, entre outros.[196]

Considerando que há um número infinito de verdades aritméticas e que seria uma tarefa impossível demonstrar todas, Frege utiliza-se de um sistema de axiomas. Ele axiomatiza a aritmética (tal como Euclides axiomatizou a geometria e Ferrajoli axiomatizou o Direito). Ou seja, ao invés de demonstrar todas as verdades aritméticas, Frege, dentro de um sistema formal de lógica, demonstra os axiomas, identificando, assim, as leis básicas da aritmética, isto é, "as hipóteses fundamentais sobre as quais o raciocínio aritmético se apoia".[197]

Afirma Danilo Marcondes:

Frege pode ser considerado um dos maiores lógicos do período contemporâneo, sendo o criador do que hoje conhecemos como cálculo proposicional e cálculo dos predicados, o primeiro grande desenvolvimento na lógica desde a teoria do silogismo de Aristóteles, e base da assim chamada lógica-matemática que se desenvolve no século XX.[198]

---

[193] FERRAJOLI, op. cit., p. 119, tradução livre, grifos nossos.

[194] Cf. HECK JUNIOR, Richard G. O teorema de Frege: uma introdução. In: ZILHÃO, António (Coord.). *Do círculo de Viena à filosofia analítica contemporânea*. Lisboa: Livros de Areia, 2007, p. 259 *et seq.*

[195] Ibid., p. 262.

[196] Ibid., p. 261.

[197] Ibid., p. 263.

[198] Cf. MARCONDES, Danilo. *Filosofia analítica*. Rio de Janeiro: Jorge Zahar, 2001, p. 18.

À parte o indiscutível aspecto matemático do projeto de Frege, é visível em sua obra, também, uma contribuição específica para a filosofia da linguagem – que não significa, em absoluto, a mesma coisa que hermenêutica filosófica, porque o que Frege faz é trabalhar analiticamente a linguagem, manipulando-a, enquanto a hermenêutica filosófica incorpora a linguagem como condição de possibilidade da própria filosofia (o tema ainda será retomado nesta tese) –, sobretudo para a discussão acerca do problema do *significado*, da qual se apropria Ferrajoli para basear suas formulações sobre a possibilidade de verificação e de refutação das verdades processuais.

Para Frege, a análise do significado depende de um modelo de construção e de funcionamento da linguagem. É dessa forma que se passa a ter – como muito bem identifica Marcondes – *"uma primazia da investigação lógica da linguagem"*.[199]

O esforço de Frege é, assim, construir uma linguagem artificial, formal, simbólica, aperfeiçoada pela lógica, a fim de demonstrar a possibilidade de afirmar a verdade e a falsidade das asserções. Para tanto, o método matemático é indispensável. A linguagem comum, aqui, não satisfaz, pois traz consigo imperfeições, que inviabilizam o verificacionismo. Somente uma linguagem logicamente elaborada e depurada de tais imperfeições é capaz de resolver problemas, cujas incertezas naturais da linguagem comum impedem que sejam solucionados.[200]

A apresentação perfunctória da teoria de Gottlob Frege teve apenas a pretensão de demonstrar o quanto Ferrajoli foi, de fato, por ela influenciado.

A tentativa de construir uma linguagem legal aprimorada para reduzir os espaços de discricionariedade, apostando no princípio da taxatividade, é a prova de como Ferrajoli ainda é herdeiro do Círculo de Viena e da filosofia analítica. O tema será, ainda, retomado. Por ora, segue-se na análise garantista da precisão semântica.

A *verificabilidade jurídica* está condicionada pela *semântica da linguagem legal*, e a *verificabilidade fática* está condicionada pela *semântica da linguagem comum*.

O pressuposto necessário da *verificabilidade* e da *refutabilidade jurídica* é que as definições legais que estabelecem as conotações das figuras abstratas dos delitos, e mais em geral dos conceitos penais, *sejam suficientemente precisas* para permitir, no âmbito da aplicação da lei, a denotação

---

[199] MARCONDES, 2001, p. 21, grifo nosso.

[200] Ibid., p. 25.

jurídica de fatos empíricos exatamente determinados. Eis uma referência clara ao *princípio da taxatividade penal*, herdado da Ilustração.

Tal princípio é, segundo o garantismo, uma *regra semântica metalegal* de formação da língua legal, que prescreve ao legislador penal:

a) o uso de termos com extensão determinada;

b) o não uso de palavras vagas ou valorativas, senão as mais claras e precisas possíveis;

c) a exclusão das antinomias semânticas.

Segundo Ferrajoli, os *iluministas criam na certeza, por desconhecerem uma teoria adequada do significado*. O ideal de certeza, de clareza, de coerência, de simplicidade e de número limitado das leis (sobretudo penais) é comum na tradição ilustrada e está na base de todo o movimento reformador em favor da codificação penal, desenvolvido na Europa, no século XVIII.

Portanto, se os iluministas dispusessem de uma boa teoria do significado, não acreditariam na certeza, tampouco na verdade como correspondência, e admitiriam as margens insuprimíveis de discricionariedade.

Em suma: uma teoria da língua penal (como a que Ferrajoli constrói em seu mais novo trabalho) seria o caminho para reduzir as zonas de penumbra dos textos e, assim, minimizar os espaços de poder, jamais insuprimíveis.

Uma tal técnica deve(ria) privilegiar termos empíricos, cognitivos, ao invés de termos valorativos. Nesse sentido, crimes como ato obsceno, por exemplo, seriam ilegítimos, dada a abertura semântica que carregam.

Daí acreditar Ferrajoli que a precisão semântica seria o remédio ideal contra o arbítrio decisionista, já que somente a partir dela seria possível exercer juízos de verificabilidade e de refutação. Eis o cerne do princípio da estrita legalidade (taxatividade penal), que, desde os tempos ilustrados, tem servido de base para a cultura penalista.

A pergunta que fica é: seria isso possível?

Qual o nível de precisão semântica exigido pelo sistema garantista para eliminar qualquer possibilidade de decisionismo? Se não é possível, volta-se ao problema original: onde buscar o controle para o juiz?

Ferrajoli está absolutamente ciente disso e admite que jamais a certeza (tão desejada pelos ilustrados) é obtida e que, portanto, sempre haverá a hétero-integração do direito pela via judicial, com espaços abertos à discricionariedade na interpretação da lei. Porém, insiste que isso contradiz o sistema de cognição e a legitimidade política da função punitiva, já que o juiz deve sempre estar submetido à lei. O princípio da estrita legalidade

Para Além do Garantismo
UMA PROPOSTA HERMENÊUTICA DE CONTROLE DA DECISÃO PENAL

estará sempre viciado por uma taxa irredutível de irracionalidade e de ilegitimidade política.[201]

Essa taxa de irracionalidade é variável, segue o autor, pois depende do grau de insegurança jurídica gerado pela indeterminabilidade semântica da linguagem penal, mas pode alcançar formas extremas de arbítrio quando os vícios de legalidade são tais que excluem toda a referência empírica dos termos empregados no juízo penal.

A questão que a tese identifica, a este passo, é que *o garantismo não consegue livrar-se dos espaços de discricionariedade, tampouco das questões semânticas.* Essa possibilidade de heterointegração pelo juiz dar-se-á de forma discricionária, por mais que possa ser reduzida pelo aprimoramento da linguagem.

O poder de disposição, por patológico, é passível de ser controlado por essa via linguística. A questão é que, quando a precisão semântica falhar, o juiz socorrer-se-á, segundo Ferrajoli, de valores de cunho substancial, extra ou metajurídicos, políticos ou ético-políticos. Isto é, à falta do controle semântico (da possibilidade de verificação e de refutação), a interpretação dá lugar à discricionariedade, pois o garantismo não acredita em outra forma de controle, como o hermenêutico, por exemplo.

No esquema ferrajoliano, portanto, apenas existem duas opções: ou a precisão semântica, ou a decisão com base na moralidade comum (nas concepções pessoais, subjetivas, do juiz) e, por conseguinte, refém da discricionariedade.

Enfim, a importância e a influência do sistema garantista nos Estados Constitucionais é inconteste, por toda a preocupação – já apresentada – de buscar mecanismos de controle para o poder de intervenção penal (o que é sempre bem-vindo numa democracia). Porém, isso não impede que se lance um olhar crítico à epistemologia garantista, admitindo-se que possui limitações.

A precisão semântica, embora represente (desde a Ilustração) um significativo marco na cultura penalista, a ponto de não se conseguir compreender o Direito Penal fora dos limites da taxatividade e da legalidade estrita, precisa ser repensada.

A proposta garantista de se deslegitimar todas as proposições que não sejam passíveis de refutação (e, portanto, não sigam o esquema metafísico da verdade e falsidade) implicaria comprometer (quase) todo o ordenamento jurídico penal!

Isso não envolveria apenas os crimes de juízos de moralidade (como ato obsceno e desacato, tão utilizados por Ferrajoli em seus exemplos),

---

[201] FERRAJOLI, 2000, p. 128.

mas outras tantas regras penais de proibição que, igualmente, utilizam expressões indemonstráveis.

O que dizer do motivo fútil no homicídio? E os crimes culposos, moldados em tipos penais abertos, cujo sentido é, sempre, atribuído pelo intérprete/aplicador? E a contemporânea teoria da imputação objetiva? Como precisar semanticamente o conceito de risco?

Conclui-se, assim, que o poder de disposição, antes de ser uma patologia do sistema, é parte integrante dele e precisa ser enfrentado. Denunciado. Não há de haver uma simples aceitação desses espaços. Eles precisam ser objeto de limitação. Os espaços abertos – pensa-se – não se devem a falhas de estruturas semânticas – por ser impossível fixar sentidos pelas palavras –, mas à incapacidade de se dizer o todo por meio da semântica.

A intervenção ativa do juiz nada diz com discricionariedades e arbítrios, repita-se. Pode (e deve) ser controlada. Aí está o problema do garantismo, que entende que é impossível eliminar esse espaço. Não se tem como conviver com as escolhas aleatórias do juiz, numa democracia.

Por óbvio que segue a preocupação em determinar limites, controle, freios para esse poder de disposição do juiz. Porém, não se acredita que essa limitação virá de alguma técnica de linguagem, senão de uma rica, complexa e árdua tarefa argumentativa, de atribuição de sentidos compatíveis com a democracia. Não se trata, portanto, de fazer uma filosofia da linguagem; mas de entender a linguagem como condição de possibilidade da própria filosofia.

3.2. Antes da resposta, a pergunta correta; o círculo hermenêutico e o diálogo com o texto

O objetivo da tese, a este passo, é fundamentar a crítica à ideia garantista da precisão semântica e buscar, por meio de parâmetros hermenêuticos, os limites para o poder de decidir, mostrando que a atribuição de sentidos, no contexto da linguisticidade, não é aleatória, arbitrária, discricionária.

O esforço da pesquisa, neste sentido, é mostrar que a tarefa decisória do juiz há de ter validade e eficácia não porque ele a exerça com base no poder, mas porque a fundamenta em critérios de moralidade política, próprios do sistema constitucional em vigor.

A ideia, nesta seção, é demonstrar que é tão possível, quanto necessário, defender uma resposta, na decisão penal, hermeneuticamente adequada à Constituição da República.[202] Os argumentos oriundos da hermenêutica gadameriana pretendem sustentar que o texto não é um ente asséptico e que, antes mesmo da resposta correta, há de o intérprete – ao encontrar-se com a coisa mesma (texto) – saber formular a pergunta correta, deixando que o texto lhe diga algo, percebendo a sua alteridade, portanto.

O texto – embora não possua sentido prévio, embora não prenda o significado (norma) – não é, de outra banda, um nada. Existe uma expectativa de sentido.

Por conseguinte, o texto não é um mero repositório de palavras desconexas, um conjunto de asserções linguísticas, mas um acontecimento, um evento, também marcado pela tradição.

Daí advertir Gadamer: "em princípio, quem quer compreender um texto deve estar disposto a deixar que este lhe diga alguma coisa".[203] Essa afirmação chama para a importância da *alteridade do texto* no processo hermenêutico, mesclando a tradição do texto com as estruturas pré-compreensivas do intérprete, caracterizando a circularidade do processo de compreensão, o intercâmbio, a implicação entre o movimento da tradição e o movimento do intérprete.[204]

O intérprete deverá, como acima já analisado, ter-se com a tradição e, no texto, colocar à prova seus preconceitos para confrontá-los. Esses preconceitos podem ser confirmados ou, pelo estranhamento, alterados, na medida em que não se adequarem ao texto. O sentido que do texto se antecipa deve conduzir o intérprete à pergunta correta.

Streck, entre nós, lembra muitíssimo bem que a hermenêutica filosófica nada tem a ver com arbítrio, relativismos, discricionariedades, ou coisas que os valham, como poderiam supor os incautos. O fato de o texto não aprisionar a norma, adverte o pesquisador gaúcho, não autoriza ninguém a dizer *qualquer coisa sobre qualquer coisa!*[205]

Há limites para a atribuição de sentidos, por evidente!

Se o intérprete não pode descobrir a vontade do legislador (por impossibilidade fundante, histórica), por outro lado, também não pode in-

---

[202] É Lenio Streck quem cunha a expressão: "Penso que, a partir da hermenêutica filosófica – que tenho trabalhado como uma Crítica Hermenêutica do Direito –, é possível alcançar aquilo que pode ser denominado de *'a resposta hermeneuticamente adequada à Constituição'*, que, se assim se quiser, também pode ser chamada de 'reposta correta'" (STRECK, 2009, p. 277, grifo nosso).

[203] GADAMER, 2005, p. 358.

[204] GADAMER, 2005, p. 388.

[205] STRECK, Lenio Luiz. *Hermenêutica jurídica e(m) crise*: uma exploração hermenêutica da construção do direito. 6. ed. Porto Alegre: Livraria do Advogado, 2005. Ver, especificamente, o item 12.10 (p. 310 *et seq.*).

ventar significados, como se eles estivessem expostos na vitrine à livre escolha do comprador. Imersa na historicidade que inclui, inegociavelmente, a tradição, a coisa mesma do texto funciona como importante restrição.[206]

No estudo dos preconceitos realizado em seção anterior, desenvolveu-se a ideia hermenêutica de que existem preconceitos autênticos e inautênticos (legítimos e ilegítimos). Essas pré-compreensões são colocadas à prova no texto e, se a ele não se adequarem, é porque falharam em sua tarefa, e a compreensão não se dará. A compreensão, assim, pressupõe preconceitos verdadeiros, autênticos que, lançados ao texto, nele se confirmam, logram êxito.[207]

É importante fazer uma advertência: a ideia hermenêutica da antecipação de sentido do texto não implica reconhecer que o texto possui um sentido prévio transparecido na linguagem, como supunham as teorias semânticas do Direito, ao defenderem a necessidade de se descobrir o sentido literal da lei, por exemplo.

A antecipação de sentido, referida por Gadamer, diz com o diálogo hermenêutico, com o encontro com a tradição, colocando à prova as pré-compreensões do intérprete que com aquela se familiariza ou se estranha, fazendo com que a tarefa da compreensão seja sempre circular, crítica, dinâmica; jamais aprisionada, estática.

É, na verdade, uma expectativa de sentido que já existe desde sempre, pois o intérprete está inserido na tradição e, portanto, sempre que se vai haver com um texto, projeta suas perspectivas que, por outro lado, precisam ser confirmadas, ratificadas. Não há como compreender fora da tradição, pois estamos, desde sempre, nela mergulhados.

É conveniente insistir que essa expectativa de sentido não significa sentido aprisionado, ou seja, não significa dizer que o texto traz em si um significado permanente. A rigidez do texto (ou melhor, das palavras do texto) tem de ser colocada no movimento do diálogo. Isto é, a tradição interpela-me, mas eu (intérprete) também interpelo a tradição. A hermenêutica deve, por isso mesmo, retirar o texto de seu estado de sonolência (do passado) e trazê-lo à discussão no presente.

---

[206] Nesse sentido, Gadamer: toda interpretação correta tem que proteger-se da arbitrariedade de intuições repentinas e da estreiteza dos hábitos de pensar imperceptíveis, e voltar seu olhar para as "coisas elas mesmas" (GADAMER, 2005, p. 355).

[207] Gadamer, sobre o tema: "quem quer compreender um texto, realiza sempre um projetar. Tão logo apareça um primeiro sentido no texto, o intérprete prelineia o sentido do todo. Naturalmente que o sentido somente se manifesta porque quem lê o texto lê a partir de determinadas expectativas e na perspectiva de um sentido determinado [...]. Quem busca compreender está exposto a erros de opiniões prévias que não se confirmam nas próprias coisas" (Ibid., p. 356).

Nesse sentido, é digno de nota o pensamento de Richard Palmer, para quem é preciso ser capaz de *ouvir o que o texto não disse*. Isto é, o bom intérprete centra sua tarefa, não na literalidade do texto, mas no diálogo que com ele se funda, no presente. Para Palmer, "centrarmo-nos exclusivamente na positividade daquilo que é explicitamente dito no texto é *fazer injustiça à tarefa hermenêutica*. Temos que ir para além do texto para encontrarmos aquilo que ele não disse, e que talvez não pudesse dizer".[208]

É preciso sempre ter em mente que a hermenêutica não lida com compreensões eternas, dado o caráter histórico da interpretação[209] (eis aqui uma ótima aproximação com Dworkin, para quem a resposta certa também é provisória, temporal, finita – ainda se verá esse tema na seção seguinte). Disso segue que a literalidade do texto (dada sua natureza estática) precisa ser constantemente corrigida pelo diálogo hermenêutico, que implica o horizonte do intérprete e o horizonte do texto, no jogo dialético de perguntas e repostas. Em outras palavras: a literalidade não pode funcionar contra a tradição, senão que dela é produto.

A rigidez da forma escrita há de ser compensada pelo movimento dialógico da compreensão, caso contrário, repita-se, não se está, nem de longe, fazendo justiça à hermenêutica. Palmer, mais uma vez, apoia o argumento:

> No diálogo hermenêutico, o tema geral em que estamos inseridos – tanto o intérprete como o texto – é a tradição, a herança. Um dos nossos parceiros no diálogo é o texto, na rigidez de sua forma escrita. Assim, há uma necessidade de encontrar um caminho para o "dar e tirar" do diálogo: é esta a tarefa da hermenêutica. A formulação rígida tem que de certo modo colocar-se no movimento da conversação, um movimento em que o texto interroga o intérprete e este o interroga. A tarefa da hermenêutica é "tirar o texto da alienação em que se encontra (enquanto forma rígida, escrita), recolocando-o no presente vivo do diálogo, cuja primeira realização é a pergunta e a resposta".[210]

Em suma: o texto não vem de fábrica com um sentido fixo. Ele já nos diz algo, não por conta de palavras (ou de precisão semântica), mas pela tradição que carrega e que o constitui. O intérprete, por seu turno, também traz suas expectativas, que vão ser confrontadas com o texto. Eis o movimento circular, o diálogo, tão caro à hermenêutica. Interpenetração parte/todo, texto/intérprete.

---

[208] PALMER, 2006, p. 235-236, grifo nosso. No mesmo sentido, a lição de Jean Grondin, para quem "Entender um texto do passado significa traduzi-lo para a nossa situação presente, escutando nele uma discursiva resposta para os questionamentos da nossa era" (GRONDIN, Jean. *Introdução à hermenêutica filosófica*. Tradução e apresentação de Benno Dischinger. São Leopoldo: Unisinos, 1999 (Coleção Focus), p. 194).

[209] Diz Palmer: "Aproximamo-nos do caráter histórico da interpretação quando reconhecemos que nenhuma interpretação é 'para todo o sempre' a 'interpretação certa'" (PALMER, 2006, p. 253).

[210] PALMER, 2006, p. 202, grifos nossos.

Não se pode dizer, por exemplo, que a Constituição brasileira admite a tortura. Essa atribuição de sentidos encontra limites na tradição. A Constituição traz, em si, um projeto democrático, ao qual uma possível pré-compreensão autoritária, favorável à tortura, não se adapta. Tratar-se-ia, portanto, de um preconceito inautêntico que não se confirmaria na coisa mesma (texto da Constituição). Mas, poderiam redarguir alguns adeptos das teorias da argumentação, não seria possível "ponderar" nesses casos? A tortura não seria admissível se, com ela, a polícia obtivesse a localização de um cativeiro, em crime de extorsão mediante sequestro, por exemplo?

Aqui se defende que não. A proibição da tortura impõe-se ao juiz. Ele não pode dela dispor. Fazer escolhas. A tradição não permite. A Constituição faz barreira. A ponderação sempre pressupõe escolhas, preferências. Isso implica, por evidente, discricionariedade.[211]

A tarefa hermenêutica, sabe-se, não é simples. A reposta a arbitrariedades quando se está no terreno das ciências do espírito é, ao menos, uma tarefa árdua.

Gadamer, então, inicia suas investigações nesse campo com os seguintes questionamentos: como se começa o trabalho hermenêutico? Que consequências tem para a compreensão a condição hermenêutica de pertencer a uma tradição?

Essas questões remetem à ideia embrionária do *círculo hermenêutico*, cujo tratamento já se iniciou no capítulo anterior e que, como visto, antecede a Gadamer. A influência de Heidegger é inconteste, embora entre ambos os filósofos existam claras diferenças em relação à maneira de compreender o círculo hermenêutico (conforme apresentado na nota de rodapé n° 82).

---

[211] Lenio Streck constrói refinada crítica às teorias da argumentação, demonstrando como ainda são reféns da filosofia da consciência, já que apostam no esquema sujeito-objeto, com a possibilidade de discricionariedades no ato de decidir. É o caso da ponderação alexyana nos assim chamados *hard cases*. Ao ponderar, o juiz faz escolhas, não conseguindo, assim, liberar-se do fantasma positivista. "Penso aqui que o calcanhar de Aquiles da ponderação – e, portanto, das diversas teorias argumentativas (e suas derivações) – reside no deslocamento da hierarquização 'ponderativa' em favor da 'subjetividade' (assujeitadora) do intérprete, com o que a teoria da argumentação (para falar apenas desta), como sempre denunciou Arthur Kauffman, não escapa do paradigma da filosofia da consciência. Ou seja, independentemente das colorações assumidas pelas posturas que, de um modo ou de outro, deriva(ra)m da teoria da argumentação de Robert Alexy, *o cerne da problemática está na continuidade da 'delegação' em favor do sujeito da relação sujeito-objeto. Isso é assim porque a ponderação implica essa 'escolha' subjetiva*" (STRECK, 2009, p. 178-179, grifo nosso). No mesmo sentido vai a rigorosa investigação de Rafael Tomaz de Oliveira, que, ao problematizar o conceito de princípio, estabelece necessária distinção entre as teorias de Alexy e Dworkin, dirigindo seguras críticas à ponderação: "A ponderação será o elemento capilar da teoria dos direitos fundamentais e do conceito de princípio com o qual irá operar Robert Alexy, profundo defensor da jurisprudência dos valores [...]. Mas já no ponto de partida, *Alexy deixa claro que o elemento discricionário no ato de julgar é inevitável*. Isso fica evidente em seu conceito de princípios como mandados de otimização" (OLIVEIRA, 2008, p. 61-62, grifo nosso).

É necessário, para a compreensão, pensar o individual a partir do todo e vice-versa. É essa *relação circular* que possibilita a antecipação de sentido, pois compreendo a partir de um preconceito (expectativa de sentido), mas preciso corrigir minha expectativa diante do texto. Isto é, devo relacionar meus preconceitos com a coisa mesma. Aqui está a ideia gadameriana da circularidade. Expor a minha parte (preconceitos) ao todo do texto. Deixar-me, como intérprete, ser interpelado pelo *tu* do texto (o outro).

Deve-se ter, assim, uma *justeza da compreensão*, isto é, a concordância de cada particularidade com o todo. Se não houver tal concordância, a compreensão malogrou. Os preconceitos, repita-se, devem ser colocados à prova, devem interagir, dialogar, confrontar-se com a coisa mesma.

Schleiermacher distingue o *círculo hermenêutico* segundo um aspecto *objetivo* (cada palavra toma parte do nexo da frase, cada texto toma parte do nexo da obra, cada obra toma parte do nexo do conjunto literário e de toda a literatura) e outro *subjetivo* (o mesmo texto pertence ao todo da vida da alma daquele autor). A compreensão, para ele, somente pode acontecer a partir desse todo, ou seja, respeitando a natureza tanto objetiva, quanto subjetiva.

Gadamer critica essa distinção e aduz argumentos tanto quanto ao aspecto subjetivo, quanto ao aspecto objetivo da circularidade hermenêutica proposta por Schleiermacher.

Quanto ao viés subjetivo, Gadamer considera que, quando interpretamos um texto, não nos deslocamos à constituição psíquica de seu autor. O que podemos fazer é deslocarmo-nos para a perspectiva na qual o outro (autor original) conquistou sua própria opinião, isto é, vamos fazer o possível para, inclusive, reforçar seus próprios argumentos, não para entrar em sua alma.[212]

Quanto ao aspecto objetivo, Gadamer afiança que a fórmula de Schleiermacher não atinge o cerne da questão. Embora a hermenêutica romântica tenha-se dedicado ao estudo da estrutura circular da compreensão, sempre a inseriu "na moldura de uma relação formal entre o individual e o todo";[213] assim, quando se realiza a compreensão dos textos, o movimento circular atinge seu objetivo e é suspenso.

Apoiando-se em seu professor (Heidegger), Gadamer afirma que o círculo não é de natureza formal. Não é objetivo, nem subjetivo, como supunha Schleiermacher. O círculo não é metodológico (não é uma for-

---

[212] Afirma Gadamer: "*É tarefa da hermenêutica explicar esse milagre da compreensão, que não é uma comunhão misteriosa das almas, mas uma participação num sentido comum*" (GADAMER, 2005, p. 387, grifo nosso).

[213] Ibid., p. 388.

ma para chegar-se ao entendimento). É ontológico (ou seja, da estrutura mesma da compreensão). A compreensão encontra-se, constantemente, determinada pela pré-compreensão. Logo, uma vez atingida a compreensão, o círculo não se dissolve; "alcança, ao contrário, sua realização mais autêntica".[214]

A *compreensão*, para a hermenêutica, é, assim, um *jogo* "no qual se dá o intercâmbio entre o movimento da tradição e o movimento do intérprete".[215] Nesse jogo, a antecipação de sentido, que guia a nossa compreensão, não vem da subjetividade, mas é (sobre)determinada pela comunhão entre nós, intérpretes, e a tradição. Em suma, somente compreendo porque estou inserido numa tradição que me fornece os preconceitos (autênticos) para tal.

O conceito de jogo é, como se sabe, muito importante em Gadamer e é analisado na primeira parte de seu *Verdade e método*. Aos objetivos deste tópico, convém resgatar o significado figurado do termo "jogo", que diz com "o vaivém de um movimento que não se fixa em nenhum alvo, onde termine" – o jogo como dança (jogo das luzes, das ondas, das forças).[216] O jogo, o ir e vir, o movimento, a dança do diálogo.

Aqui é imprescindível a referência que faz Gadamer ao modelo da *dialética platônica*, ao movimento contínuo entre perguntas e respostas, com a primazia das primeiras sobre as segundas. A compreensão é possibilitada por esse vaivém das perguntas e respostas.

A importância do conceito de pergunta na análise da situação hermenêutica é, portanto, inconteste. Aos poucos se demonstrará que a arbitrariedade na compreensão não tem como lograr êxito, pois a condição de possibilidade dessa compreensão é a elaboração de uma pergunta correta que, por evidente, resultará em uma resposta correta.[217]

Para Gadamer, perguntar é mais difícil do que responder. É a pergunta que permite a abertura. Não se faz experiência sem a atitude do perguntar. A pergunta é que move a compreensão. "A arte de perguntar é a arte de pensar".[218] Só podemos saber se algo é de um jeito e não de outro a partir da pergunta correta.

Mas a abertura da pergunta não é ilimitada. Uma pergunta sem horizonte acaba no vazio. A pergunta deve ser muito bem colocada. A co-

---

[214] GADAMER, loc. cit.

[215] Ibid.

[216] Ibid., p. 156.

[217] Maurício Ramires, já citado nesta tese, também defende a ideia hermenêutica da primazia das perguntas sobre as repostas, como hipótese para defender uma correta teoria de aplicação de precedentes no Brasil (cf. RAMIRES, 2010, p. 117 et seq.)

[218] GADAMER, op. cit., p. 479.

Para Além do Garantismo
UMA PROPOSTA HERMENÊUTICA DE CONTROLE DA DECISÃO PENAL

locação de uma pergunta pressupõe abertura, mas também delimitação. Abre-se para algumas possibilidades, mas não para todas.

Há, destarte, uma íntima relação entre *perguntar e (não) saber*. Pergunta-se corretamente exatamente porque não se sabe corretamente. Já existe, portanto, um não saber determinado que induz à pergunta correta. Não se parte de um grau zero da ignorância. Existe uma ideia antecipada do que não se sabe.[219]

A dificuldade está, já adiantava Platão, em determinar esse não saber, ou seja, saber o que não se sabe. O que provoca essa dificuldade é o poder exercido pela opinião vigente. Só se pode chegar a esse não saber e ao perguntar quando nos ocorre uma *ideia*. Mas para isso não existe um método. "Não existe nenhum caminho metodológico que nos conduza à ideia que fornece a solução".[220] Toda ideia que nos vem à mente tem a estrutura de pergunta.

Um texto, por exemplo, lança ao intérprete, sempre, uma pergunta, antes de uma resposta. Compreender esse texto significa compreender essa pergunta que ele nos lança. Isso ocorre, para Gadamer, quando se conquista o *horizonte hermenêutico* que é o *horizonte do perguntar*, no qual se determina a orientação de sentido do texto.

O que vem primeiro, portanto, é a pergunta que nos apresenta o texto. Por meio do texto, somos interpelados, confrontados com a tradição e precisamos realizar o intercâmbio entre o presente e o que nos é transmitido historicamente. Esse intercâmbio dar-se-á sempre por meio da interrogação, que coloca nossas pré-compreensões à prova.[221]

Em outras palavras: o texto apresenta-nos a pergunta que, ao tomar contato com nossos preconceitos, deixa-nos no aberto; para respondermos à pergunta do texto, precisamos nós, intérpretes, começar a perguntar, isto é, confrontar nossos preconceitos com a tradição plasmada no texto.

---

[219] Diz Gadamer: "Todo *perguntar* e todo *querer saber* pressupõem um *saber que não se sabe*. Mas o que conduz a uma *pergunta determinada* é um *não saber determinado*" (GADAMER, 2005, p. 477, grifos nossos).

[220] Ibid., p. 478.

[221] Nesse sentido, Gadamer: "*o que vem por primeiro é a pergunta que o texto nos coloca*, sermos atingidos pela palavra da *tradição*, de modo que para compreender essa tradição precisamos sempre realizar a tarefa da *automediação histórica do presente com a tradição*. Assim, na verdade, *a relação entre pergunta e resposta se inverteu. O que é transmitido e nos fala* – o texto, a obra, o vestígio – *impõe, ele próprio, uma pergunta*, colocando nossa opinião no aberto. Para poder responder a essa pergunta que nos é colocada, nós, os interrogados, temos que começar, por nossa vez, a perguntar [...]. *A reconstrução da pergunta a que o texto deve responder está, ela mesma, situada dentro de uma interrogação com a qual procuramos responder à pergunta que a tradição nos coloca*" (Ibid., p. 487, grifos nossos).

Com isso, as possibilidades de perguntas ficam em suspenso, e o intérprete pode ter uma ampla visão dessas possibilidades para atingir qual delas se ajusta à resposta latente do texto.

Trazer o texto à fala, de outra banda, não é uma intervenção arbitrária. Na compreensão, nós (intérpretes) trazemos o texto à fala a partir de nós mesmos. Nossa pergunta resgata a resposta adormecida no texto. Essa pergunta somente é possibilitada pelo encontro ou confronto com a tradição, que nos é dada pelo próprio texto. É o movimento circular do jogo dialógico hermenêutico. O texto antecipa o seu sentido por meio da tradição que, em confronto com os preconceitos do intérprete, provoca o aberto, as possibilidades de perguntas e a escolha daquela que se adequará à resposta latente do texto.[222]

O intérprete é, assim, aquele que sabe escutar e perguntar, respondendo à interpelação originária do texto. Dialoga e interage com a tradição, no jogo hermenêutico.[223]

A relação que se dá, portanto, nesse vaivém hermenêutico é, para além de dialógica, dialética. A tradição, o texto que a carrega, interpela o intérprete, questiona-o, coloca-o no aberto para que ele, intérprete, formule seus próprios questionamentos e coloque seus pré-conceitos à prova.

A interrogação pressupõe, como destaca Palmer, a negatividade (negação), pois revela um conhecimento que não sabemos. O texto abre-nos possibilidades, mostra nossa ignorância (socrática). Com a interrogação, sabemos que não sabemos.[224]

Mas, insista-se, esse *levar ao aberto* não pode ser tomado em sentido absoluto. Lembre-se que a hermenêutica não pactua com relativismos. "Uma pergunta tem sempre uma certa orientação. O sentido da pergunta contém já de antemão a orientação em que se coloca a resposta a *essa* questão, se pretende ser significativa e adequada", adverte Palmer, que

---

[222] GADAMER, 2005, p. 492.

[223] A estrutura hermenêutica do jogo, da relação dialógica pergunta e resposta, é muito bem delineada pelo paraense Victor Sales Pinheiro, mestre (PUC-RJ) e doutorando (UERJ) em Filosofia, em artigo intitulado "O diálogo entre filosofia e literatura: a crítica de Benedito Nunes e a hermenêutica de Hans-Georg Gadamer", no qual analisa como a crítica literária do filósofo Benedito Nunes pode ser compreendida a partir da hermenêutica de Gadamer. Diz o autor: "*Na lógica da pergunta e da resposta, entender um texto implica tomá-lo como resposta a um emaranhado de perguntas que o próprio intérprete provoca, já como resposta à interpelação inicial do texto*. Ao nos dizer algo, a obra de arte, um texto, na condição de um enunciado, de uma declaração (Aussage), requer uma resposta. Nesse interpelar, inerente à natureza do texto literário, ela se põe como linguagem, solo comum em que habitam texto e intérprete". (PINHEIRO, Victor Sales. O diálogo entre filosofia e literatura: a crítica de Benedito Nunes e a hermenêutica de Hans-Georg Gadamer. *Intuitio*, Porto Alegre, v. 2, n. 3, nov. 2009, p. 372, grifo nosso).

[224] PALMER, 2006, p. 201 *et seq.*

prossegue: "a lógica que revela esse ser que se abriu já implica uma resposta, pois *toda resposta apenas tem sentido em termos da pergunta*".[225]

Isso porque, como já dito, não existe um grau zero de conhecimento, tampouco de ignorância. O professor de filosofia da Unisinos e doutor em Filosofia (PUCRS), Luiz Rohden enfatiza: "não podemos perguntar ou querer saber mais sobre o que já não pré-conhecemos, pré-supomos ou intuímos. O sujeito não apenas experimenta novas e outras formas de conhecer, mas as experiencia porque nunca partimos do grau zero de conhecimento".[226]

Em suma, exatamente porque já estamos desde sempre inseridos na tradição, pré-compreendemos o que sabemos e o que não sabemos. Por isso, a pergunta não será arbitrária. Tampouco a resposta.

Há clara aproximação entre a estrutura de pergunta e resposta proposta pela hermenêutica filosófica e a tese da resposta correta de Dworkin, como ainda se verá na seção seguinte.[227]

A resposta correta na tarefa compreensiva é um caminho viável. Não se há de temer a arbitrariedade. A tradição não é arbitrária. Quando trazemos o texto à fala, fazemo-lo por meio de uma pergunta (certa) à resposta latente no texto. Se a pergunta é correta, por evidente, a resposta também o será. Na verdade, é o inverso, como nos alerta Gadamer: a resposta é correta, porque, antes dela, a pergunta já o foi.

3.3. A resposta correta em Dworkin: uma fórmula contra o decisionismo

Da análise da teoria do direito como integridade, em seção anterior, é pertinente concluir que Dworkin não acredita em precisão semântica, tampouco em limites objetivos a serem dados pela linguagem.

As teorias semânticas do Direito, como visto, não se sustentam. O Direito é, repita-se, uma prática interpretativa (e não uma questão de fato). Mas, à parte isso, o jusfilósofo americano não compactua com discricionariedades. Ferrajoli e Dworkin buscam o controle para o poder de decisão do juiz; porém, por vias totalmente diferentes.

---

[225] PALMER, 2006, p. 201.

[226] Cf. ROHDEN, Luiz. *Hermenêutica filosófica*: entre a linguagem da experiência e a experiência da linguagem. São Leopoldo, RS: Unisinos, 2005, p. 180-181.

[227] Insista-se, por oportuno, que Gadamer jamais falou em uma única resposta certa. A presente investigação procura demonstrar, entretanto, que existe a possibilidade de aproximação entre a arquitetura hermenêutica gadameriana e a tese da *one right answer*, de Dworkin.

Dworkin afasta a discricionariedade, porque acredita que existe *uma resposta certa em Direito (the right answer thesis)*. Essa é a sua fórmula teórica contra o decisionismo e o relativismo. O Direito não pode ser inventado. Não pode o juiz estar legitimado (por nenhuma teoria) para fazer escolhas discricionárias – problema esse, como já se viu, próprio do positivismo (e, também, do garantismo). Essa postura, definitivamente, não tem lugar numa democracia, em que todos os poderes precisam ser controlados. O judiciário, por evidente, não é exceção.

O Direito, para Dworkin, não é mera questão de fato; também não pode ser mera questão de sorte. O cidadão faz jus a uma resposta constitucionalmente adequada;[228] não pode depender de escolhas aleatórias de quem tem o poder de decidir. Há que se obedecer a critérios, há que se respeitar a integridade.

Não é uma questão de sorte, porque não é uma questão de poder. "We cannot assume, in other words, that the Constitution is always what the Supreme Court says it is",[229] alerta Dworkin. Isto é, embora a Suprema Corte (e, guardadas as devidas proporções – pois não temos um *judicial review* puro no Brasil – também o Supremo Tribunal Federal) tenha a incumbência de interpretar a Constituição, nem sempre dará as respostas certas aos casos controvertidos. O Direito é bem mais do que alguns poucos juízes pensam sobre o que ele seja.

É sempre bom destacar que propostas como a de Dworkin – ainda tendo em vista aqueles que de sua teoria possam discordar – são indispensáveis em países como o Brasil, em que o projeto de uma democracia constitucional ainda não se solidificou e a real proteção dos direitos fundamentais é, por enquanto, um desejo. A resposta certa (ou, pelo menos, o esforço constante em sua direção) – e é bom sempre repetir isso – é, acima de tudo, uma questão de democracia.

---

[228] Streck fala-nos em um direito fundamental a uma resposta constitucionalmente adequada. No prefácio ao livro de Francisco José Borges Motta, sustenta: "Venho defendendo, a partir de uma imbricação da hermenêutica filosófica (Gadamer) com a teoria da *law as integrity* (Dworkin), que *existe um direito fundamental à obtenção de respostas corretas (adequadas à Constituição)*. O que venho tentando dizer (e que parece que está difícil de entender!) é algo (que deveria ser) assustadoramente simples: que há um direito fundamental a que a Constituição (compreendida como a explicitação do contrato social, como o estatuto jurídico do político) seja cumprida. Afinal, o direito, no paradigma do Estado Democrático de Direito, passa – em razão das contingências históricas – a se preocupar com a democracia e, portanto, com a legitimidade do direito (o problema da validade, pois)". (STRECK, Lenio Luiz. O que é isto: "levar o direito a sério?" – à guisa de prefácio. In: MOTTA, Francisco José Borges. *Levando o Direito a sério*: uma crítica hermenêutica ao protagonismo judicial. Florianópolis: Conceito Editorial, 2010d, p. 13, grifo nosso).

[229] "Nós não podemos admitir, em outras palavras, que a Constituição é sempre o que a Suprema Corte diz que é" (*apud* BURLEY, Justine. *Dworkin and his critics:* with replies by Dworkin (philosophers and their critics). Oxford: Blackwell Publishing, 2004, p. 324, tradução livre).

Não são raras situações em que se assiste ao Poder Judiciário (tomado aqui por representar o ápice do processo de decisão jurídica) chegar a resultados impensáveis, contrastantes, nitidamente inadequados, por falta de uma fundamentação coerente, de uma análise criteriosa das razões de decidir.

A propósito, é lugar comum a simples alusão a acórdãos ou súmulas (agora, vinculantes!) e, não raro, apenas a (lacônicas) ementas, para "justificar" decisões, como se isso desobrigasse o juiz da necessidade de fundamentar. O problema é muito bem identificado por Streck,[230] Ramires[231] e Maués,[232] ao chamarem a atenção para o delicado problema das súmulas vinculantes e advertirem para o (mau) uso dos precedentes no Brasil (que, diga-se, não possui qualquer tradição nessa prática e, por isso mesmo, precisaria que a doutrina se esforçasse para disponibilizar uma séria teoria de precedentes, como ocorre em países de *Commom Law*, especificamente os Estados Unidos).

São várias, portanto, as generalizações (embora só a lei, a princípio, possa fazê-las) a partir de decisões pretéritas (muitas vezes, mencionando-se tão só as ementas, repita-se), ignorando-se, totalmente, as especificidades do caso concreto (a facticidade), a ponto de ser possível que um

---

[230] Cf. STRECK, 2009, especificamente o item 11.8: "A busca de (novas) racionalidades no direito e o papel das súmulas vinculantes: a facticidade 'cabe' na súmula? É possível resolver o problema das incertezas no direito com linguagens isentas de vaguezas e ambiguidades?" Aqui o pesquisador gaúcho desenvolve abalizada crítica ao papel das súmulas vinculantes no direito brasileiro, como *standards* (pautas gerais) de interpretação, a bem demonstrar a (ainda) forte vinculação ao paradigma da filosofia da consciência e a não incorporação ao direito brasileiro da viragem linguística e tudo o que lhe subjaz, fundamentalmente a inserção no mundo prático.

[231] Cf. RAMIRES, 2010.

[232] Em recente artigo, intitulado "Súmulas vinculantes em matéria penal e proteção dos direitos fundamentais", Antônio Moreira Maués chama a atenção para o fato de que, na aplicação das súmulas, não se pode perder a concretude do caso, sob pena de utilização subsuntiva do instituto, enquanto pauta geral de interpretação e, assim, totalmente indevida. Alerta, ainda, para a necessidade da fundamentação de uma decisão, a fim de legitimar sua aplicação como precedente: "Note-se, portanto, que o processo de edição de súmulas vinculantes acentua a *indissociabilidade entre os fundamentos da decisão e o caso, que se integram em um mesmo processo hermenêutico*. Os fundamentos são elaborados nos precedentes de acordo com determinadas circunstâncias e só é possível saber se devemos resolver da mesma maneira casos futuros se conhecemos essas circunstâncias [...]. Apesar de não ser possível à súmula conter todo o processo hermenêutico em que ela se baseou, seu enunciado deve buscar apresentar os fundamentos que se quer generalizar de modo contextualizado, referindo-se a elementos dos casos tratados nos precedentes. Essa formulação também é importante para o processo de aplicação da súmula vinculante, tendo em vista que a análise que o juiz deverá fazer, para decidir se cabe ou não sua aplicação em determinado caso, requer o conhecimento do modo como os fatos tratados nos precedentes foram interpretados pelo STF [...]. *Sem o devido respeito aos precedentes, amplia-se o risco da discricionariedade na interpretação da súmula pelo próprio STF* [...]. Como a formação de significados de significantes depende de uma série de circunstâncias, a expressão adequada dos fundamentos dos precedentes no enunciado das súmulas pode ajudar ou não esse processo" (MAUÉS, Antônio Gomes Moreira. Súmulas vinculantes em matéria penal e proteção dos direitos fundamentais. In: PINHO, Ana Cláudia Bastos de; GOMES, Marcus Alan de Melo (Org.). *Direito Penal & democracia*. Porto Alegre: Núria Fabris, 2010, p. 120-121 e p. 128, grifo nosso).

mesmo acórdão sirva a dois senhores![233] Afinal, se não há preocupação em trazer a decisão passada para o diálogo com o caso em análise (como se faz em uma séria teoria de precedentes), se não existe um esforço argumentativo para justificar o uso daquele (e não de outro) precedente, qualquer interpretação (forçosa) cabe, pois não?

Existe, aqui, uma clara possibilidade de manipulação de sentidos. O julgado passa a ocupar o lugar da lei que, assim, funciona como pauta geral, esquecendo-se que ele (o julgado) diz respeito a um caso concreto (não se pode cindir fato e direito, como pretende o positivismo e, também, o garantismo); em assim o sendo, existem situações, detalhes, argumentos que necessitam ser enfrentados e confrontados com o caso ao qual se pretende seja aplicado o precedente.

Se a simples alusão a ementas causa problemas na decisão jurídica, por deixar de lado a concretude do caso (da vida), não menos problemáticas são as decisões que, invocando a literalidade de um dispositivo de lei, abandonam discussões doutrinárias e julgados em sentido diverso, não raro oriundos do mesmo órgão julgador.

Bom exemplo de tal postura vem da decisão colecionada na subseção 1.1 desta investigação. O juiz, imaginando estar diante de um *easy case*,[234] simplesmente nega a concessão de liberdade provisória em crime de tráfico, porque a lei assim o determina, deixando de lado a séria discussão doutrinária que há muito se trava em torno da polêmica questão, bem como precedentes, da mesma Corte, em sentido totalmente contrário.

---

[233] Por exemplo, usando uma decisão que mencione o livre convencimento motivado (como a referida na subseção 1.2 desta tese), dois juízes podem chegar a dois resultados díspares: absolvição e condenação. Por que isso? Porque a cláusula geral "livre convencimento" nada diz, se não for observada a especificidade do caso concreto em que foi invocada.

[234] Aqui é importante ressaltar que, embora Dworkin distinga, para efeitos argumentativos, *casos fáceis* e *casos difíceis*, não os coloca em categorias estanques. A teoria do Direito como integridade, apesar de sua aparente sofisticação, também se aplica, sim, aos chamados "casos fáceis". Logo, o fato de o juiz estar – à primeira vista – diante de um *easy case* não o desonera da tarefa de interpretar, de argumentar. Diz Dworkin: "O crítico então anunciará um grave problema: pode ser difícil saber se o caso em questão é difícil ou fácil e, para decidir, Hércules não pode usar sua técnica para casos difíceis sem recorrer numa petição de princípio. *Esse é um pseudoproblema. Hércules não precisa de um método para os casos difíceis e outro para os fáceis. Seu método aplica-se igualmente bem aos casos fáceis* [...]. Isso explica por que *questões consideradas fáceis durante um certo período tornam-se difíceis antes de se tornarem novamente fáceis* – com as respostas opostas" (DWORKIN, 2007, p. 423-424, grifos nossos). Streck, entre nós, também chama a atenção para a impossibilidade de cindir casos fáceis e casos difíceis: "Distinguir casos simples de casos difíceis não é o mesmo que cindir casos simples de casos difíceis. Essa pode ser a diferença entre a dicotomia hard e easy cases de Dworkin e a das teorias discursivo-procedurais. *Cindir hard cases e easy cases é cindir o que não pode ser cindido*: o compreender com o qual sempre operamos, que é condição de possibilidade para a interpretação (portanto, da atribuição de sentido do que seja um caso simples ou um caso complexo). Afinal, como saber se estamos em face de um caso simples ou de um caso difícil? Já não seria um caso difícil decidir se um caso é fácil ou difícil?" (STRECK, 2009, p. 248, grifo nosso).

Para Além do Garantismo
UMA PROPOSTA HERMENÊUTICA DE CONTROLE DA DECISÃO PENAL

Vê-se, assim, que a opção (equivocada) pela aplicação da subsunção (à velha e boa moda positivista-legalista) derivou de uma (igualmente equivocada) percepção de que se tratava de um caso simples. A causa disso? Sem dúvida, a falta de uma consistência (e consciência) hermenêutico-constitucional.

Isso porque, tivesse o juiz se deixado interpelar pelo texto da lei ordinária, teria tido a experiência do estranhamento, em relação à tradição democrática inaugurada com a CRFB. A negação de liberdade provisória, em tese, sem nenhum fundamento para além da autoridade, deveria, no mínimo, provocar o intérprete, lançar-lhe perguntas, deixá-lo no aberto.

Uma vez no aberto, o intérprete teria diante de si as possibilidades descortinadas. Teria a visão ampliada para o tema em questão – vedação da liberdade provisória em crime de tráfico – e consideraria, assim, tudo o que já foi produzido, historicamente, sobre isso, desde as emblemáticas discussões doutrinárias, até as decisões jurisprudenciais provindas do gabinete da porta ao lado.

De repente, um caso aparentemente fácil (se a lei proíbe, por que discutir? – aplica-se a lei, pronto) torna-se complexo, pois demanda(ria), na realidade, uma aguda tarefa hermenêutica. A solução de Dworkin chegaria à mesma resposta, pois a teoria da integridade jamais compactuaria com a aplicação subsuntiva.

Embora a tese tenha por objetivo apresentar críticas à epistemologia garantista, cumpre reconhecer, por necessário, que Ferrajoli, igualmente, não concordaria com a solução dada pelo juiz em questão, pois defende um modelo de positivismo crítico.[235]

A questão fulcral não é essa, pois. Apesar de, em vários momentos, a hermenêutica e o garantismo chegarem a um mesmo resultado, o que importa é identificar o caminho seguido por cada teoria.

O argumento central desta tese reside exatamente nesse caminho percorrido. O resultado não é mais importante, definitivamente, do que a via eleita para chegar-se a ele. A hermenêutica – essa é a hipótese aqui

---

[235] Ademais, no que tange, especificamente, ao tema da prisão cautelar, Ferrajoli defende, como corolário do princípio da presunção do estado de inocência, a ilegitimidade da prisão provisória. É uma regra de tratamento ao imputado, segundo a qual, se não há, ainda, condenação, não se pode manter o sujeito no cárcere. Afinal, se um cidadão somente é considerado culpado depois do trânsito em julgado de sentença condenatória, como justificar a prisão cautelar? Como prender alguém antes de ser, definitivamente, reconhecida sua responsabilidade penal? Exatamente por isso, o garantismo radicaliza neste ponto e não admite, sob nenhuma hipótese, a prisão cautelar, nos moldes praticados no Brasil. Ainda que se considerem absolutamente procedentes as razões invocadas por Ferrajoli, há determinadas situações concretas em que a prisão cautelar é necessária, obviamente por curto espaço de tempo. Por exemplo, para garantir a produção de provas, cuja existência está sendo ameaçada por comportamento do réu. Aqui, é possível construir um fundamento hermenêutico para, como exceção absoluta, admitir a prisão cautelar breve, a fim de garantir a colheita das provas.

apresentada – desvela um caminho bem mais consistente e harmonioso com a realização efetiva dos direitos fundamentais, do que a epistemologia garantista, que – à parte toda a sofisticação – ainda se conforma com a discricionariedade, tentando encontrar uma saída (igualmente equivocada), pelo viés do aprimoramento linguístico.

No exemplo invocado, o direito permanece como mera questão de (fato e de) sorte! Se o caso concreto tivesse sido distribuído a outro Magistrado (de inspiração não positivista e com consciência constitucional), o resultado teria sido bem outro, e o réu poderia ter sido solto.

Não se está aqui a defender que a verdade vem do consenso (Streck dá-nos bem a noção disso em sua obra). Nada disso. Não se quer que todos os juízes decidam da mesma forma (a resposta correta não é consensual). O que se busca, por necessário, são mecanismos para controlar decisões arbitrárias, não fundamentadas. Até mesmo porque, como ainda se vai desenvolver, a resposta correta é correta para o caso concreto. É, portanto, única, provisória, finita, despretensiosa.

O que não se pode admitir é a manipulação arbitrária de sentidos, como se o intérprete não devesse rendição a nada além de sua "própria consciência". O tribunal da razão – do sujeito pleno, consciente e dominador –, tão decantado pelo Iluminismo e impregnado na teoria do conhecimento moderna, foi dilacerado pela *hermeneutic turn*. É disso que precisam dar-se conta todos os que atuam com o direito.[236]

Note-se, ademais, que a insistência para que o juiz tenha, sim, freios e controles não se deve a nenhuma profissão de fé contra a judicatura. Pelo contrário. O Poder Judiciário, como defendido na introdução desta tese, possui um papel fundamental (constituinte) no modelo de Estado Democrático de Direito. A realização dos direitos fundamentais não se dará de forma plena sem a intervenção firme dos juízes. Porém, de outra banda, e exatamente por essa inegável responsabilidade política, seus atos precisam ser controlados. Os ativismos somente conduzirão à perda de garantias e ao enfraquecimento da democracia.

Insista-se, portanto: a defesa da imposição de constrangimentos deriva, isso sim, de uma necessidade democrática. O juiz há de dar satisfação à tradição inaugurada com a nova ordem constitucional. O cidadão tem direito a uma resposta constitucionalmente adequada, tem o direito de que sua vida não seja decidida num jogo de dados.

Embora o juiz seja o foco principal da tese, porque, como já referido, representa o apogeu do processo decisório, a resposta correta e uma

---

[236] Sobre o tema – como o juiz apenas decide "conforme sua consciência" –, ver o texto de Lenio Streck *O que é isto* – decido conforme minha consciência?, já citado nesta tese.

interpretação construtiva do direito dirigem-se, igualmente, aos demais atores.

Imagine-se, por hipótese, a seguinte situação: tramita em uma Vara de Juizado Especial Criminal um termo circunstanciado de ocorrência, sugerindo a prática do tipo penal descrito no artigo 28 da Lei nº 11.343/06[237] (guarda de droga para consumo próprio). Há dois investigados: *A* e *B*.

Na primeira audiência, compareceu apenas o investigado *A*, tendo *B* justificado sua ausência, por problemas de saúde. O promotor de Justiça *C*, com atuação naquela Vara, propôs ao suposto autor do fato *A* uma transação penal,[238] consistente em prestação de serviços à comunidade, pelo período de três meses.[239] O investigado *A*, orientado por seu advogado, aceitou a proposta e teve, assim, extinta a punibilidade.

Quanto ao investigado *B*, o promotor de Justiça *C* solicitou nova audiência para, da mesma forma, propor a medida restritiva de direitos, referente à transação penal. Ocorre que, no dia designado para a segunda audiência, presente o investigado *B* e seu advogado, como o promotor de Justiça *C*, que atuara na primeira audiência, havia entrado em gozo de férias regulamentares, outro membro do Ministério Público, o promotor de Justiça *D*, substituía-o. O promotor de Justiça *D*, porém, deu uma resposta ao caso completamente diversa da de seu antecessor. Invocando princípios e argumentando a partir de toda a discussão que se trava na doutrina sobre a (in)constitucionalidade da proibição penal do uso de drogas, sustentou, fundamentadamente, uma promoção de arquivamento.

Em suas razões, construiu seus argumentos com base na Constituição da República e defendeu o princípio de que o direito penal somente

---

[237] Artigo 28 da Lei nº 11.343/06: "Quem adquirir, guardar, tiver em depósito, transportar ou trouxer consigo, para consumo pessoal, drogas sem autorização ou em desacordo com determinação legal ou regulamentar será submetido às seguintes penas: I – advertência sobre os efeitos das drogas; II – prestação de serviços à comunidade; III – medida educativa de comparecimento a programa ou curso educativo".

[238] A transação penal foi introduzida no direito brasileiro pela Lei dos Juizados Especiais Criminais (nº 9.099/95) e consiste numa espécie de negociação entre o Ministério Público e o investigado, para que o processo seja inviabilizado. O Ministério Público propõe uma medida alternativa à prisão que, uma vez aceita (sem qualquer dilação probatória), obriga o investigado, o qual, por seu turno, livra-se do processo. É um instituto bastante criticado por parte da doutrina (não sem razão), dado o debatido caráter de pena sem processo. Sobre o tema, conferir os seguintes livros: CARVALHO, Salo de; WUNDERLICH, Alexandre (Org.). *Diálogos sobre a justiça dialogal:* teses e antíteses sobre os processos de informalização e privatização da justiça penal. Rio de Janeiro: Lumen Juris, 2002; WUNDERLICH, Alexandre; CARVALHO, Salo de. *Novos diálogos sobre os juizados especiais criminais*. Rio de Janeiro: Lumen Juris, 2005; PRADO, Geraldo. *Transação penal*. 2. ed., rev. e atual. Rio de Janeiro: Lumen Juris, 2006. Eis o artigo 76 da referida lei: "Havendo representação ou tratando-se de crime de ação penal pública incondicionada, não sendo caso de arquivamento, o Ministério Público poderá propor a aplicação imediata de pena restritiva de direitos ou multas, a ser especificada na proposta".

[239] Artigo 28, § 3º, da Lei nº 11.343/06: As penas previstas nos incisos II e III do *caput* desse artigo serão aplicadas pelo prazo máximo de 5 (cinco) meses.

poderá intervir quando a conduta causar dano (ou risco concreto de dano) a bem jurídico alheio (e não próprio). Demonstrou, justificadamente, que tal exigência deriva do caráter democrático do Estado brasileiro e do direito maior à liberdade, consagrado na Constituição, além de mencionar orientações doutrinárias e jurisprudenciais no sentido de sua tese.

O colega que o havia antecedido, e que aplicou a transação penal ao investigado *A*, nem sequer fundamentou sua decisão. Simplesmente propôs a medida restritiva, porque a lei assim o determinava, ignorando (tal como o juiz que negou a concessão de liberdade provisória em tráfico) tudo o que já se tem discutido a respeito do tema, na doutrina e na jurisprudência pátrias, inclusive forçando alteração legislativa. Basta lembrar que, antes de 2006, vigorava a Lei nº 6.368/76, que até prisão previa para o uso de drogas. A Lei nº 11.343/06, embora não descriminalizando o fato, promoveu o desprisionização, isto é, o fato segue sendo típico, mas prisão não cabe mais. Não se pode negar, aqui, um certo avanço rumo ao reconhecimento da desnecessidade (para além da ilegitimidade) de intervenção penal, em casos de uso de droga.

Portanto, num mesmo procedimento, sobre o mesmo fato, são dadas duas respostas diametralmente opostas para os dois envolvidos, com clara restrição de direitos, no caso da decisão que impôs a transação penal.

Daí a pergunta (e a inquietação): pode o direito ser reduzido a mera questão de sorte? O investigado *B* deu sorte, pois, no dia de sua audiência, o promotor de Justiça *D* tratou o direito seriamente, com integridade. O investigado *A*, infelizmente, não teve a mesma sorte. Foi traído por uma decisão de cunho positivista e não conforme com a Constituição.

Ainda tomando esse exemplo hipotético: qual foi a resposta certa? As duas, por evidente, não caberiam ao mesmo tempo, no mesmo processo. Ou usar droga é crime e merece a transação penal, ou não é, e o destino dos autos deve ser o arquivamento.

Se direito não é mera sorte, então existem respostas melhores que outras; existem respostas mais bem fundadas; existem respostas constitucionalmente adequadas; existem, enfim, respostas corretas.

A tese dworkiniana da *one right answer* pode, à primeira vista, parecer inatingível (mitológica) e, até mesmo, arrogante. Como imaginar que num sistema constitucional, pautado por princípios de moralidade, o juiz tenha que encontrar uma única resposta para um determinado caso concreto? Os princípios não dariam abertura para a atribuição de sentido, a partir do momento em que possuem intenso conteúdo moral? Diante de valores como dignidade, liberdade, igualdade, é possível ter-se uma única possibilidade de decisão justa e correta? Quem diz que essa ou aquela resposta é a correta, é melhor que outra?

Para Além do Garantismo
UMA PROPOSTA HERMENÊUTICA DE CONTROLE DA DECISÃO PENAL

Dworkin mostra, entretanto, a partir de incomparável tenacidade argumentativa, que a resposta correta é, não apenas possível, como, na verdade, necessária. Princípios não abrem sentido, pelo contrário, fecham (aliás, com isso Ferrajoli concorda, conforme já se demonstrou). O ideal de justiça, de vida boa, de equidade, de integridade, enfim, sempre vem à tona quando o exercício da atitude interpretativa é bem fundado, e, mesmo nos chamados casos difíceis (que, na verdade, não se contrapõem aos casos fáceis, como o próprio Dworkin adverte, já se viu), a resposta certa acontece.

Inicialmente, é preciso deixar claro que a tese da resposta certa – que tanto incômodo e mal-estar causa aos críticos – é muito menos audaciosa do que pode parecer.

A resposta certa não é definitiva. É finita, é limitada ao caso concreto. A resposta certa é a resposta naquele caso em análise, naquele momento específico. Não tem pretensões de universalidade, tampouco de eternidade. Ela é, simplesmente, a resposta do caso. Nada além disso.

É o próprio Dworkin quem traz a ressalva: "Minha tese sobre as respostas corretas nos casos difíceis é, como afirmei, uma afirmação jurídica muito fraca e trivial. É uma afirmação feita no âmbito da prática jurídica, e não em algum nível filosófico supostamente inefável, externo".[240]

Por outro lado, e a advertência agora vem de Streck, "a pretensão de se buscar a resposta correta não possui condições de garanti-la".[241] Assim, Dworkin não está preocupado com quem vai dizer a resposta (certa ou errada), mas em demonstrar sua necessidade numa democracia. Ela existe, a despeito da descrença de quem tem o poder de decidir.

Afinal, se ela (a resposta certa) não existisse, para que tanto esforço argumentativo dos juízes? Para que existiria a necessidade (constitucional, inclusive) de fundamentar as decisões? "If there were not right answers to find, that dedication would be delusional",[242] conclui Dworkin, referindo-se exatamente à grande responsabilidade que os juízes têm de tratar o Direito seriamente, em profundidade.

A resposta certa, portanto, existe e deve ser buscada, embora não haja nenhuma pretensão de verdade filosófica por detrás dessa proposta

---

[240] DWORKIN, Ronald. *A justiça de toga*. Tradução de Jefferson Luiz Camargo. São Paulo: WMF Martins Fontes, 2010b, p. 60.

[241] STRECK, Lenio Luiz. Desconstruindo os modelos de juiz: a hermenêutica jurídica e a superação do esquema sujeito-objeto. In: STRECK, Lenio Luiz; MORAIS, José Luís Bolzan de. *Constituição, sistemas sociais e hermenêutica*: programa de pós graduação em Direito da UNISINOS. Porto Alegre: Livraria do Advogado; São Leopoldo: UNISINOS, 2008, p. 107, nota de rodapé n° 11.

[242] "Se não houvesse resposta certa a encontrar, essa dedicação seria uma desilusão" (*apud* BURLEY, 2004, p. 388, tradução livre).

de Dworkin, que, fiel à sua característica de filósofo do mundo prático (sem descuidar de uma necessária e refinada formulação teórica), segue preocupado com o modo como os juízes decidem e resolvem as controvérsias.

Dworkin chama a seus críticos de céticos, que seriam aqueles que não acreditam na resposta correta; não acreditam que exista uma resposta melhor do que outra, mas apenas respostas diferentes. Mas há falhas nas formulações desses críticos. E Dworkin aponta-as, criteriosamente.

Logo de início, Dworkin argumenta o seguinte: a aparente modéstia dos céticos em dizer que não existe uma resposta melhor do que outra, mas somente respostas diferentes, não tem fundamento convincente, pois, quando os juízes decidem dessa ou daquela maneira (inclusive os céticos), é porque consideraram seus argumentos melhores do que os outros, e não apenas diferentes.[243]

A partir daí, Dworkin faz uma necessária distinção: entre *ceticismo* no *interior* da atividade interpretativa e o ceticismo no *exterior* e em torno dessa atividade, advertindo, porém, que nem um, nem outro oferecem argumentos convincentes para criticar a tese da *one right answer*.

As críticas do *ceticismo exterior* são bastante deficientes, confusas, pois não se trata de uma posição interpretativa ou moral, mas de uma teoria metafísica. O cético exterior não contesta nenhuma afirmação moral ou interpretativa específica; diz, tão somente, ser impossível haver resposta certa, porque os significados das coisas não podem ser comprovados empiricamente. Esses significados estariam "lá" no universo ou em alguma realidade transcendental (e não física); assim, é impossível comprová-los. Se a resposta certa não pode ser comprovada (como se comprova um fenômeno físico), ela não existe![244]

Porém, alerta Dworkin, a resposta certa nada diz com a metafísica. A resposta certa é fruto de um exercício, de uma prática interpretativa, que leva em conta argumentos morais no direito (compreendendo a moralidade, aqui, como moralidade política, conforme explicitado em momento anterior neste trabalho).

---

[243] DWORKIN, 2007, p. 14 e p. 94.

[244] Ressalta o autor que esse tipo de argumento cético (exterior) é muito utilizado por advogados, que ao discutirem sobre a defesa de uma determinada tese, costumam interpelar seu interlocutor, com frases assim: "Essa é a sua opinião", "como você sabe", ou "de onde provém essa pretensão?", exigindo não um caso que possam aceitar ou rejeitar, mas uma demonstração metafísica avassaladora à qual não possa resistir ninguém que não consiga compreender. E, quando percebem que não estão diante de nenhum argumento dotado de tal força, resmungam que a doutrina é tão somente subjetiva". De fato, como bem diz Dworkin, tal postura é "ao mesmo tempo verdadeira e inútil". Verdadeira, porque, de fato, não se tem como provar empiricamente uma argumentação moral; inútil, porque não avança no debate, resumindo-se a uma ingenuidade sem limite. A resposta certa advém de argumentos morais e existe, a despeito de não poder ser provada faticamente (DWORKIN, 2007, p. 107).

A resposta certa, de outra banda, não é fruto de subjetivismos, isto é, da opinião pessoal do intérprete sobre o tema em debate. Ela é construída, argumentativamente, com base em princípios morais. Mas, ainda que a resposta certa não tenha nenhuma relação com subjetivismos, sua "objetividade" não permite a comprovação empírica que os céticos exteriores exigem. Como provar a veracidade de um argumento moral?[245]

O *ceticismo exterior*, na verdade, não compreende bem o problema, não compreende o que seria a resposta certa. Não tem condições nem de criticar a resposta certa do ponto de vista da moral comum (subjetiva), muito menos do ponto de vista da moralidade política. Isso porque acredita que a resposta certa precisa ser demonstrada empiricamente, o que é impossível, tanto num primeiro caso (moralidade comum), como na hipótese dworkiniana (moralidade política). O ceticismo exterior não enfrenta argumentos morais, enfim. Seja de uma espécie, seja de outra. Mas o tema da resposta certa envolve, necessariamente, argumentos morais; por isso, o ceticismo exterior não está apto a criticar a tese da resposta correta e não ameaça nenhum projeto interpretativo, em especial a teoria do direito como integridade.[246]

Dworkin, então, propõe-se a tentar entender as críticas do *ceticismo interior*, que trariam, a princípio, o argumento mais contundente (e nefasto) contra a tese da resposta certa, já que se trata de um argumento moral e compreende que a reposta certa envolve moralidade, e não metafísica. O ceticismo interior lança argumentos morais contra uma tese baseada na moralidade. E aqui reside o seu perigo.

Dworkin realiza sua tarefa, na verdade, ao longo de toda a sustentação de sua teoria do direito como integridade. A tese de Dworkin é uma resposta (certa!) contra o ceticismo. Os testes da integridade, já analisados nesta investigação, demonstram que a resposta correta deriva do respeito aos princípios de moralidade política.

O intérprete há de ser constrangido à resposta certa. A atribuição de sentido ao texto a ser interpretado é controlada. Dworkin não cede à arbitrariedade. Se existem princípios conflitantes na interpretação de um caso, a escolha entre um e outro não pode ser arbitrária, há de ser fruto de uma profunda análise de moralidade política, da melhor prática para aquela comunidade, sem esquecer a tradição jurídica.[247]

Essa questão do constrangimento ou coerção é muito bem analisada na metáfora do *romance em cadeia*. O romancista que recebe a obra estará

---

[245] "Como poderiam as vibrações ou as entidades numênicas oferecer algum argumento para as convicções morais"?, pergunta Dworkin (DWORKIN, 2007, p. 100).

[246] Ibid., p. 101-102.

[247] Ibid., p. 301.

totalmente livre? O segundo romancista é mais livre do que o último da cadeia? Quais os limites para a sua interpretação? Por que o romance será melhor dessa forma e não de outra?

Quais as críticas que poderiam ser direcionadas a um juiz que assumisse totalmente a integridade no Direito e que, portanto, acreditasse na resposta correta? Para tanto, Dworkin se utiliza de uma figura fictícia, a do juiz Hércules, que é "um juiz imaginário, de capacidade e paciência sobre-humanas, que aceita o direito como integridade".[248] O autor coloca Hércules à prova, diante de determinados casos (uns mais complexos que outros), e analisa como ele decidiria, sempre com base na integridade, interpretando o Direito à sua melhor luz e passando pelo teste da adequação e da justificação.

Depois de mostrar, argumentativamente (exaurindo várias possibilidades), como Hércules decidiria no caso *Mc Loughlin*,[249] seu criador passa

---

[248] DWORKIN, 2007, p. 287.

[249] A decisão do caso *McLoughlin* envolve interesses patrimoniais e ocorreu na Inglaterra. A senhora McLoughlin ajuizou ação pretendendo ressarcimento por danos morais, porque seu marido e seus quatro filhos foram feridos num acidente de carro, no dia 19 de outubro de 1973, porém a pleiteante não estava na cena do acidente e somente teve contato com os entes queridos horas depois. Ambas as partes litigantes invocaram precedentes judiciais em seu favor. *Como Hércules decidiria nesse caso?* Dworkin seleciona diversas hipóteses de uma melhor interpretação, que podem ser assim resumidas: 1) ninguém tem direito a indenização, a não ser por danos de lesão corporal; 2) as pessoas somente terão direito a indenização por danos morais se estiverem na cena do acidente; 3) as pessoas teriam direito a indenização se essa prática, a longo prazo, reduzisse os custos gerais dos acidentes ou, de outro modo, tornasse a comunidade mais rica; 4) as pessoas têm direito a indenização por qualquer dano (físico ou moral), que seja consequência direta de uma conduta imprudente, por mais que tal dano fosse imprevisível; 5) as pessoas têm direito a indenização por danos morais ou físicos que sejam consequência de uma conduta imprudente, mas apenas quando esse dano for razoavelmente previsível por parte do suposto culpado; 6) as pessoas têm direito a indenização por danos morais razoavelmente previsíveis, mas não em circunstâncias nas quais o reconhecimento de tal direito possa impor encargos financeiros pesados e destrutivos àqueles cuja imprudência seja desproporcional à sua falta. *Hércules descartará as quatro primeiras interpretações, porque não passam pelo teste da integridade (adequação e justificação): a número 1* estaria fora dos precedentes, pois danos morais têm sido reconhecidos (não passa pela adequação); *a número 2,* embora passe no teste de adequação, fica no teste da justificação, por tratar-se de decisão arbitrária (conciliatória, salomônica) e, dessa forma, viola a integridade; *a número 3* também não passa no teste da justificação, pois viola a integridade de uma outra forma – é uma decisão utilitarista, de política, e não de princípios; *a número 4* desprezaria a coerência, tão exigida à integridade. Afinal, se para danos físicos se exige a previsibilidade, por que não exigi-la aos danos morais? Hércules ficaria, assim, entre as hipóteses de *número 5 e 6*, que se distinguem somente pelo seguinte: a quinta opção seria de uma reparação de danos ilimitada, e a sexta opção implicaria uma reparação de danos limitada às capacidades financeiras do devedor. *Hércules decide-se pela quinta interpretação*, porque entende que a sexta hipótese não está adequada à retórica judicial e a comunidade está acostumada com a ideia de uma reparação total de danos. A escolha de Hércules não viola a adequação, nem a justiça, visto que, por critérios de moralidade política, a decisão pela reparação integral é coerente, é justa. Enfim, por mais que a opção de número 6 também se mostrasse justa, não vale a pena, segundo Hércules, romper a tradição. Não se trata de um caso difícil que envolva princípios tão fortes. A discussão circunscreve-se a interesses patrimoniais do tipo comum com os quais se está acostumado a lidar. Para romper uma tradição, seria necessária uma razão bem mais forte (DWORKIN, 2007, p. 286 *et seq.*)

a responder a supostas críticas que poderiam ser dirigidas a um juiz que, tal qual Hércules, levasse a sério a integridade no direito.

A primeira dessas críticas seria a de que *Hércules faz o jogo político*, isto é, envolve suas concepções morais sobre o direito para escolher entre diversas possibilidades. Trata-se de uma objeção positivista, que advoga ser possível descobrir a correta interpretação por meios moralmente neutros, resumindo a questão a fatos. A resposta a essa crítica já foi analisada anteriormente, quando se demonstrou por que, para Dworkin, as teorias semânticas não se sustentam. O Direito é, sempre, uma prática interpretativa, e até mesmo o positivismo precisa de uma razão política para defender o que defende – que o direito é mera questão de fato. A moralidade está, portanto, sempre envolvida.

A segunda crítica a Hércules seria a de que ele é um *impostor*. Segundo Dworkin, essa crítica é mais sofisticada que a anterior. Aqui o crítico afirma ser absurdo admitir que exista uma única interpretação correta para casos de danos morais, por exemplo. Se há duas interpretações possíveis, diz o crítico, a escolha de Hércules é baseada em razões claramente políticas. "Sua escolha reflete apenas sua própria moral política" e, segue o crítico, "nessas circunstâncias, sua única opção consiste em criar um direito novo em consonância com sua escolha".[250] Assim, seria fraudulento Hércules afirmar que descobriu, por meio de sua escolha política, qual é o conteúdo do direito; na verdade, ele estaria apenas oferecendo sua opinião sobre o que o direito deveria ser.

A crítica é refinada, pois reconhece que os juízes devem fazer escolhas entre as interpretações que satisfaçam o teste da adequação, porém não acredita ser possível existir uma resposta melhor que outra quando duas interpretações passam pelo teste de adequação.

Qual seria, então, o papel da integridade, quando mais de uma resposta passa pelo teste da adequação? Dworkin argumenta que a integridade não é apenas adequação, mas também instiga no juiz o senso de justiça e equidade. Decidir com base na integridade é escolher a interpretação que pareça a melhor do ponto de vista da moral política como um todo. Conclui Dworkin: "a integridade só faz sentido entre pessoas que querem também justiça e equidade".[251]

Portanto, ainda que duas interpretações passem no teste da adequação, a integridade falará mais alto, no momento em que o juiz visualizar qual, entre as duas possibilidades, é melhor do que a outra, no sentido de atender melhor à comunidade de princípios, à moralidade política. Não

---

[250] DWORKIN, 2007, p. 311.

[251] Ibid., p. 314.

se trata, assim, como sugere a crítica, de uma decisão arbitrária. A decisão pode, sim, ser refutada porque, para além de adequada, precisa demonstrar respeito à integridade.

A próxima crítica afirma que Hércules é *arrogante*. Aliás, parece uma crítica tão comum quanto ingênua. Dizer que apenas existe uma única resposta correta seria realmente arrogante? Mas não é isso o que juízes fazem, diariamente, quando decidem dessa, e não daquela maneira? Fazem isso porque consideram sua decisão melhor do que outras, e não simplesmente diferentes, pois não? A divergência é teórica, sobre quais os fundamentos que devem embasar a decisão, sobre a própria finalidade do Direito. Portanto, os juízes podem divergir sobre qual a melhor resposta, mas não sobre se ela existe.

A crítica, segundo Dworkin, poderia ser dirigida nos seguintes termos: "não é justo que a resposta de um juiz (ou de uma maioria de juízes) seja aceita como definitiva quando não se tem como provar, contra aqueles que discordam, que sua opinião é melhor que a deles".[252] O autor responde, afirmando que uma decisão tomada com base na integridade jamais é arrogante, porque é sempre fundada em princípios de moralidade política de uma comunidade fraterna.

Cada juiz que assim o faz "reforça a natureza de princípios de nossa associação, ao se esforçar, a despeito da divergência, por chegar à sua própria opinião, em vez de voltar-se para a tarefa geralmente mais simples de elaborar um direito novo".[253] A crítica da arrogância poderia ser dirigida ao convencionalismo e ao pragmatismo, pois, nesses casos, a discricionariedade impera. Afinal, descobrir o direito (impossível, como já se afiançou, pois resvala na arbitrariedade da escolha) ou inventar um outro é, isso sim, arrogância. A integridade, jamais!

Em *Levando os direitos a sério*, Dworkin argumenta que a aparente tolerância daqueles que rejeitam a tese da resposta certa é traída pela fatalidade das escolhas arbitrárias. Afinal, se mais de uma resposta é correta, num determinado caso concreto, não havendo qualquer critério argumentativo para determinar qual delas é a melhor, mas se, por evidente, o juiz somente poderá utilizar uma delas, o que fará, então? Escolha arbitrária (afinal, critérios não há, segundo os críticos). Eis o risco. Sob o cândido (e simpático) manto da tolerância, as múltiplas respostas são, elas sim, arrogantes, por arbitrárias e voluntaristas.[254]

---

[252] DWORKIN, 2007, p. 315.

[253] Ibid., p. 315.

[254] "Meus argumentos pressupõem que frequentemente há uma única resposta certa para questões complexas de direito e moralidade política. A objeção replica que às vezes não há uma única resposta

A integridade, repita-se, torna a decisão limitada, constrangida, controlada. O que há de arrogante nisso?

Hércules é um mito. Diriam os críticos: "Nenhum juiz de verdade tem seus poderes, e é absurdo apresentá-lo aos outros como um modelo a ser seguido. Os verdadeiros juízes decidem os casos difíceis muito mais instintivamente". Se os juízes tentassem imitar Hércules "iriam ver-se paralisados enquanto sua pauta de causas pendentes ficaria sobrecarregada".[255]

Segundo Dworkin, esse crítico compreende mal a questão. Dworkin reconhece, desde o princípio, que Hércules é uma ficção. Ele não tem preocupações com "eficiência e capacidade de administrar com prudência".[256] Não está premido pelo tempo, não precisa dar satisfações de produtividade a nenhum superior. Seu único compromisso é com a integridade e com os princípios.

Mas, ainda assim, Dworkin ressalva: Hércules não tem acesso a "mistérios transcendentais" que seriam obscuros para os juízes reais. Os juízos de Hércules sobre adequação e moral política são feitos da mesma matéria e têm a mesma natureza que os deles. Portanto, embora Hércules seja uma metáfora, seus princípios não são mitológicos. Sua concepção de direito possui base argumentativa procedente e racionalmente razoável. O exercício da integridade deve, sim, ser buscado, porque oferece a melhor interpretação possível para o Direito. Para isso, nenhum juiz necessita de poderes mágicos ou sobre-humanos.[257]

Por fim, *Hércules somente seria necessário para os casos difíceis:* alguns críticos poderiam objetar que a estrutura complexa do direito como integridade (com suas provas de interpretação) somente seria necessária para os casos difíceis. Nos casos mais simples, seria pura perda de tempo. O convencionalismo daria conta dos casos fáceis.

Dworkin argumenta afirmando que, em primeiro lugar, a distinção entre caso difícil e caso fácil não é tão clara (nem tão importante) quanto possa parecer. O direito como integridade é tão necessário em um, quanto em outro, inclusive para mostrar porque os casos fáceis são fáceis! Já se analisou essa questão em momento anterior nesta tese.

Ademais, dizer que o convencionalismo se encarregaria dos casos fáceis seria, isso sim, uma aposta na discricionariedade. Como o positi-

---

certa, mas somente respostas. Na base desta objeção encontra-se uma atrativa atitude: uma mistura de tolerância e bom senso [...]" (DWORKIN, 2010a, p. 429).

[255] DWORKIN, 2007, p. 315-316.

[256] Ibid. p. 316.

[257] DWORKIN, 2007, p. 316.

vismo decide "casos fáceis"? Com base na regra de subsunção. Mas, se as palavras não prendem o sentido, como fazer quando aparecer alguma obscuridade, alguma zona de penumbra? O juiz é quem faz a escolha, sem nenhuma integridade, sem precisar construir argumentativamente nenhuma razão de moralidade política. Simplesmente, escolhe.

Conclui-se dessa explanação acerca da tese da resposta certa que o urgente labor de estabelecer limites para o poder de decidir (que também preocupa Ferrajoli – isso não se pode negar) não pode vir de critérios linguísticos, pois as teorias semânticas seguem acreditando que Direito é mera questão de fato, e nessa cilada parece ter caído o garantismo.

Por mais preciso que seja o legislador, o espaço aberto para discricionariedades continuará a existir, como reconhece o garantismo. No atual estado da arte da hermenêutica, parece conformista demais a postura de atribuir a uma fatalidade insuprimível do sistema a existência desses espaços abertos a serem fechados, discricionariamente, pelo julgador.

Definitivamente, não há como pactuar com qualquer espaço de discricionariedade numa democracia. Por mais difíceis que sejam as escolhas (e jamais se pretendeu que fáceis fossem), o importante é saber que, por detrás delas, existe um critério democrático de eleição. O critério da integridade, que toma a atitude interpretativa a sério, com decisões exaustivamente fundamentadas e baseadas em princípios. Uma decisão assim jamais poderá ser adjetivada de discricionária ou arbitrária.

A consistência dos argumentos – analisando-se todas as possibilidades que se descortinam, avaliando-se os princípios de moralidade política, justificando-se por que uma e não outra resposta é a correta no caso concreto (sempre no caso concreto, não há resposta certa em tese, repita-se) – demonstrará a coerência interpretativa do discurso. Uma decisão que não for construída nessas bases, fatalmente, não terá consistência (nem coerência) e levará a uma resposta equivocada.

A resposta certa é, portanto, uma necessidade insuprimível de um sistema democrático no qual se exige do juiz que decida com base em princípios de moralidade política, procurando chegar à melhor solução para a comunidade, interpelando a tradição que recebe e voltando-se para a atitude interpretativa dessa tradição. Essa tarefa é um exercício do mundo prático. O suporte teórico está dado.

Para Além do Garantismo
UMA PROPOSTA HERMENÊUTICA DE CONTROLE DA DECISÃO PENAL

4. Utopia garantista x mundo prático hermenêutico: a linguagem como instrumento ou condição de possibilidade?

4.1. Ferrajoli e a utopia garantista: um retorno à filosofia analítica

No desenvolvimento dos capítulos anteriores, identificaram-se e analisaram-se os dois principais problemas de fundo da epistemologia garantista, que comprometem a construção de uma argumentação satisfatória para embasar as decisões jurídicas, com o fim de dar concretude aos direitos fundamentais.

Os problemas identificados foram: a insistência em cindir moral e direito (e, a partir daí, cindir ser e dever ser, fundamentação e aplicação, fato e direito, justiça e validade, etc.) e a busca de controle do poder do juiz por meio de uma técnica de aprimoramento da linguagem, acreditando-se que a precisão semântica pode(ria) reduzir espaços de discricionariedade.

É sempre conveniente enfatizar que a teoria do garantismo penal foi concebida a partir de ideais democráticos e que a preocupação constante de Ferrajoli é com a realização dos direitos fundamentais. Seu alinhamento com a democracia é inconteste. O resultado que ele persegue é, sem dúvida, legítimo, e a consistência teórica de suas formulações credenciam-no a participar do rol dos grandes filósofos do Direito da contemporaneidade.

Todavia, por mais que se admita a preocupação da teoria do garantismo penal com a tutela dos direitos fundamentais, o problema – identificado nesta tese – referente à aceitação da discricionariedade ameaça o conteúdo democrático da própria teoria. Em outras palavras, o resultado de uma decisão garantista pode, de fato, proteger os direitos individuais do imputado, porém, nem sempre, o caminho percorrido estará consoante com os princípios democráticos. O fantasma da discricionariedade ou decisionismo e a artificialidade da teoria podem tirar o garantismo da trilha.

O que torna um resultado (decisão) irretocável é a fundamentação construída. Dessa forma, por mais que se possa concordar com um ou outro resultado de uma decisão garantista, o que está em jogo é o conteúdo da motivação que, caso opere nos estreitos limites da epistemologia cunhada por Ferrajoli, corre o risco de afastar-se do mundo prático. Dizendo de outro modo: na hipótese defendida nesta tese, as questões de fundo estão intimamente relacionadas com a argumentação hermenêutica. Acredita-se que os aportes hermenêuticos de Gadamer e a teoria da integridade de Dworkin são caminhos que conseguem fornecer argumentos mais bem fundados para as decisões penais que – como no garantismo – buscam a satisfação integral dos direitos fundamentais, de todos e de qualquer um.

O grande mérito da hermenêutica filosófica está, portanto, no caminho; jamais no resultado. A resposta certa é o caminho, a trilha argumentativa, o esforço da fundamentação exaustiva. Ainda que uma decisão garantista chegue a um mesmo resultado de outra que abraçou a integridade e fez opção pela hermenêutica, é a fundamentação que deverá ser analisada, até mesmo porque é essa fundamentação que garantirá que um precedente possa vir a ser utilizado, posteriormente, em situações semelhantes.

É oportuno lembrar que a hermenêutica revolucionou a noção tradicional de método, entendendo-o não como um fim em si próprio, mas como um caminho. É singular a lição de Luiz Rohden e, de certa forma, resume todo o esforço desta tese. Merece transcrição, portanto, com todos os grifos:

> Método, pois, deve ser compreendido como um caminho, uma experiência, em que *o mais importante não é a chegada a um ponto arquimediano claro e distinto, mas o próprio caminho que se percorre*. O fundamental é a experiência que realizamos acerca do sentido da nossa existência, mais que a construção de um conceito.[258]

O mais importante não é a chegada, mas o percurso; não é o resultado, mas o que o sustenta por detrás. A hermenêutica é esse caminho que vale por si próprio, um caminho que supera a racionalidade cartesiana, desafia a lógica positivista e enfrenta – pelo diálogo – a discricionariedade garantista.

Esse diálogo tão caro à hermenêutica insere-a no mundo prático.[259] Diferentemente, o garantismo afasta-se do mundo prático, ao criar um

---

[258] ROHDEN, 2005, p. 236, grifo nosso.

[259] Rohden, novamente, ilustra essa conclusão: "a hermenêutica filosófica não se justifica como um conhecimento puro, asséptico, mas *encontra-se vinculada à ética, à política. Ao evitar construir um conhe-*

ambiente lógico-analítico, em que radicaliza a racionalidade (fazendo do intérprete um manipulador da linguagem, usada sempre como instrumento técnico) e deixa de fora das decisões seu (inafastável) conteúdo ético-político que, na visão de Ferrajoli, diz apenas com a justiça (que está "lá", na fundamentação externa), mas não com a validade (que está "aqui", na justificação interna do Direito).

É inquestionável a filiação de Ferrajoli à filosofia analítica e sua aproximação com o positivismo lógico do Círculo de Viena. Por mais que pretenda afastar-se do paleopositivismo (que tanto critica), ainda segue enraizado na relação sujeito-objeto, sendo possível perceber pontos de toque entre o garantismo e a teoria pura do Direito, como já se demonstrou em capítulo anterior desta pesquisa.

A utilização de uma teoria do significado construída por um fiel representante da Filosofia Analítica (Frege), com a pretensão de aplicar postulados aritméticos à filosofia e, portanto, "matematizar" um conhecimento próprio da ciência do espírito, é a prova viva do quanto o garantismo mergulha fundo numa razão puramente teórica e, por mais que não o deseje, afasta-se – e muito – do mundo prático, das decisões concretas, da realidade, enfim.

Na verdade – e aqui se assumem todos os riscos dessa afirmação –, os fundamentos epistemológicos do garantismo são de tal sorte ideais e utópicos (como admitido, várias vezes, por Ferrajoli) que, raramente, podem ser utilizados em toda a sua pureza para apoiar as decisões concretas, do mundo prático.[260]

O que seria, afinal, um fundamento eminentemente garantista? Interpretar o Direito e o Processo Penal sempre a favor do imputado? Conceber a democracia num sentido material, e não como simples regra de maioria? Aplicar todos os princípios axiomatizados de Ferrajoli?

Ora, mas não seria isso possível sem apelar para a artificialidade teórica do garantismo? Uma decisão hermeneuticamente construída e que respeite a integridade não pode trabalhar com princípios (embora não da mesma forma como o faz o garantismo, como ainda se demonstrará)

---

cimento desvinculado da realidade, assume uma *postura responsável com relação aos rumos da sociedade*" (ROHDEN, 2005, p. 244, grifo nosso).

[260] Lenio Streck, ao discorrer, no posfácio de seu *Verdade e consenso*, sobre a relação entre validade e verdade na ciência, faz uma crítica contundente ao positivismo que, guardadas as devidas proporções, vem ao encontro da crítica dirigida, nesta tese, ao garantismo. Diz o pensador gaúcho: "Mas o que há de errado com os projetos positivistas de ciência jurídica? [...] *O modelo excessivamente teórico de abordagem gera uma espécie de asfixia da realidade, do mundo prático*" (STRECK, 2009, p. 433, grifo nosso). Que outra coisa se percebe, no sofisticado arcabouço teórico ferrajoliano, senão uma asfixia da realidade?

e, por meio da interpretação construtiva, alcançar objetivos igualmente democráticos?

Ao fim e ao cabo, muitas decisões rotuladas como garantistas, porque se posicionam a favor do hipossuficiente na relação processual penal (imputado/réu/apenado), são, na verdade, decisões articuladas hermeneuticamente, que precisam superar a teoria ferrajoliana para chegar à concretude do caso.

O Desembargador Amilton Bueno de Carvalho, já citado na subseção 1.4 deste livro, na decisão que ainda será retomada, em parceria com os coautores do livro *Garantismo aplicado à execução penal*, admite, em postura corajosa: *"Somos descaradamente garantistas!"*.[261]

Essa tomada de posição possibilita examinar, argumentativamente, algumas decisões da lavra do Desembargador Amilton Bueno de Carvalho, a fim de apontar os limites da epistemologia garantista. A análise dessas decisões permitirá, ainda, demonstrar, como se tem defendido nesta tese, que o viés hermenêutico pode fornecer motivações mais bem fundadas para as questões penais.

Um primeiro exemplo parece singular, para demonstrar, na prática, a discricionariedade garantista *pro reo*, defendida por Ferrajoli (cuja estrutura teórica já se desenvolveu na subseção 3.1 desta obra): um homem tentou o suicídio. Foi processado e condenado pelo delito de porte ilegal de arma de fogo. O processo, em grau de recurso, chegou às mãos do Desembargador Amilton Bueno de Carvalho, que decidiu pela absolvição do réu, sob o seguinte argumento, que vai transcrito na íntegra:

A história do processo assim ficou definida: o apelante, por desavença com a esposa, tentou suicídio – teria desferido tiro na cabeça – ver fotos de fl. 18. Então, como não tinha porte da arma respectiva, foi processado e condenado pelo delito do art. 10, da Lei nº 9.437/97.

O surrealismo está presente: tenta se matar, fica lesionado e resta condenado pelo uso de arma.

A situação é-me desconfortável (absurdamente desconfortável): como condenar alguém que tentou suicídio – veja-se o sofrimento do cidadão – porque o uso da arma não era autorizado?

Com a respeitável vênia do ilustre colega singular, olho o fenômeno jurídico de outro local (o que não quer dizer que o faço melhor: *'... no hay ninguna razón clara para poner en duda la bondad de una interpretación respecto a otra, ni que pude haber una sea mejor que todas'*, Ronald Dworkin, "Como el Derecho se parece a la Literatura", in "La decisión judicial, Siglo del Hombre editores, Colombia, 1997): o cidadão réu – descompassado é certo – já sofreu demais. Condená-lo não tem o menor significado, a não ser a inócua e estéril fúria persecutória.

Não me parece justa a condenação. Não me parece racional. Não me parece digna.

---

[261] CARVALHO; ROSA; MACHADO; BRITO E SOUTO, 2007, p. 1, grifo nosso.

Renovada vênia, o espaço judicante não se esgota no mero formalismo (cidadão porta arma sem autorização, logo irremediavelmente será condenado). Fatores outros, afetivos, emocionais, econômicos, sociais, alcançam o ato de julgar: decide-se sobre pessoas (com suas circunstâncias) e não sobre normas.

Aliás, o pensador andaluz David Sánchez Rubio – brilhantemente como sempre – chama atenção para o que ele chama 'el peligro de la absolutización del formalismo':

"... en el instante que olvidamos que lo formal está en nuestras estructuras mentales ... y creemos que está en los objetos de la experiencia, perdemos la noción de realidad junto a toda su complejidad y multidimensionalidad".

"En el campo del derecho, cuando el fenómeno jurídico se concibe como era forma o procedimiento, sucede que se absolutiza tanto esta dimensión, que se transforma en la única realidad posible, ocultando otros elementos importantes, entre ellos, los procesos sociales y sus actores."

"Priorizar y absolutizar la forma en la ciencia jurídica por encima de su contenido, implica una actitud ideológica y interesada de determinados sujetos, hasta tal punto que incluso el problema de la vida humana pierde importancia." (Filosofia, Derecho y libertación en América Latina, Editorial Desclée Brouwer, 1999, Bilbao, Espanha, p. 244/245.

Enfim, qual a necessidade da condenação? Onde está o interesse? Não logro vislumbrar...

Neste contexto – renovada vênia do colega singular –, opto pela absolvição (para que serve, repito, o ato condenatório?). Sigo o colega Paulo Moacir: há que se evitar condenações inúteis.

Diante do exposto, dá-se provimento ao apelo para absolver o réu com base no art. 386, III, do Código de Processo Penal.[262]

De fato, é inegável o mal-estar que causa uma condenação de um homem pelo delito de porte ilegal de arma de fogo, após ter tentado suicídio. Algo, aqui, indica que a absolvição é, sem dúvida, o caminho correto. Mas por quê?

O garantismo, nesse caso específico, não consegue fornecer uma fundamentação teórica satisfatória, sendo necessário apelar para a discricionariedade *pro reo*, para garantir o resultado justo, ou seja, a absolvição.

Veja-se que a decisão, ao não encontrar argumentos na arquitetura epistemológica ferrajoliana, vale-se da discricionariedade, como se pode perceber das seguintes expressões: "Não me parece justa a condenação. Não me parece racional. Não me parece digna [...]. Decide-se sobre pessoas e não sobre normas. Qual a necessidade da condenação? Onde está o interesse? Não logro vislumbrar".

Realmente, a condenação, em um caso assim, não é justa, razoável ou digna. Porém, o garantismo não consegue ir além e demonstrar o porquê. Fica na falta. Não dá conta de explicar, teoricamente, a desnecessidade concreta da pena ou a falta do interesse em processar.

---

[262] CARVALHO, 2006, p. 45-46.

Por que se afirma que o garantismo não consegue dar conta da fundamentação teórica? Que auxílio poderia prestar em socorro ao julgado? Imaginando como seria um fundamento garantista para esse caso, até se poderia invocar o quarto axioma de Ferrajoli – *princípio da ofensividade* (*nulla necessitas sine iniuria*) –, se, no caso concreto, o porte de arma de fogo porventura não tivesse causado perigo concreto de lesão a bem jurídico alheio. Mas, e se o tivesse? E se o réu, ao tentar suicidar-se, tivesse colocado em risco a integridade física de outras pessoas? Como argumentar, nesse caso, com base no axioma garantista?

Também não seria o caso de invocar o *princípio da necessidade* (terceiro axioma garantista: *nulla lex sine necessitate*), pois se ajusta a casos de desnecessidade de lei, em tese (como, por exemplo, o dispositivo legal que criminaliza o uso de droga ou a vadiagem). Todavia, não é bem a hipótese do porte irregular de arma de fogo que, em determinadas situações, pode, sim, trazer risco concreto de dano.

Volta-se, então, à questão: como o garantismo resolveria esse problema prático? Somente pelo juízo de equidade, como fez o Magistrado. Afinal, como se viu em momento anterior, Ferrajoli admite a discricionariedade no caso concreto, quando o juiz age com equidade, por beneplácito, minimizando a gravidade da situação do imputado.[263]

O julgado ora analisado optou pela discricionariedade garantista. Motivou-se pela indulgência. A hermenêutica poderia, aqui, fornecer uma fundamentação distinta, uma fundamentação que a decisão não traz: a hermenêutica poderia descortinar o princípio instituidor que está por detrás dessa absolvição, qual seja, a desnecessidade concreta da pena. Com certeza, condenar alguém por delito de porte ilegal de arma em tentativa de suicídio é absurdo. O garantismo, todavia, não dá conta de demonstrar, satisfatoriamente, por quê. A hermenêutica pode oferecer o caminho.

Cumpre aqui lembrar que o garantismo trabalha com um elenco prévio de axiomas, uma espécie de tábua ou lista de princípios, pensados desde ideais ilustrados, com o fim de orientar a aplicação do Direito Penal. Por evidente, em virtude de serem formulados *ex ante*, nem todas as

---

[263] Para enfatizar, lembre-se que Ferrajoli defende um poder de conotação equitativa fisiológico, em que não se pode prescindir da discricionariedade, sempre usada, por indulgência, a favor do imputado. A propósito, leia-se: "Son estos juicios de valor los que forman la discrecionalidad fisiológica de la comprensión judicial. Sobre ellos sería vano pretender controles ciertos y objetivos [...]. Entre éstas, en un ordenamiento como el italiano, informado constitucionalmente por el respeto de la persona y el reconocimiento de su dignidad, está la del *favor rey* y, más exactamente, de la 'indulgencia' y la 'simpatía' que, como se ha visto en el apartado 11, se encuentran ínsitas en la epistemología de la comprensión equitativa de todas las circunstancias específicas del hecho y de su autor. *Esta indulgencia debe entrar a formar parte de la motivación*" (FERRAJOLI, 2000, p. 405, grifos nossos).

possibilidades veem-se contempladas. Há espaços da vida concreta que ficam de fora. Sobra realidade, diria Streck.[264]

A hermenêutica, por seu turno – e aqui reside a diferença fulcral –, não opera dessa forma. Não define princípios *a priori*, mas os constrói, argumentativamente, a partir da moralidade política, nas situações concretas do mundo prático. Os princípios indicarão o horizonte de sentido, fechando as possibilidades interpretativas, pois já são dados pela tradição.

Sobre o tema "quando castigar", o garantismo menciona o princípio da retribuição, segundo o qual a pena é uma consequência necessária e dependente do delito. Logo, somente pode ser atribuída uma pena a alguém que tiver cometido algum crime.[265] A questão que subjaz, portanto, é: quando se deve considerar praticado um crime?

O garantismo segue na sua formulação analítica, afirmando que um crime somente pode ocorrer mediante a realização de uma ofensa, dando lugar a outro axioma: o princípio da ofensividade. Ocorre que, também aqui, a especificidade do caso concreto fica de fora, visto que nem sempre é a falta da ofensa que determina a desnecessidade concreta da pena. Perceba-se, a propósito, o caso em comento: e se o disparo de arma de fogo colocou em risco a vida ou a integridade física de alguém (por exemplo, se o suicida disparou contra si, mas havia outras pessoas ao redor)? Algo nos indica que, mesmo assim, mesmo gerando perigo de dano a outrem, esse suicida não necessita de pena. Mas onde estão as razões do (e no) garantismo?

Veja-se, portanto, que a teoria cunhada por Ferrajoli não consegue avançar. Fica girando em círculos, em volta de seus princípios fechados, prévia e analiticamente construídos, sem conseguir atingir a concretude do caso. Como não consegue, outra alternativa não resta, senão o apelo à indulgência, ao beneplácito, à discricionariedade, enfim.

---

[264] Ao discorrer sobre a discricionariedade positivista e a dificuldade dessa teoria para dar conta do mundo prático, Streck alerta: "Portanto, *sempre sobrará realidade*. Ou seja, na medida em que não há espaço para os princípios, as regras devem resolver (abarcar) todos os casos de forma subsuntiva-dedutiva. Este é o calcanhar de Aquiles das posturas positivistas: diante das insuficiências/limitações das regras, diante dos 'casos difíceis' e face à pluralidade de regras ou sentidos da(s) regra(s), o positivismo permite que o juiz faça a 'melhor escolha'. O direito é, assim, apenas a moldura na qual serão subsumidos os 'fatos' (como se fosse possível separar fato e direito)" (STRECK, 2010b, p. 68-69, grifo nosso).

[265] O princípio da retribuição é o primeiro axioma garantista (*nulla poena sine crimine*), que diz, nas palavras de Ferrajoli, com o "carácter de consecuencia del delito que tiene la pena, que es la primera garantía del derecho penal". A resposta à pergunta "quando castigar" é: quando o sujeito praticar um crime. A pena somente pode acontecer como consequência da prática de um delito (FERRAJOLI, 2000, p. 368).

Para Além do Garantismo
UMA PROPOSTA HERMENÊUTICA DE CONTROLE DA DECISÃO PENAL

Pelo viés hermenêutico, é possível identificar, nesse caso concreto, o princípio que sustenta a decisão pela absolvição. Esse princípio não consta do rol ferrajoliano, tampouco pode ser encontrado fora da moralidade política. Trata-se da necessidade concreta (e não abstrata) da pena, que o Desembargador Amilton Bueno de Carvalho mencionou (quando se perguntou "qual a necessidade da condenação?"), mas não desenvolveu.

A absolvição impõe-se nessa hipótese não apenas porque seja justa, digna ou razoável. Pelo contrário, ela é justa, digna e razoável exatamente porque, por detrás dela, há uma exigência que vem da tradição democrática que diz com a proibição de impor-se uma pena a alguém em situações nas quais não se consegue vislumbrar uma necessidade preventiva específica (seja a prevenção de futuros delitos, seja a prevenção de reações informais violentas), tampouco uma justificação moral satisfatória de retribuição (que efeito retributivo ou mesmo dissuasório pode ter uma pena criminal para um suicida?).

Na doutrina penal contemporânea, há quem desenvolva seriamente essa questão, compreendendo a necessidade concreta da pena como um requisito da responsabilidade penal. É o que propõe, por exemplo, Claus Roxin, um dos grandes expoentes da dogmática penal alemã. É de notar-se, portanto, que esse argumento tampouco é desconhecido da doutrina.[266]

A partir da análise minuciosa do princípio instituidor consegue-se fornecer, destarte, uma fundamentação melhor para a decisão de absolvição, que está para além da discricionariedade *pro reo* ou da piedade garantista. Melhor dizendo: não se precisa apelar para esse recurso, porque existe outro – hermenêutico – que dá conta de, teoricamente, sustentar a decisão.

Outro exemplo que se quer examinar diz com uma questão bastante delicada, que toca em um tema relativo à execução penal: Ferrajoli, por total coerência com os postulados que defende, questiona as medidas me-

---

[266] Claus Roxin propõe que, na análise da imputação subjetiva, ao lado da culpabilidade, seja, igualmente, considerada a necessidade preventiva da pena. De acordo com sua teoria, portanto, culpabilidade + necessidade concreta da pena = responsabilidade penal. Em suma, caso não se vislumbre, para além da culpabilidade, a necessidade, no caso concreto, da imposição da pena, resta excluída a responsabilidade penal. Leciona Roxin: "aquilo que normalmente chamamos de exclusão de culpabilidade se funda em parte na ausência ou redução da culpabilidade, mas em parte também em considerações preventivo-gerais e especiais sobre a isenção de pena. Dito positivamente: *para a imputação subjetiva da ação injusta devem concorrer a culpabilidade do autor e a necessidade preventiva de pena.* Por isso, proponho chamar a categoria do delito que sucede ao injusto não de 'culpabilidade', mas de 'responsabilidade'. Afinal, na teoria da imputação subjetiva devem ser integrados, ao lado da culpabilidade, aspectos preventivos, de maneira que a culpabilidade representa somente um aspecto – de qualquer maneira essencial – daquilo que denomino 'responsabilidade'" (ROXIN, Claus. *Estudos de Direito Penal.* Tradução de Luís Greco. Rio de Janeiro: Renovar, 2006). Dizendo de outro modo: não basta que o sujeito seja culpável. Embora culpável, somente será criminalmente responsável se ficar demonstrada a necessidade concreta da pena (finalidade preventiva).

ritórias que, em fase de execução penal, podem reduzir o rigor excessivo da pena aplicada judicialmente.

"É legítima a modificação da duração da pena em sede de execução? É lícito à administração carcerária, ou, inclusive, ao juiz de execução, reduzir ou aumentar a pena conforme os resultados do tratamento?" Pergunta *il maestro*.[267]

A provocação de Ferrajoli é absolutamente fundada e totalmente coerente com o postulado basilar do garantismo (cisão entre Direito e Moral). Afinal, se aspectos morais (comportamento, personalidade) não podem ser levados em conta para a fixação da pena, como se pode, no momento da execução, reduzir o tempo de pena a ser cumprido (e que foi predeterminado na sentença condenatória) com base no mérito do apenado?

Como ficaria o princípio da certeza da pena? E o juízo de refutabilidade (já analisado acima), tão caro ao garantismo? Como afirmar como verdadeiras ou falsas as valorações (morais) realizadas pela administração carcerária (ou até mesmo pelo juiz) em torno do comportamento (bom ou mau) do condenado?

A alternativa encontrada por Ferrajoli, todavia, embora de valor teórico inegável, fica em dívida com o mundo prático. Sugere que o máximo da pena para qualquer delito seja constitucionalmente previsto em 10 anos de privação da liberdade, a curto prazo, podendo-se restringir mais ainda, em momento posterior. Com isso, desapareceria a necessidade de mitigar os rigores das penas aplicadas com base em valorações inverificáveis do comportamento do apenado, que teria, destarte, que cumprir a pena integralmente.[268] Em outras palavras: reduz-se a duração das penas, exatamente para não se ter de apelar para argumentos morais a fim de mitigá-las.

De fato, a alternativa, de *lege ferenda*, é louvável.

A questão hipotética[269] que remanesce é: e o que faz o juiz (garantista ou não), que tem em mãos um processo em fase de execução e precisa decidir sobre, por exemplo, a concessão de um indulto, de uma saída

---

[267] FERRAJOLI, 2000, p. 406, tradução livre.

[268] "Pienso que la duración máxima de la pena privativa de libertad, cualquiera que sea el delito cometido, podría muy bien reducirse, a corto plazo, a *10 años* y acaso, a medio plazo, a un tiempo todavía menor. [...] una vez reducidas legalmente las penas privativas de libertad a los límites citados, *pierden todo su sentido los argumentos humanitarios con los que hoy se defiende la flexibilidad de las penas y la incertidumbre de su duración máxima* [...] *dejarán de ser necesarias en sede de ejecución las revisiones de la duración de la pena en función de la buena conducta, el cese de la peligrosidad del interno o similares*" (FERRAJOLI, 2000, p. 414, grifos nossos).

[269] A questão é hipotética. A importância de sua menção é estritamente teórica e argumentativa, a fim de mostrar os limites da epistemologia garantista. No Brasil, esses institutos de Direito Penal premial já integram a cultura jurídica, além de estarem previstos na CRFB e na Lei de Execuções Penais.

Para Além do Garantismo
UMA PROPOSTA HERMENÊUTICA DE CONTROLE DA DECISÃO PENAL

temporária ou, ainda, de um livramento condicional? Institutos estes, diga-se, abraçados pela Constituição da República e disciplinados em lei específica (Lei nº 7.210/84 – Lei de Execuções Penais).

Deve o juiz negar os "benefícios" sob o argumento de que são eles incompatíveis com um modelo de Direito Penal garantista, de que precisa maximizar os vínculos de conhecimento e minimizar os de poder, evitando decisões com base em valorações morais? Ou seria mais indicado superar esses entraves da epistemologia garantista e tentar encontrar uma resposta em princípios de moralidade política, na tradição, nos pré-conceitos autênticos?

Mais uma vez, vale chamar à cena o Desembargador Amilton Bueno de Carvalho. Insiste-se em colecionar decisões de sua lavra que, para os fins desta investigação, são absolutamente indispensáveis. Não apenas pelo fato de se assumirem corajosamente como garantistas (coisa mui rara em solo brasileiro), mas porque são argumentativamente muito bem construídas, o que enriquece sobremaneira a pesquisa.

Trata-se de decisão em que o julgador reconheceu a possibilidade de remição da pena pelo estudo (lembre-se que, pela interpretação literal do dispositivo legal, estão em vigor essa remição somente seria possível pelo trabalho).[270] Segue transcrição de parte, apenas, do acórdão, no que importa à argumentação da tese:

> A remição da pena, pela simples exegese da lei, estaria autorizada apenas pelo trabalho. Todavia, desde meu ponto de vista, a expressão "pelo trabalho" – art. 126, Lei de Execuções Penais – alcança o estudo.
>
> É que em uma visão humanista do processo penal, e em especial da execução da pena, o estudo – assim como o trabalho ou quiçá em grau superior – tem o condão de instigar o cidadão-apenado e aufere perspectiva de uma vida digna pós-presídio – até mesmo como forma de dignidade dentro do cárcere.
>
> Mais do que isso, os efeitos da remição da pena por dias estudados, com aproveitamento, podem consagrar-se como estímulo aos apenados à instrução intelectual, cuja oportunidade, para muitos, dá-se – ironicamente – apenas enquanto encarcerados.
>
> Aliás, estudar é trabalhar – forma sofisticada de criação, de produção, de aprimoramento.
>
> Agrego, apenas, que a matéria está pacificada na Câmara [...].
>
> Não é outro o entendimento do Superior Tribunal de Justiça [...].
>
> Finalmente, se o Estado não oferece possibilidade de trabalho ao condenado, razão mais para se conceder a remição pelo estudo".[271]

---

[270] Artigo 126 da Lei nº 7.210/84: "O condenado que cumpre a pena em regime fechado ou semi-aberto poderá remir, pelo trabalho, parte do tempo de execução da pena". Ressalte-se que, porteriormente à decisão acima trabalhada, a Lei de Execuções Penais, por meio da Lei nº 12.433, de 30.06.11, passou a admitir, expressamente, a remição da pena pelo estudo. A decisão, todavia, será aqui mantida, pela importância da argumentação que, a partir dela, é possível sustentar.

[271] CARVALHO, 2007, p. 129-130.

Nesse caso, diferentemente do exemplo anterior, a decisão não foi discricionária. Mas os argumentos invocados estão muito distantes do que propõe o modelo garantista. Na verdade, como dito, o garantismo não apoia as medidas de direito penal premial.[272] Seria uma espécie de barganha, que dependeria de valorações morais. Afinal, por que precisa o apenado trabalhar ou estudar para ter direito à redução de sua pena? É legítimo ao Estado instituir essa política de troca, condicionando o sujeito encarcerado a comportar-se dentro de um padrão de comportamento previamente delimitado?

Por outro lado, ainda que o juiz, teoricamente, aceite as ponderações do garantismo, precisa lidar com a questão submetida a seu conhecimento. Precisa dizer o direito para a pessoa que está presa. O que fazer, então? Seguir preso aos axiomas garantistas e, por fidelidade epistemológica, negar aplicação à Lei de Exceção Penal (mesmo ciente da iniquidade que é o sistema prisional brasileiro) ou buscar uma superação teórica, por outros meios?[273]

Certamente, a superação foi o caminho encontrado pelo Magistrado na decisão que ora se toca, embora, como ainda se vai demonstrar, uma fundamentação hermenêutica tivesse condições de trazer aportes mais seguros e argumentos mais bem fundados à hipótese em questão. Ferrajoli, dessa vez, não tomou parte da fundamentação do Desembargador Amilton Bueno de Carvalho. Nem poderia. O garantismo, aqui, definitivamente, não cabe.

Precisou o juiz valer-se de outro tipo de argumentação. Ainda que a decisão não tenha abraçado a hermenêutica, é possível encontrar um fundamento bastante próximo das hipóteses defendidas nesta investigação, já que levou em conta o princípio de moralidade política da dignidade e as perspectivas de uma vida feliz a partir do incentivo ao estudo dentro

---

[272] Essa posição de Ferrajoli fica bastante clara na seção de seu *Direito e razão*, em que desenvolve o tema "A determinação da pena na fase executiva e o princípio de certeza". Em suma, o garantismo – coerente com toda a epistemologia secular apresentada – defende que os sistemas penais, de um modo geral, adotam um mecanismo de penas elevadas na aplicação e de mitigação na fase executiva, como forma disciplinar e correcional. Isto é, as sentenças condenatórias aplicam penas absurdamente severas (30 anos de privação de liberdade, por exemplo), como uma espécie de discurso exemplificador; porém, no momento da execução, há uma barganha com o apenado que, adotando um modelo de comportamento previamente estabelecido pela administração carcerária e pela legislação, consegue determinados benefícios (tais como livramento condicional, progressões de regime, remição de pena, etc.), que mitigarão a pena anteriormente imposta na sentença. Para o garantismo, essa prática é intolerável e deve ser eliminada. A proposta, então, é reduzir a pena drasticamente na sentença, abolindo-se essas medidas premiais, que carregam nítido apelo a uma certa ortopedia moral. Diz Ferrajoli, em uma frase que resume todo o seu posicionamento sobre esse tema: "*Si la pena es necesaria no se debe perdonar; si no es necesaria no debe pronunciarse*" (FERRAJOLI, 2000, p. 409, grifo nosso).

[273] Insista-se que essa colocação é hipotética, visto que a remição pelo trabalho é reconhecida na tradição jurídica brasileira. O objetivo da tese é utilizar o exemplo com força argumentativa, para demonstrar o quanto se afasta o garantismo do mundo prático.

do cárcere (Dworkin), bem como estendeu o conceito de trabalho ao estudo, com base na tradição jurisprudencial, que assim permite fazê-lo (a decisão colecionou jurisprudência anterior pacificada na própria Câmara, bem como decisão do Superior Tribunal de Justiça, no mesmo sentido).

É bem verdade que a hermenêutica, aqui, traria uma fundamentação mais exaustiva, ao, por exemplo, interrogar-se sobre o porquê de a Lei de Execuções Penais – à época – distinguir trabalho de estudo. Isto é: qual o princípio que permitiria fazer essa distinção? Por que o trabalho podia remir a pena, e o estudo não? A decisão do Desembargador Amilton Bueno de Carvalho – embora se apartando do garantismo – tampouco aprofundou esse tema. Sustentou, é bem verdade, que o estudo seria uma forma de criação, de aprimoramento, inclusive mais sofisticada do que o trabalho, mas não indagou sobre a correção ou não da distinção legal.

A hermenêutica, certamente, invadiria esse terreno, para mostrar que absolutamente nenhuma razão de moralidade política justificaria quebrar a isonomia entre trabalho e estudo. A Lei de Execuções Penais é de 1984, e a CRFB data de 1988. Com a Constituição, veio o princípio da igualdade e a imposição da tutela da dignidade humana.

A partir daí, é possível argumentar: o estudo não é uma tarefa tão digna quanto o trabalho? Ambos, estudo e trabalho, não representam pilares de construção de uma sociedade livre, justa e solidária? Não é pelo estudo que se atinge uma das possibilidades de obtenção de um trabalho digno e honesto? Por que razão, então, apenas o trabalho poderia ser considerado para efeitos penais de remir a pena? Não seria essa distinção absolutamente discriminatória (no sentido negativo), sob a análise democrática da CRFB?[274]

Em outras palavras, há, pelo prisma da hermenêutica, um princípio instituidor que diz com a proibição de discriminações negativas aleatórias, o que, por si só, justificaria equiparar o estudo ao trabalho, para os fins de permitir a remição da pena também nesse caso (estudo). Remir a pena pelo trabalho, e não pelo estudo, é uma espécie de decisão salomônica (arbitrária, portanto), daquelas fartamente criticadas pela integridade dworkiniana, como já estudado nesta tese em momento anterior (ver nota de rodapé nº 133).

A decisão colecionada não seguiu a trilha hermenêutica. Não buscou o princípio instituidor que proíbe a discriminação atacada. Mas – e é isso que se quer demonstrar – também não seguiu integralmente o garantismo, pois, para fazê-lo em seu estado puro, não poderia utilizar como fundamento princípios morais, como fez.

---

[274] Registre-se, novamente, que essas questões são necessárias do ponto argumentativo, já que em 30.06.11, a Lei passou a equiparar o estudo ao trabalho.

Com o primeiro exemplo citado nesta seção da pesquisa, quis-se mostrar, na prática, uma decisão garantista fincada na discricionariedade *pro reo* para, na sequência, apresentar, pela via hermenêutica, uma proposta de superação dessa discricionariedade, a fim de analisar de que forma o desvelamento do princípio fundante oferece condições para calçar a decisão, trazendo aportes e argumentos que o garantismo não fornece.

A partir do segundo exemplo, pretendeu-se mostrar – embora a decisão não tenha seguido a linha da hermenêutica filosófica, tampouco da integridade (já que não indagou pelo princípio instituidor) – que o Magistrado precisou apartar-se dos postulados garantistas autênticos para dar conta da vida prática.

Portanto, ainda que as decisões do Desembargador Amilton Bueno de Carvalho não tragam os fundamentos que a hermenêutica pode fornecer e tornar, assim, a justificação mais bem argumentada, precisam, vez ou outra, apartar-se dos óbices que afastam a teoria garantista da possibilidade de melhor fundar decisões do mundo prático (foi o que ocorreu no exemplo da remição pelo estudo).

Reafirmando-se, pois, o que já se disse alhures, nem sempre as decisões que favorecem o imputado seguem, fielmente, a arquitetura garantista. O rótulo banalizou e acabou cabendo-lhes, indevidamente. Na verdade, essas decisões muitas vezes precisam ir para além do garantismo, a fim de chegar ao mundo prático e conseguir fornecer respostas adequadas aos casos concretos.

Por derradeiro, e com toda a articulação até aqui estruturada, é possível (e necessário) reexaminar a decisão colecionada na subseção 1.4 desta tese, para demonstrar que, embora o referido julgado admita, expressamente, que a discricionariedade é inafastável (e, aqui sim, a citação literal de Ferrajoli é perfeita), não foi, nem de longe, uma decisão discricionária.[275] Pelo contrário, o Desembargador Amilton Bueno de Carvalho, no mérito da decisão (que alcançou apenas a dosimetria da pena), listou argumentos exaustivos a demonstrar o porquê de, por exemplo, não se poder considerar a personalidade de um réu para aumentar-lhe o gravame sancionatório.[276]

---

[275] Se a decisão referente ao recurso na condenação pelo crime de porte ilegal de arma de fogo praticado em tentativa de suicídio foi discricionária, como já se demonstrou acima, esta outra, colecionada na subseção 1.4 da tese, embora teça um discurso a favor da discricionariedade garantista, discricionária não foi.

[276] "[...] No tocante à análise da *personalidade* de F. registra-se que ela – na direção do aumento de pena – é recebida com reserva: *o cidadão não pode receber sancionamento por sua personalidade* – cada um a tem como entende [...]. Mais, a alegação de 'voltada à prática delitiva' é retórica, juízes não têm habilitação técnica para proferir juízos de natureza antropológica, psicológica ou psiquiátrica, não dispondo o processo judicial de elementos hábeis (condições mínimas) para o julgador proferir 'diagnósticos' desta natureza" (CARVALHO, 2006, p. 102-103, grifos nossos).

Perceba-se que, em dado momento, a decisão utiliza argumentos garantistas, transcrevendo Ferrajoli, para apoiar a ideia de que não se deve punir alguém pelo que é, mas pelo que fez. Trata-se de um corolário da cisão Moral x Direito, arduamente defendida pelo *maestro* italiano.[277]

Todavia, como já se demonstrou no capítulo 2 desta tese, a proibição da criminalização do pecado ou do aumento de pena com base em opções morais do réu não é um atributo exclusivo do garantismo, tampouco pode ser explicada, unicamente, pela artificial separação entre moral e direito.

A hermenêutica, de certo, conduziria ao mesmo resultado, embora com outro fundamento. Por evidente, não se pode aumentar a pena de um réu com base em sua personalidade (como determina o artigo 59 do CP). Porém, não porque se deva cindir moral e direito, ou porque se deva procurar construir critérios objetivos de refutabilidade das asserções, mas porque a tradição e os pré-juízos autênticos não o permitem. A integridade também impõe limites.

A tradição não permite em que sentido? É preciso retomar o conceito gadameriano de tradição, já analisado nesta pesquisa. A tradição, lembre-se, é recuperada pela hermenêutica filosófica, que a valoriza em seu sentido positivo, enquanto ambiente necessário à compreensão, no qual se dá a fusão de horizontes (entre o intérprete e o texto, no caso específico da interpretação de textos). Assim, não há compreensão fora da tradição. O sujeito somente compreende porque está, desde sempre, inserido na tradição.

De outro lado, essa tradição não é algo que se recebe de forma irrefletida. Todo conteúdo da tradição torna-se objeto de crítica, de análise, pois entra no diálogo com o sujeito e suas inafastáveis pré-compreensões. A experiência única do estranhamento, a partir do pré-compreendido, pode, então, sugerir uma mudança de rumo e, assim, os sentidos alteram-se.

Tradição, portanto, nada diz com autoritário ou irracional. Tampouco com imutabilidade. Não se trata de obediência cega, mas de reconhecimento racional e refletido. É o passado que, transmitido, dialoga com (e possibilita) o presente. Como afirma, com propriedade, Jean Grondin (um dos maiores biógrafos de Gadamer), a tradição que interessa a Ga-

---

[277] "Ainda, na esteira do que leciona *Ferrajoli*, afirma-se que o princípio da secularização (*separação entre direito e moral*), inerente ao direito e ao processo penal do Estado Democrático de Direito exige que os juízos emitidos pelo julgador não versem 'acerca de la moralidad, o el carácter, u otros aspectos substanciales de la personalidad del reo, sino acerca de hechos penalmente prohibidos que le son imputados y que son, por otra parte, lo único que puede ser empíricamente probado por la acusación y refutado por la defensa. El juez, por consiguiente, no debe someter a indagación el alma del imputado, no debe emitir veredictos morales sobre su persona, sino sólo investigar sus comportamientos prohibidos. Y un ciudadano pude ser juzgado, antes de ser castigado, solo por aquello que ha hecho, y no, como en el juicio moral, por aquello que es'" (CARVALHO, 2006, p. 103, grifo nosso).

damer "es aquella que hace posible nuestro presente y en el cual ésta [a tradição, complementa-se] actúa de manera inmemorial, formando el horizonte de nuestra conciencia y de nuestra vigilancia".[278]

Nesse sentido, é possível dizer que a tradição jurídico-penal ocidental foi sendo construída a partir de experiências de estranhamento entre práticas (e pré-compreensões) autoritárias e democráticas, que se alternaram, historicamente. Porém, desde o movimento da Ilustração, que pode perfeitamente ser tomado como um marco da cultura penal humanista, o movimento da tradição foi assentando-se sobre bases democráticas e, desde meados do século XVIII, tem-se trilhado esse caminho. Alguns hiatos de autoritarismo que surgiram não conseguiram estabelecer-se em definitivo e, por uma razão ou outra, foram novamente debelados e substituídos pelas práticas democráticas (como exemplo, o Direito Penal nazista e a prática penal exercida durante as ditaduras militares na América Latina).

Isso não significa dizer que, hoje, apenas se conviva com práticas penais não autoritárias; mas quer dizer que as pré-compreensões com essa tendência autoritária não se confirmam na tradição que tem sido construída desde os oitocentos.

Por isso, sem apelar para a separação entre moral e direito (idealizada pelo garantismo), pode-se afirmar, com convicção, que a tradição penal não autoriza considerar antecedentes ou personalidade de um réu para fins de incremento de pena. Essa é uma prática nitidamente autoritária, própria da história medieval, em que, na ausência de lei expressa, o sujeito penava pelo que era, não pelo que fazia. Isso, definitivamente, não cabe numa democracia.

De outra banda, e agora apelando para a integridade de Dworkin, os princípios de moralidade política (que nada dizem com a moral comum ou com subjetivismos do juiz), próprios de um sistema democrático de Constituição rígida bloqueiam a opção de condenar-se alguém pelo que é. O juiz que age com integridade precisa aplicar o Direito em sua melhor luz, isto é, fornecer a melhor interpretação possível dentro de um determinado sistema.

A integridade não pactua, ademais, com discriminações injustificadas e negativas. Que princípio de moralidade política justificaria aumentar a pena de um acusado somente porque possui personalidade dessa ou daquela maneira, ou porque registra antecedentes criminais? Se a democracia rejeita o *bis in idem*, como alguém pode ser punido, duas vezes, pela mesma razão? Se a tradição nos ensinou que a pena deve ser aplica-

---

[278] GRONDIN, 2003, p. 155.

da pelo crime cometido e não pelas características pessoais de seu autor, como justificar a análise da personalidade na dosimetria da pena?

Enfim, o Estado é laico não porque moral e direito não se devem implicar; mas porque é uma conquista da tradição democrática que vem desde os oitocentos e consolidou-se no segundo pós-guerra. Há razões históricas que o justificam, pois.

Vê-se, dessa forma, que as exigências epistemológicas da teoria do garantismo penal representam sérios entraves à construção de decisões que acolham as necessidades da vida concreta.

É o preço que o garantismo há de pagar por tentar reduzir a linguagem, artificialmente e por meio de técnicas formais (quase matemáticas!), a mero instrumento. No afã (legítimo, diga-se) de livrar o direito dos espaços patológicos de discricionariedade, Ferrajoli propõe a formalização da linguagem penal, de sorte que ela se torne passível de verificação e de refutação. O vigor de sua tese é notável, nesse sentido, como já estudado em seção anterior desta investigação (3.1).

Porém, como ainda se demonstrará na seção que vem na sequência, para muito além de instrumento, a linguagem é condição de possibilidade do próprio compreender. Não se trata, portanto, de analisar a linguagem e de formalizá-la para poder compreender. Pelo contrário, só se compreende, porque existe linguagem. Disso, o homem jamais se poderá afastar.

4.2. O ser humano hermenêutico: finitude, historicidade e linguagem

A esta altura da pesquisa, é possível antecipar a conclusão de que o garantismo, por operar na lógica da filosofia analítica, separa interpretação, compreensão e aplicação, na medida em que propõe a formalização de uma linguagem teórica artificial que dê conta dos espaços de discricionariedade que assombram o ato de decidir.

Dessa forma, acredita ser possível criar parâmetros de interpretação (pelo viés axiomático) e, a partir deles (a partir de um *grau zero*, portanto), chegar à compreensão da linguagem para, posteriormente, aplicá-la da forma mais precisa e correta possível, a fim de resolver os problemas penais.

Essa empresa, como já demonstrado, afasta o garantismo do mundo prático, pois o método escolhido cria uma distância muitas vezes insuperável entre a teoria e a resolução dos casos penais. Criar parâmetros interpretativos (axiomas), *ex ante*, com o fim de dar conta do mundo da vida é uma ilusão. Na verdade, o mundo da vida e a (pré)compreensão que dele já possuímos é que geram a possibilidade de extrair princípios que, desta forma, acontecem.[279]

Em suma, nem sempre o aparato garantista é hábil a fundamentar decisões da vida concreta, precisando o julgador – para, de fato, assegurar a correção da decisão – superar os empecilhos da teoria e buscar outros recursos de fundamentação.

A hipótese desta investigação, repita-se, é que a hermenêutica filosófica representa um excelente caminho para essa superação. Um caminho que vale por si mesmo. Seu grande mérito, pois, está em ser o caminho, e não a chegada. Isso porque a compreensão hermenêutica situa-se, exatamente, nesse entrelugar. Não parte de um grau zero, de um nada (já está conosco, já vem dada com a tradição) e sua chegada (sua verdade) não está em algum ponto arquimediano "ali", mas no vaivém do diálogo.[280]

O homem hermenêutico tem consciência de sua finitude, de sua pertença à tradição. Sabe que o limite de sua compreensão já vem dado historicamente. Não há, portanto, como pretender verdades definitivas, a partir da aplicação do método correto. A verdade acontece no diálogo, na circularidade hermenêutica, no mundo da vida. Por isso, e não por outra razão, não se pode forçar uma cisão entre compreender, interpretar e aplicar.[281]

Em conferências proferidas, em 1958, no Instituto Superior de Filosofia da Universidade de Louvain (França), Gadamer já antecipava conclusões que, posteriormente, integrariam sua obra de fôlego, especifi-

---

[279] Em apoio a esta tese, mais uma vez, a lição, sempre certeira, de Lenio Streck: "Portanto – e isso deve ser bem destacado – não há primeiro uma formação subjetiva de princípios e, depois, sua aplicação compartilhada no mundo da convivência, mas essa formação principiológica é formada pelo mundo e, ao mesmo tempo, forma mundo, na medida em que pode articular um significado novo que exsurge da interpretação do próprio mundo" (STRECK, 2009, p. 499).

[280] As citações que Lenio Streck faz de Benedito Nunes e Guimarães Rosa são, neste ponto, singulares: "Isso fica mais claro quando se tem presente a advertência de Benedito Nunes, que afirma: 'a filosofia não tem começo absoluto [...]. Para Heidegger a filosofia também começa sempre 'no meio', como a poesia épica: seu começo não é absoluto porque ela não está desvinculada de uma certa tradição. E, como hermenêutica, a filosofia já pressupõe uma situação de fato, a facticidade, por onde deve começar'. Também Guimarães Rosa sabia disso quando, pela boca de Riobaldo – nosso filósofo do Sertão – afirmava: 'o real não está nem na saída, nem na chegada: ele se dispõe para a gente é no meio da travessia'" (STRECK, loc. cit.).

[281] Jean Grondin afirma: "Nós não filosofamos porque possuímos a verdade absoluta, mas porque ela nos falta. Como realidade da finitude, a filosofia precisa recordar-se de sua própria finitude. Se somos possuidores de um saber definitivo, então, no máximo, é precisamente o saber dessa nossa finitude universal" (GRONDIN, 1999, p. 202).

Para Além do Garantismo
UMA PROPOSTA HERMENÊUTICA DE CONTROLE DA DECISÃO PENAL

camente no que concerne ao problema da consciência histórica.[282] Abre a Conferência nº 5, dizendo:

> Voltemos ao tema propriamente dito destas conferências. Se lembrarmos da maneira aristotélica de abordar o fenômeno ético e o tipo de "saber" que lhe é inerente, fica claro que dispomos de um modelo excelente para orientar nossa elucidação da tarefa própria à hermenêutica. Também na hermenêutica, tal como em Aristóteles, *a "aplicação" não pode jamais significar uma operação subsidiária, que venha acrescentar-se posteriormente à compreensão* [...] *"Aplicar" não é ajustar uma generalidade já dada antecipadamente para desembaraçar em seguida os fios de uma situação particular.* Diante de um texto, por exemplo, o intérprete não procura aplicar um critério geral a um caso particular: ele se interessa, ao contrário, pelo significado fundamentalmente original do escrito de que se ocupa.[283]

A compreensão é o problema vital da hermenêutica.

A hermenêutica romântica já havia percebido a impossibilidade de separar a interpretação da compreensão. Não se interpreta para compreender. Na verdade, como defende Streck[284] em vários momentos de sua obra, compreende-se para interpretar, pois interpretar implica (pré)compreender. Não se interpreta se não se compreende. Desse tema a presente investigação já tratou, de forma inicial, na subseção 2.2.

Porém, a hermenêutica romântica excluiu desse processo único a *subtilitas applicandi* (aplicação), uma espécie de terceiro momento da tarefa compreensiva que, tal como os demais, jamais está separado. Isto é, quando se compreende e interpreta, também se aplica. Gadamer é categórico: "Nesse sentido, nos vemos obrigados a dar um passo mais além da hermenêutica romântica, *considerando como um processo unitário não somente a compreensão e a interpretação, mas também a aplicação*".[285]

De fato, a partir do que já se desenvolveu nesta pesquisa acerca de alguns conceitos centrais na hermenêutica (estrutura prévia da compreensão, círculo hermenêutico, fusão de horizontes, diálogo com o texto, etc.), é possível afirmar que interpretar não tem, definitivamente, nada a dizer com aplicação de fórmulas ou métodos.

Quando alguém nos pede para pensar no objeto "cadeira", não pensamos a partir do nada ou de um abstrato *topos* interpretativo. Pensamos,

---

[282] Essas conferências foram publicadas em GADAMER, Hans-Georg. *O problema da consciência histórica*. 3. ed. Organização de Pierre Fruchon. Tradução de Paulo Cesar Duque Estrada. Rio de Janeiro: FGV, 2006.

[283] *In O problema da consciência histórica*. Página 57. Grifo nosso.

[284] "Por isso é que – e de há muito venho insistindo nisso – *não interpretamos para compreender, e, sim, compreendemos para interpretar*. A interpretação, como bem diz Gadamer, é a explicitação do compreendido" (STRECK, 2009, p. 429, grifo nosso).

[285] GADAMER, 2005, p. 407, grifo nosso.

certamente, em uma determinada (e concreta) cadeira, cuja imagem nos vem por meio da tradição. No Direito, não é diferente.

Quando se procura interpretar, por exemplo, o tipo legal do delito de furto (*subtrair para si ou para outrem coisa alheia móvel*), ainda que não se tenha em mãos uma situação concreta para decidir e ainda que se queira apenas avaliar o grau de extensão da regra, não há como pensar no aberto. Imaginar um delito de furto implica, necessariamente, considerar uma pessoa (ainda que fictícia) subtraindo um objeto qualquer (um livro, um relógio – ainda que imaginários). Isto é, não se interpreta no vazio. A compreensão da regra jurídica pressupõe uma *applicatio* que, mesmo em tese, possa dar-lhe vida.[286]

Lenio Streck, mais uma vez, apoia o argumento: "não há como definir 'aplicações' da lei em abstrato, porque isso seria retornar ao mito do dado (metafisica clássica)".[287] Não há, conclui o autor de *Verdade e consenso*, conceitos sem coisas.[288]

Em suma, a aplicação não pode ser tomada como um momento posterior da interpretação, como se fosse a redução do geral ao particular. Quando se interpreta, insista-se, já se pensa no particular. É por isso também que não se pode cindir fato e direito. Todo o direito, toda lei, toda regra jurídica aplica-se a um fato, ou melhor, somente podem ser pensados a partir da facticidade. Ignorar isso é manter-se no terreno da artificialidade.[289]

Essa implicação entre compreender, interpretar e aplicar mostra bem o quanto a hermenêutica é uma atividade do mundo prático. O pensar, aqui, é dialógico. Interpreto porque pré-compreendo e só consigo interpretar e compreender porque, antes, considero a concretude da aplicação.

---

[286] Gadamer afirma que a cisão compreender/aplicar feita pela hermenêutica teológica também é incorporada pela interpretação jurídica: "É a mesma cisão que atravessa a interpretação jurídica, na medida em que *o conhecimento do sentido de um texto jurídico e sua aplicação a um caso jurídico concreto não são dois atos separados, mas um processo unitário*" (Ibid., p. 409, grifo nosso).

[287] STRECK, 2009, p. 422. Também nesse mesmo sentido – a hermenêutica sepultou o mito do dado –, cf. LAWN, Chris. *Compreender Gadamer*. Tradução de Hélio Magri Filho. Petrópolis: Vozes, 2007 (Série Compreender). Na página 79, o autor afirma: "*Deve existir algum senso no mundo antes de começarmos a fazer julgamentos sobre ele*; na realidade, *nós já estamos envolvidos no mundo bem antes de nos separarmos do mundo teoricamente para procurar entendê-lo filosoficamente. Heidegger está desafiando aqui uma versão do 'mito do dado'*. Não viemos ao mundo como uma tábula rasa e, com o tempo, desenvolvemos um senso do mundo como sendo coerente, contínuo e aberto ao pensamento racional. Nós começamos de envolvimentos práticos no mundo, atividades e formas de socialização. *Estas são, descritas de maneira um pouco diferente, as pré-concepções, as pré-posses e as pré-visões*" (grifo nosso).

[288] STRECK, op. cit., p. 439.

[289] Mais uma vez, Gadamer vem ao socorro: "[...] se quisermos compreender adequadamente o texto – lei ou mensagem de salvação –, isto é, compreendê-lo de acordo com as pretensões que o mesmo apresenta, *devemos compreendê-lo a cada instante, ou seja, compreendê-lo em cada situação concreta de uma maneira nova e distinta. Aqui, compreender é sempre também aplicar*" (GADAMER, 2005, p. 408, grifo nosso).

Todos os momentos estão irmanados, tendo em vista, sempre, a melhor compreensão do caso a caso. "Um saber geral que não saiba aplicar-se à situação concreta permanece sem sentido", orienta Gadamer.[290]

A propósito, ao tratar do tema "Compreensão e racionalidade nas Ciências Humanas", Ernildo Stein propõe um primeiro nível para a compreensão, que chama de acrítico e ametódico. Trata-se, exatamente, dessa ideia hermenêutica de que a compreensão é um pressuposto, um já existente, uma *"estrutura que articulamos antes de um processo consciente [...] que não conseguimos explicar, mas sem a qual não se daria outro processo de conhecimento".*[291]

Na sequência de seu raciocínio, o filósofo da PUCRS expõe uma conclusão que vem ao encontro da tese aqui defendida: *"A ideia de compreensão, portanto, está muito ligada à de mundo da vida, como aquilo para trás do qual não conseguimos avançar".*[292]

Portanto, a compreensão – somente possível no ambiente da linguagem, adianta-se – constitui, recorrendo ainda a Stein, o *chão*. É a condição básica do acontecer do conhecimento. O próprio método (para quem nele ainda acredita) não dispensa (mesmo sem saber) a compreensão, nesse sentido acrítico, predicativo. A compreensão, enfim, *"é uma coisa muito mais fundamental do que se pode julgar".*[293]

Aliás, essa ideia (hermenêutica) de Stein, segundo a qual a compreensão está ligada ao mundo da vida – ao mesmo tempo que se aparta do garantismo – aproxima-se da teoria do Direito como integridade, de Ronald Dworkin, sempre preocupado, é bom lembrar, com a forma pela qual os juízes decidem.

Pense-se, por exemplo, na tese dworkiniana da *one right answer*. Da mesma forma como não se pode interpretar no aberto, criando um parâmetro abstrato de regras para futura aplicação, já que a compreensão preexiste, também não se pode pretender uma resposta certa eterna. A resposta certa é – apenas e tão somente – a resposta do caso concreto. As especificidades das experiências (sempre únicas, inigualáveis, singulares e irrepetíveis) não permitem que se possa considerar uma resposta fixa. Isso difere, portanto, das pretensões metodológicas próprias do cartesianismo, em que a experiência (obviamente no sentido de experimento científico, e não de experiência hermenêutica) tem o poder de garantir uma validade geral às premissas, por meio da verificabilidade. Isto

---

[290] GADAMER, 2005, p. 412.

[291] STEIN, Ernildo. *Racionalidade e existência:* o ambiente hermenêutico e as ciências humanas. 2. ed. Ijuí: Unijuí, 2008, p. 67, grifo nosso.

[292] Ibid., grifo nosso.

[293] Ibid., grifo nosso.

é, uma vez submetida determinada hipótese a experimento e verificada a sua validade, permanece até que outra experiência possa vir a retirar-lhe o crédito (refutá-la).

A compreensão, na hermenêutica filosófica, não é um método, repita-se; *é um processo que tem como pressuposição estar dentro de um acontecer da tradição.*[294] Em outras palavras, é um evento possibilitado pela tradição, pela pertença. Eu não posso dominar a compreensão. Ela, simplesmente, acontece.

Como evento, as coisas têm conceitos. Os sentidos são antecipados pela pré-compreensão. Se não há conceitos sem coisas – porque a tarefa hermenêutica pressupõe uma coimplicação entre compreender, interpretar e aplicar, dentro da circularidade (relação todo/parte, texto/intérprete) e da fusão de horizontes (presente/passado) –, fica bastante difícil conceber a epistemologia garantista, que é, exatamente, uma proposta de fabricar corpos sem almas.

Visto, assim, que o processo compreensivo, na hermenêutica, é uno, é interessante retomar a ideia – primitivamente desenvolvida na subseção 3.2 desta tese – do diálogo, da conversação e da *linguagem* como um *medium* da experiência hermenêutica, isto é, como o ambiente necessário para que exista compreensão.

A linguagem é o ambiente natural (que nos pré-constitui), no qual a conversação e a compreensão fluem. Nesse sentido, a ideia analítica de uma instrumentalização da linguagem é, para além de superada, totalmente descabida.[295]

A linguagem, portanto, não é mero instrumento capaz de ser aprimorado, formalizado, como faz crer o garantismo. É condição de possibilidade da própria compreensão, e é essa ideia que se vai aqui defender, com todo vigor.

É notória a diferença de tratamento da linguagem pela filosofia analítica (entenda-se, também, garantismo) e pela hermenêutica (uma filosofia pós-analítica, portanto).[296] Enquanto, para a primeira, a linguagem é

---

[294] GADAMER, 2005, p. 408.

[295] Luiz Rohden nos dá bem a ideia de como a linguagem não pode ser reduzida a mero instrumento: "Enquanto objeto, *a linguagem é constituinte e constituidora, o medium da experiência hermenêutica. Tanto a hermenêutica quanto a linguagem*, enquanto fatos possíveis de investigação, *não se reduzem a objetos empíricos. São irredutíveis a simples objetos*, uma vez que *"abrangem tudo o que, de um modo ou de outro, pode chegar a ser objeto"*; afinal, *"a linguagem não é apenas factum, mas é também princípio"*. Enquanto princípio, constituinte e constituidor de sentido, a linguagem não é mero meio (Mittel), instrumento, extrapolando e ampliando a noção de método científico" (ROHDEN, 2005, p. 232-233, grifos nossos).

[296] LAWN, 2007, p. 106, nota de rodapé nº 5. Chris Lawn tem um livro cujo título é, exatamente, *Wittgenstein and Gadamer*: towards a post-analytic philosophy of language (London: Continuum Press, 2005).

tratada pelo viés designativo, como ferramenta criada pelo pensamento humano, com o objetivo de possibilitar a compreensão, na segunda, a linguagem aparece como *medium*, isto é, como ambiente em que se dá a compreensão. Em outras palavras, para a hermenêutica filosófica, a linguagem não designa o mundo. O mundo, ele próprio, somente existe porque há linguagem. A linguagem constitui o mundo, pois.

Ora, se a linguagem constitui o mundo, como é possível imaginar o emprego de um método para a purificação dessa linguagem? Ela jamais poderá ser objeto de investigação, de estudo, de análise. A linguagem antecede tudo isso.[297]

Fazer filosofia da linguagem, destarte, nada diz com hermenêutica, já que pressupõe essa forma analítica de tratar a linguagem. A hermenêutica não faz uma filosofia da linguagem, mas concebe a linguagem como condição de possibilidade da própria filosofia. O que é bem diferente.[298]

Gadamer investe nessa distinção e afirma que toda teoria instrumentalista dos signos, "que compreende as palavras e os conceitos como instrumentos disponíveis ou que se devem pôr à disposição, *fica aquém do fenômeno hermenêutico*".[299] Não é outra coisa o que ocorre com o garantismo, pois não? Afinal, se Ferrajoli envida esforços significativos para formalizar a linguagem legal (já se viu que boa parte de sua obra a esse tema se dedica), está apartando-se infinitamente do fenômeno hermenêutico, que concebe a linguagem como condição de possibilidade, jamais como instrumento, manipulável pelo sujeito consciente.

---

[297] Nesse sentido, novamente Chris Lawn: "O erro principal do discurso representacional da linguagem é a suposição de que, pelo fato de existir uma lacuna entre as palavras e aquilo que elas representam, uma linguagem pode ser examinada com exatidão científica, pois supõe-se que o poder da representação pode ser avaliado com precisão e imparcialidade. *A rejeição de Gadamer desta posição começa do simples fato de que nós já estamos sempre envolvidos com a linguagem e não podemos torná-la um objeto de investigação* [...]. *Não existe ponto algum fora da linguagem do qual poderíamos testá-la; nós estamos totalmente imersos em linguisticalidade.* Mais ainda, não existe filosofia ou ciência da linguagem que atinja o âmago daquilo que a linguagem é. A hermenêutica filosófica não oferece muito à filosofia da linguagem, pois tal atividade teoricamente baseada, como é entendida tradicionalmente, é precisamente uma tentativa de entender o poder da linguagem e o relacionamento entre a linguagem e o mundo numa forma quase científica e teórica" (Ibid., p. 109, grifos nossos).

[298] Sobre isso, diz o próprio Gadamer: "[...] *o problema da linguagem não se coloca no mesmo sentido em que se apresenta na filosofia da linguagem.* De certo, a multiplicidade das línguas, cuja diversidade interessa à ciência linguística, também nos coloca uma pergunta. Mas essa questão pergunta simplesmente como, apesar da diversidade de outras línguas, cada língua está em condições de dizer tudo o que quer. A ciência da linguística nos ensina que cada língua realiza isso à sua maneira. Nós, de nossa parte, colocamos a questão de como, dentro da multiplicidade dessas maneiras de falar, pode se estabelecer a mesma unidade de pensar e falar, de tal modo que, a princípio, qualquer tradição escrita possa ser compreendida. *Nos interessamos, portanto, pelo oposto daquilo que a ciência linguística tenta investigar*" (GADAMER, 2005, p. 521, grifos nossos).

[299] GADAMER, loc. cit., grifo nosso.

Se a compreensão é o chão, como ensina Stein, a linguagem é o assoalho. Não há compreensão que se dê fora do âmbito da linguagem. Portanto, cumpre pensar a linguagem hermeneuticamente, libertando-a das amarras empíricas da filosofia analítica.[300]

O homem é imerso em historicidade. A experiência hermenêutica é a experiência da finitude do homem. E "somente o meio da linguagem, por sua referência ao todo dos entes, pode mediar a essência histórico-finita do homem consigo mesmo e com o mundo", alerta Gadamer.[301]

Logo, historicidade, finitude e linguagem estão imbricadas. O homem – consciente de sua finitude e de sua situação histórica – só é o que é porque está-no-mundo e isso somente é possibilitado pela linguagem. Aquele que tem linguagem tem o mundo, diz Gadamer.[302]

Não por outra razão a estrutura (dialética) do diálogo – como expressão máxima da linguagem – é tão cara à experiência hermenêutica. Gadamer destaca, nesse ponto, a importância da *conversação* e, em especial, do *ouvir*.

Essa é mais uma demonstração da total vinculação da hermenêutica com o mundo prático. Sem dúvida, na formulação gadameriana, há uma primazia do *ouvir* em detrimento do *olhar*. O olhar é próprio do empirismo, do modelo cartesiano, em que o sujeito olha o objeto e disseca-o, manipula-o.[303]

A busca por uma precisão semântica, por exemplo, é fiel a esse modelo lógico-analítico. O sujeito, aqui, é um mero espectador, observador. De fora, retém seu objeto (linguagem) e tenta dominá-lo, criando fórmulas e seguindo métodos. Isso o afasta, distancia-o do mundo prático. Está-se no âmbito do ideal, da construção *a priori*, do olhar experimental.

Na hermenêutica, ao invés, *escuta-se*. Deve-se escutar o outro. O sujeito que escuta, está envolvido. Interage. Joga. No vaivém desse jogo dialógico (e dialético), minha capacidade de ouvir é bem maior que minha capacidade de enxergar. Posso ouvir meu interlocutor da sala ao lado, embora não o esteja vendo. Isso me aproxima dele. Aliás, posso não olhar

---

[300] Segundo Gadamer, "*o intérprete não se serve das palavras e dos conceitos como o artesão que apanha e deixa de lado suas ferramentas*. Precisamos, antes, reconhecer que toda compreensão está intimamente entretecida por conceitos e refutar qualquer teoria que se negue a aceitar a unidade interna de palavra e coisa" (GADAMER, 2005, p. 522, grifo nosso).

[301] Ibid., p. 590.

[302] Ibid., p. 585.

[303] Essa ideia da primazia do ouvir em detrimento do olhar é muito bem desenvolvida por Rohden no item "O ouvir como exigência central da hermenêutica filosófica", em seu *Hermenêutica filosófica* (ROHDEN, 2005, p. 212 *et seq.*).

Para Além do Garantismo
UMA PROPOSTA HERMENÊUTICA DE CONTROLE DA DECISÃO PENAL

determinado objeto, basta, para isso, desviá-lo do meu campo de visão. Mas não posso evitar ouvir, numa conversação.[304]

Gadamer lembra a enorme importância do *ouvir*, na *tradição*. Os antigos transmitiam seus costumes, suas lendas, sua História, de geração em geração, pela fala, muito antes de a civilização lançar mão da transmissão escrita.[305]

Em outras palavras, a tradição igualmente só é possível pela linguagem. Uma vez recebida a tradição, nasce a possibilidade do diálogo entre o homem e seu passado e, uma vez que se tem consciência da finitude, da temporalidade, da distância histórica, dá-se a experiência hermenêutica nessa inter-relação entre o homem e a tradição, por meio da circularidade e da fusão de horizontes. A verdade (hermenêutica) acontece justamente aqui, nesse jogo dialógico, na interpelação que nos faz a tradição e nos provoca o estranhamento, possibilitando a compreensão.[306]

Sem dúvida o tema é de uma riqueza ímpar. Porém, à parte o interesse que desperta, o objetivo desta pesquisa ao abordar a hermenêutica e o mundo prático, com toda a importância da consciência histórica e da linguagem, foi consubstanciar a crítica ao garantismo, mostrando o quanto a engrenagem tão bem montada por Ferrajoli segue comprimida pelas margens da filosofia analítica e, com isso, afasta-se, mais e mais, do mundo da vida.

A linguagem, como fio condutor da experiência hermenêutica (que é universal, diga-se), definitivamente, não pode ser reduzida a uma ferramenta, cujo manuseio depende, exclusivamente, do sujeito solipsista. Pelo contrário, não há linguagem privada. A linguagem é o ambiente em que acontece o vaivém do diálogo. Ela é, assim, partilhada. Ela não está à disposição do sujeito. Antes, (con)forma-o.

---

[304] Rohden propõe reconsiderar e conceber uma outra dimensão complementar à "tirania do olhar": "Não excluímos o olhar enquanto sentido privilegiado da mediação do mundo real, mas realçamos a universalidade e receptividade própria do ouvir como outro modo de perceber nosso próprio passado e novas perspectivas (de vida) para o presente e futuro. Face às restrições do olhar objetificador das 'ciências cartesianas', *o diálogo exige o ouvido como seu órgão mediatizador por excelência*, isto é, seu *principal sentido*, abrindo, assim, um novo espaço para a compreensão não apenas dos fatos objetivos, mas, também, do próprio homem que está envolvido na criação destes fatos" (Ibid., p. 216, grifos nossos).

[305] GADAMER, 2005, p. 597.

[306] Nessse sentido, Rohden: "A linguagem situa-se no tempo e no espaço. A explicitação da verdade expressa-se como um acontecimento, como uma experiência da linguagem: 'A verdade é a unidade da dimensão objetiva e da dimensão subjetiva. Isto é o que Gadamer expressa mediante o termo 'acontecer': a verdade não está aí propriamente ante nós de uma maneira imediata. É algo que acontece na forma de relacionar-nos com as coisas e na forma em que as coisas interpelam a nós'. Como nossa apreensão das coisas não se dá de forma imediata/intuitiva, enquanto seres finitos, *filosofamos a partir do medium linguístico na forma dialógica*" (ROHDEN, 2005, p. 235, grifo nosso).

4.3. Dworkin: o jusfilósofo do mundo prático

Para finalizar o raciocínio que tem sido alinhavado nesta pesquisa, dedica-se, agora, uma última seção à complementação da crítica ao garantismo, especificamente no que tange ao seu afastamento do mundo prático, a sua *asfixia da realidade* (usando a feliz expressão de Lenio Streck).[307] A via eleita, seguindo a metodologia estabelecida na tese, será o pensamento de Ronald Dworkin.

"É importante o modo como os juízes decidem os casos".[308] Com essa frase, que abre *O império do Direito*, Dworkin diz logo a que vem sua teoria. À parte a excepcional consistência de seus fundamentos jurídicos e filosóficos e a capacidade ímpar de demonstrar argumentos por meio de exemplos contundentes e esclarecedores – fazendo com que, em alguns momentos, o raciocínio se alongue –, o esforço de Dworkin é, inegavelmente, prático. A ele interessa, repita-se, como os juízes decidem os casos concretos. Isto é, a que destino o Poder Judiciário está conduzindo os direitos das pessoas de carne e osso.

Exatamente com esse objetivo, Dworkin desenvolve sua teoria do direito como integridade. Demonstra, ao fim e ao cabo, que o Direito é uma prática social interpretativa e que a resposta correta aos casos concretos sempre deve ter como foco a comunidade de princípios (de bons princípios)[309] e os ideais de igualdade, justiça, equidade e coerência.

Integridade e princípio são conceitos que se ajustam, perfeitamente. Uma pessoa que pauta sua conduta pela integridade (um homem íntegro) assim o faz porque tem princípios. Essa noção, segundo Dworkin, pode ser aplicada à comunidade. Ou seja, para uma comunidade portar-se com integridade, com respeito aos direitos de todos (que, assim, devem ser tratados como iguais), precisa seguir princípios.[310]

---

[307] STRECK, 2009, p. 433.

[308] DWORKIN 2007, p. 3.

[309] Essa ideia de "bons princípios" aparece claramente em interessante nota de Lenio Streck, a partir do pensamento de Dworkin: "Para o jusfilósofo norte-americano, o termo princípio tem seu significado oriundo da própria condição humana, ou seja, quando se diz que determinada pessoa é um *homem de princípios*, diz-se que tal homem se comporta, em suas relações com os outros e com o mundo, de modo a não ferir padrões de condutas que se formaram a partir de uma autocompreensão que determina seu próprio caráter. Note-se: um homem de princípios é um homem virtuoso, porque possui a virtude (e não o valor) de conduzir sua vida segundo princípios. Como é cediço, *Dworkin transfere essa ideia de princípio da pessoa para a comunidade política*. Isto significa que, tal qual é possível observar esta estrutura principiológica no homem, também o é na comunidade que se forma a partir dele e por ele" (STRECK, 2009, p. 498-499, grifos nossos).

[310] No mesmo sentido, também Stephen Guest: "O que é a integridade pessoal? É interessante e importante observar que a ideia não é uma ideia que, no caso costumeiro, diga respeito diretamente a ações específicas. Se usada dessa maneira, ela assume a forma de louvar a ação porque foi a ação de uma pessoa que 'tem integridade'. Na maioria das vezes, usamos a ideia invocando a ideia de con-

Esses princípios devem espelhar a melhor interpretação moral das práticas jurídicas daquela determinada comunidade. Diferentemente do que ocorre no garantismo, os princípios não estão lá, em algum lugar, tampouco podem ser construídos com base em critérios lógicos aprioristicamente estabelecidos. Eles acontecem argumentativamente, a partir do caso concreto e do que se extrai do ideal de vida boa da comunidade fraterna, que busca a integridade.

Como já se disse em outro momento, os princípios representam fechamento de sentido, com a finalidade de blindar a interpretação dos ativismos discricionários; além disso, são a porta de entrada do Direito no mundo prático. Essa relação entre princípios e mundo prático é fundamental, a fim de demonstrar que a forma como o garantismo formula seus princípios (axiomas) nada se assemelha ao sentido argumentativo atribuído pela hermenêutica.

Dizendo de outo modo, para Ferrajoli, princípios são epistemológicos. São enumerados, articulados logicamente, preestabelecidos axiomaticamente, encadeados, concatenados, listados. Prestam-se a apontar o grau de (des)legitimidade de um determinado sistema.[311] Para a hermenêutica (para a integridade), princípios são deontológicos. Acontecem. Impõem-se ao intérprete. São determinados pela tradição. São experimentados na e pela sociedade. São vivenciados na facticidade, enfim.[312]

---

fiança, por exemplo, como quando nos asseguramos de que Andrew era um 'homem de integridade' e não se 'deixaria levar', digamos, pelo pensamento de engrandecimento pessoal. A ideia de 'agir por princípios' é altamente relevante aqui. Andrew será um homem que toma sua decisão segundo o que considera ser a visão moral correta de qualquer questão. *Dizer que uma pessoa age por princípio é parte de dizer que uma pessoa tem integridade* e, inversamente, e mais frequentemente, dizemos que uma pessoa 'sem princípio' é uma pessoa que 'carece de integridade'" (GUEST, Stephen. *Ronald Dworkin*. Tradução de Luís Carlos Borges. Rio de janeiro: Elsevier, 2010, p. 80-81, grifo nosso).

[311] A propósito, ao listar os dez princípios garantistas (axiomas), também conhecidos como regras do jogo fundamentais do direito penal, Ferrajoli antecipa: "es ahora posible trazar una *tabla analítica y sistemática, aunque inevitablemente esquemática, de todos estos principios* y, por otro lado, individualizar los distintos modelos de ordenamiento penal de una u otra forma autoritarios que resultan de la falta o de la lesión de uno o varios de aquéllos. Estos principios, formulables todos ellos en la forma de proposiciones de implicación o condicionales, en realidad están ligados entre sí. *Es, pues, posible, formalizarlos, aislar los fundamentales de los derivados, y ordenarlos dentro de sistema o modelos axiomatizados más o menos complejos y exigentes según los incluidos o excluidos por cada uno de ellos*" (FERRAJOLI, 2000, p. 91, grifos nossos).

[312] Novamente, a esclarecedora manifestação de Streck: "Os princípios, nesta perspectiva (dworkiniana, acrescento), são 'vivenciados' ('faticizados') por aqueles que participam da comunidade política e que determinam a formação comum de uma sociedade. É exatamente por esse motivo que tais princípios são elevados ao status da constitucionalidade. *Por isso, os princípios são deontológicos* [...]. Note-se que, com isso, não quero dizer que os princípios existem como princípios simplesmente porque a autoridade da Constituição assim os constituiu. Ao contrário, a Constituição é considerada materialmente legítima justamente porque fez constar em seu texto toda uma carga principiológica que já se manifestava praticamente no seio de nossa comum-unidade" (STRECK, 2009, p. 495-496, grifo nosso).

Estabelece-se, assim, uma distinção fundamental. No modelo garantista, sempre haverá margem de discricionariedade, pois os princípios (ainda que fechem sentido, como defende Ferrajoli, conforme já se analisou na subseção 3.1 desta investigação) seguem sendo tratados como metarregras, metalinguagem. São um esforço epistemológico para que o sistema penal de garantias funcione dentro de um esquema ideal previamente estabelecido. Sendo ideal, precisará lidar com a linguagem de forma artificial, já que não permite que a experiência entre na linguagem. A linguagem é, aqui, objeto de formalização.

Dessa forma, as zonas de vagueza e de ambiguidade permanecerão, por mais cautelosa que seja a formulação dos princípios (fundamentais e derivados). Assim, deixa-se à razão assujeitadora solipsista a tarefa de integração do direito. Isto é, haverá, sempre, margens irredutíveis de discricionariedade, a serem preenchidas pela equidade do juiz.

No modelo hermenêutico aqui defendido, por outro lado, princípios não funcionam como pautas gerais de interpretação, tampouco como modelos ideais de dever ser. Princípios hermenêuticos são pautas morais (moralidade política, entenda-se) construídas pela tradição, e que repousam por sobre as práticas de determinada sociedade, que busca a integridade.[313]

Essa noção hermenêutica retira o Direito do esquema sujeito-objeto (ainda repetido pelo garantismo) e coloca-o na experiência da vida social. Com esse aporte, é possível balizar as decisões judiciais (que outra coisa não são, senão respostas do e para o mundo prático), porém com um grande aparato teórico que lhes dê sustentação.

Em outras palavras, enquanto para o positivismo (e, na devida medida, também para o garantismo) a razão prática é decidida pela discricionariedade judicial (já que a razão teórica não avança, porque presa no aguilhão semântico), para a hermenêutica, o Direito (e toda a formulação teórica que necessariamente deve sustenta-lo) invade o mundo prático, fazendo com que as decisões judiciais sejam controladas e constrangidas, pela força dos argumentos morais.

---

[313] Perguntando sobre o que faz de um princípio um princípio, Rafael Tomaz de Oliveira faz interessante articulação, de fundo nitidamente hermenêutico: *"O que faz de um princípio um princípio?* É a sua (arbitrária) determinação em textos de leis ou Constituições? Ou *sua manifestação histórico-cultural num determinado contexto de uma experiência jurídica comum?* Podemos antecipar aqui que, neste trabalho, encaminhamo-nos na direção desta última possibilidade. Desse modo, é possível dizer que aquilo que determina, originariamente, algo como um princípio, são *experiências concretas* que possibilitam a abertura de um contexto significativo que apresenta possibilidades de sentido em que os princípios acontecem. Dito de outro modo, um princípio nunca é imposto autoritariamente por uma determinada legislação, mas sua autoridade se manifesta a partir de um reconhecimento" (OLIVEIRA, 2008, p. 30, nota de rodapé nº 8, grifos nossos).

Feita essa nítida diferença, a pesquisa, agora, propõe-se a reavaliar os julgados colecionados no capítulo 1, com base nos conceitos discutidos por toda a tese, mostrando como decisões convencionalistas, pragmatistas e garantistas podem ser reexaminadas pelo viés hermenêutico, para – superando entraves epistemológicos – rejeitar a discricionariedade e buscar a resposta correta.

- **As decisões positivistas**

Nas subseções 1.1 e 1.2 constam duas decisões de índole marcadamente positivista. A primeira (STJ) é uma denegação de *habeas corpus* liberatório para réu em processo que apura o delito de tráfico ilícito de drogas, sob o único fundamento de que a lei assim o determina. A segunda (TJ-PA) diz respeito a uma apelação em que a defesa arguiu a inconstitucionalidade do artigo 385 do CPP, mas o órgão julgador nem sequer enfrentou a questão de fundo; limitou-se a dizer que, pelo "princípio" do livre convencimento motivado, o juiz pode, sim, condenar um réu, ainda que o Ministério Público pugne pela absolvição.

Que destino poderiam ter tido as pessoas envolvidas nesses dramas se as decisões tivessem sido hermeneuticamente construídas?

Quanto à primeira, conforme os argumentos já tecidos nesta tese em momentos anteriores, o problema foi, exatamente, acreditar na força inabalável da lei, como se a convenção não devesse rendição à tradição.

Embora a lei que veda a liberdade provisória em crime de tráfico seja recente (2006), há uma antiga polêmica doutrinária e jurisprudencial que paira sobre a questão. Ou seja, existe um choque entre a convenção legal e os princípios de moralidade política incorporados pela tradição democrática, especificamente pela CRFB/88. A discussão é extensa e ocupa, inclusive, o Supremo Tribunal Federal, como referido na nota de rodapé número 18 deste trabalho.

A lei veda a liberdade provisória em tese. Mas princípios caros à democracia, como o direito a um processo justo (antes de uma condenação), o direito à liberdade de ir e vir, não deveriam provocar a experiência do estranhamento, para submeter à prova os preconceitos inautênticos?

O apego à convenção não estaria desafiando o teste da justificação moral, próprio da integridade? Por conseguinte, manter intacto o texto da lei não comprometeria o ideal de vida boa, que deve ser buscado numa democracia?

Uma decisão hermenêutica deveria trazer à tona essa experiência. Construir essa decisão, com base nos aportes de Gadamer e Dworkin, implicaria, portanto:

a) trazer à fala o texto da Constituição e estabelecer o diálogo necessário entre a tradição democrática e o preconceito de que a lei salva. Em tempos de Estado Democrático de Direito, ainda se pode conviver com decisões que, simplesmente, escudam-se por detrás de um texto legal que, colocado no diálogo com a Constituição, sugere, para dizer o menos, estranhamento?

b) buscar toda a tradição que envolve a discussão da matéria em âmbito doutrinário e jurisprudencial, para demonstrar que a regra legal não é aceita de forma tão pacífica na comum-unidade jurídica;

c) considerar, principalmente, posições do mesmo tribunal de onde emanou a ordem e da Corte Suprema do país, para dar coerência e assegurar a tessitura do romance em cadeia.

Enfim, reexaminar hermeneuticamente essa decisão seria, inicialmente, dotá-la de algo que, por certo, ficou esquecido: argumentos.

Na linha que se tem defendido nesta tese, a liberdade provisória deveria ter sido concedida. Os argumentos são, sem dúvida, de moralidade política. São hermenêuticos, como acima se delineou. Há princípios por detrás dessa regra proibitiva (à qual se agarrou o julgador) que impedem sua validade. A regra, enfim, não se sustenta, pois, por detrás dela, não existe nenhum princípio instituidor que lhe dê suporte.

Afinal, que princípio poderia apoiar a proibição – totalmente em tese – de liberdade provisória em crime de tráfico? A segurança da sociedade? A eficiência punitiva do Estado? Mas essas razões realmente são dadas pela tradição democrática inaugurada no Brasil pós-64? Pode-se extrair da comunidade de princípios essa justificativa? Ou o ideal de fraternidade não nos levaria a concluir que os princípios que instituem a relação cidadão-Estado, no que toca à intervenção penal, são os da liberdade e do processo justo?

O que causa maior espanto, nessa hipótese, é que a lei atacada é posterior à Constituição de 1988 e, mesmo assim, segue sustentando o peso inquisitório dos diplomas repressivos dos anos 40. Isso é explicado somente pelo viés da manipulação de uma política criminal autoritária, que busca respostas punitivistas para o grave problema da criminalidade violenta. Porém, essa opção seguramente não se harmoniza com a proposta de um Estado Democrático de Direito, desenhado a partir de pilares como a dignidade humana, a liberdade e a defesa intransigente dos direitos fundamentais.

Disso se conclui que os princípios de moralidade política que forjaram a sociedade brasileira pós-64 e que foram traduzidos na CRFB/88 indicam um caminho totalmente distinto daquele trilhado na decisão ora criticada: não há, realmente, razão justificadora para se negar a liberdade de uma pessoa, em tese. Esse valor é muito caro à democracia, de modo que somente uma fundamentação completa, com o elenco de argumentos realmente contundentes, seria capaz de sustentar uma decisão violadora da liberdade individual.

Pensa-se que a resposta correta seria, portanto, admitir a liberdade provisória em tese e, a depender das especificidades (e da gravidade) do caso concreto, construir argumentos exaustivos para negá-la. E não, simplesmente, vedá-la em abstrato. Aliás, aqui se encontra mais um resquício positivista próprio da filosofia da consciência, em que se separa o fato e o direito, acreditando-se ser possível fazer restrições de direitos em tese. Há casos e casos, por mais pueril que seja tal afirmação. Nem sempre a gravidade abstrata do crime implica reconhecer que o autor desse crime deva ficar preso antes da sentença. As condições particulares de cada caso penal é que devem ser a baliza hermenêutica para a construção de argumentos de princípios, para aquela única, singular e irrepetível experiência.

A propósito dessa característica da singularidade do caso a caso, é oportuno trazer – para reforço do argumento – uma situação bastante usual, que tem ocupado a jurisprudência, em matéria, ainda, de tráfico ilícito de drogas.

Imaginemos um caso hipotético no qual um agente policial, sem ordem de juiz competente e movido, tão somente, por uma "denúncia anônima", invade o domicílio de um cidadão, sob a escusa de flagrar um depósito de drogas ilícitas.[314] Imaginemos, ainda, que o referido policial, ao invadir o domicílio do cidadão, de fato, encontre a droga ilícita ali depositada. Qual seria a melhor interpretação, com base na moralidade política, a ser dada às cláusulas constitucionais da inviolabilidade do domicílio e da proibição de provas ilícitas no processo penal?

O artigo 5º, XI, da CRFB, determina que "a casa é asilo inviolável do indivíduo, ninguém nela podendo penetrar sem consentimento do mo-

---

[314] A propósito desse tema, conferir artigo de Alexandre Morais da Rosa, intitulado "Tráfico e flagrante: apreensão da droga sem mandado. Uma prática (in)tolerável?" (In: PINHO, Ana Cláudia Bastos de; GOMES, Marcus Alan de Melo (Org.). *Direito Penal & democracia*. Porto Alegre: Núria Fabris, 2010. p. 69-77). Destacam-se os seguintes trechos do artigo: "A função do Poder Judiciário é o de garantir Direitos Fundamentais do sujeito em face do Estado (PINHO, Ana Cláudia Bastos de. *Direito Penal e Estado Democrático de Direito:* uma abordagem a partir do garantismo de Luigi Ferrajoli. Rio de Janeiro: Lumen Juris, 2006), a saber, as intervenções na esfera privada somente se justificam se houver uma relevância coletiva e, no caso de investigações criminais, os fundamentos precisam ser firmes. Por isto, *para se investigar alguém, numa democracia, não se pode iniciar com o 'denuncismo anônimo' contemporâneo em que a polícia recebe a denúncia anônima e se dá por satisfeita.* Tanto assim que agora se fomentam programas 'covardes' como o 'Informante Cidadão'. É preciso que as investigações aconteçam no limite da legalidade" (ROSA, 2010, p. 71-72, grifo nosso). "Assim é que *a denúncia anônima não pode ser tida, a priori, como verdade, nem justifica qualquer medida direta pela autoridade policial que não a investigação preliminar* e, se for o caso, requerer-se ao juízo competente, o respectivo mandado de busca e apreensão, apresentando-se as investigações preliminares" (Ibid., p. 74, grifo nosso).

rador, *salvo em caso de flagrante delito* ou desastre, ou para prestar socorro ou, durante o dia, por determinação judicial" (grifamos); o mesmo artigo, em seu inciso LVI, afiança que "são inadmissíveis, no processo, as provas obtidas por meios ilícitos".

A questão que se apresenta é: a suspeita de um flagrante de depósito de drogas na casa de um indivíduo, vinda, apenas, de uma "denúncia anônima", justifica a violação do domicílio? Estaria, realmente, assegurada a exceção constitucional (que admite a violação em caso de flagrante delito)? É preciso atentar para a especificidade do caso.

Respondendo com base na integridade, afirma-se que a melhor interpretação é a de que a postura do agente policial é indevida, por afronta à Constituição, pois não houve, antecipadamente, nenhuma ação policial investigativa legítima que sugerisse ao menos indícios da ocorrência do delito. Caso tivesse havido essa investigação prévia, caso o policial tivesse fortes indícios de que, realmente, o flagrante seria possível, estaria autorizada a violação, com base no permissivo constitucional.

Porém, hipóteses (infelizmente corriqueiras) de ações policiais que iniciam com base em notícias anônimas não podem, em absoluto, ser consideradas legítimas. Não há fundamento plausível que justifique esse ato. Nem mesmo a proteção da sociedade, que merece ficar livre das drogas ilícitas. Tampouco a justificativa de que o crime de tráfico ilícito de drogas é um crime permanente e de que isso favorece a extensão do estado de flagrância, pois a característica dogmática do crime (permanente) não possui o condão de eliminar a garantia constitucional, na medida em que esse flagrante não era conhecido pela polícia, que primeiro violou o domicílio para, depois, comprovar a situação de flagrância. Totalmente diferente seria se a polícia já tivesse indícios desse crime permanente e, aí sim, valendo-se da permanência do delito, invadisse, devidamente, o domicílio.

O princípio que deve sustentar essa interpretação é o de que todos os cidadãos, numa sociedade livre, justa e solidária, possuem o direito à privacidade, à intimidade, à inviolabilidade de seu lar. Isso é extraído da tradição democrática; não é inventado. A decisão que pretender excepcionar a garantia da inviolabilidade do domicílio precisa estar muito bem fundada, calçada em argumentos que descortinem alguma situação específica a justificar o gravame.[315]

---

[315] Sobre o tema, é oportuno analisar os seguintes julgados do STJ. O primeiro oriundo da Quinta Turma e o segundo, da Sexta Turma: *"HABEAS CORPUS.* NARCOTRAFICÂNCIA E ASSOCIAÇÃO PARA O TRÁFICO DE DROGAS. (ART. 33, *CAPUT*, E 35 DA LEI 11.343/06). PRISÃO EM FLAGRANTE EFETUADA NA CASA DA PACIENTE. INOCORRÊNCIA DE VIOLAÇÃO DE DOMICÍLIO. CRIME PERMANENTE. DILATAÇÃO TEMPORAL DO ESTADO DE FLAGRÂNCIA. PARECER DO MPF PELA DENEGAÇÃO DO *WRIT*. ORDEM DENEGADA. 1. O crime pelo qual

Voltando às decisões positivistas colecionadas no primeiro capítulo desta tese, mostrou-se um acórdão do Tribunal de Justiça do Estado do Pará que se escudou, não na lei, mas num corpo sem alma: o "princípio" do livre convencimento motivado. As aspas justificam-se porque, do ponto de vista hermenêutico, livre convencimento do juiz jamais foi ou será princípio. Como já apresentado neste estudo, princípios são deontológicos, acontecem, subjazem às práticas sociais. Não são construções dogmáticas, tampouco invencionices retóricas para manipular sentidos, fazendo com que qualquer coisa caiba dentro delas! Princípios não devem abrir, mas fechar sentidos.

Uma decisão hermeneuticamente formulada, por evidente, levaria a resultado bem diverso.

Em primeiro lugar, porque enfrentaria a questão, como deve ser. Todo cidadão tem direito a uma resposta. De preferência, constitucionalmente adequada, como, a todo tempo, lembra-nos Streck. Se o réu, nesse caso específico, sustentou a inconstitucionalidade de um dispositivo legal (CPP, art. 385) e pediu ao juiz que a declarasse incidentalmente, mereceria que seu questionamento fosse respondido, e não apenas negado com evasivas que dizem o óbvio.

Note-se que o julgado apenas repete o dispositivo legal cuja inconstitucionalidade está sendo questionada. Sobre o pedido do réu, diz apenas:

---

a paciente é acusada – tráfico de substâncias entorpecentes – *permite a dilatação temporal do estado de flagrância, na medida em que possui natureza jurídica de delitos permanentes, razão pela qual a busca domiciliar e a prisão da paciente em sua casa, sem amparo de mandado judicial, não constituem violação de domicílio* nem tampouco contaminam as provas colhidas. 2. *In casu*, não ocorreu a violação de domicílio vedada pela Constituição Federal, uma vez que o estado de flagrância permite a entrada de policiais no domicílio da paciente para interromper ou coibir a ação delituosa. 3. Parecer do MPF pela denegação da ordem. 4. Ordem denegada" (STJ. HC 135491/DF. Relator Ministro Napoleão Nunes Maia Filho. Julgado em 23 de fevereiro de 2010. Grifo nosso); "CONSTITUCIONAL. PROCESSUAL PENAL. PRISÃO EM FLAGRANTE. TRÁFICO DE DROGAS. CAMPANHA POLICIAL. ENTRADA DO DOMICÍLIO. LEGALIDADE. – A garantia constitucional da inviolabilidade do domicílio cede espaço nos casos de flagrante delito (CF, art. 5º, XI), não merecendo censura a ação policial intentada com o objetivo de efetuar prisão no interior de residência, *após constatar em campana a realização de comércio ilícito de entorpecente.* – Recurso ordinário desprovido" (STJ. RHC 7749/MG. Relator Ministro Vicente Leal. Julgado em 20 de agosto de 1998. Grifo nosso). A primeira decisão (Quinta Turma) admitiu a violação do domicílio, simplesmente com base no argumento da natureza dogmática de delito permanente ínsita no tráfico de drogas. Já a segunda decisão (Sexta Turma), embora também tenha admitido a entrada no domicílio, justificou perfeitamente a exceção constitucional, visto que esclareceu tratar-se de caso em que existiu prévia campana policial. Isto é, havia fortes indícios da situação de flagrância a justificar a violação domiciliar. A decisão da Sexta Turma seguiu a integridade, pois conseguiu estabelecer, no caso concreto, uma situação específica (campana policial) que tornou possível a violação de um direito individual, nos termos estabelecidos pela Constituição. A decisão da Quinta Turma, porém, não se valeu de um argumento bem fundado para demonstrar a possibilidade de violação do domicílio, apelando para um fundamento genérico (permanência do delito), incapaz de sustentar a quebra da garantia.

Não encontra sustentáculo no contexto fático-jurídico, tendo em vista que, como é cediço, o juiz, ao prolatar a sentença condenatória, não está adstrito ao entendimento firmado pelo parquet, ainda que este requeira a absolvição do réu em sede de alegações finais, podendo o magistrado convencer-se do contrário, amparado no princípio do livre convencimento motivado do juiz.

Ora, que o juiz pode condenar, mesmo que o Ministério Público peça a absolvição, isso já está escrito na lei. O que o réu estava pedindo era que o magistrado explicasse *por que* isso não é inconstitucional! Enfim, o requerente estava demandando uma resposta de fundo. O réu precisava de argumentos que lhe mostrassem por que, mesmo o Promotor de Justiça tendo pedido sua absolvição, mereceria ser condenado. Que resposta obteve? O juiz pode fazer o que quiser. Não está adstrito ao posicionamento do Ministério Público. Está amparado pelo "princípio" (com aspas, sempre) do livre convencimento motivado (seja lá o que isso queira dizer). E nada mais lhe foi dito.

É interessante notar o tom das palavras que adornam a decisão, tais como "é cediço" que o juiz não está adstrito ao que pensa o Ministério Público, ou o pedido "não encontra sustentáculo no contexto fático-jurídico". Pura retórica. Nada por trás sustenta essas afirmações. Onde comprovar que isso "é cediço"? Quem disse que a arguição do réu não encontra sustentáculo no "contexto fático-jurídico" (aliás, o que seria isso?). Pelo contrário. Há sérias discussões na doutrina sobre esse tema, inclusive com posicionamentos muito bem articulados, favoráveis à inconstitucionalidade do questionado artigo 385 do CPP.[316]

Insista-se que a carga inquisitória sustentada pelo Código de Processo Penal de 1941 não resiste a um filtro constitucional estreito. A decisão

---

[316] Citam-se os seguintes posicionamentos no sentido de que o juiz não pode condenar um réu quando do o Ministério Público pede a absolvição (via de consequência, é inconstitucional o artigo 385, do CPP): "[...] entendemos que *se o MP pedir a absolvição* (já que não pode desistir da ação) *a ela está vinculado o juiz*. O poder punitivo estatal está condicionado à invocação feita pelo MP através do exercício da pretensão acusatória, isto é, o acusador está abrindo mão de proceder contra alguém. *Como consequência, não pode o juiz condenar,* sob pena de exercer o poder punitivo sem a necessária invocação, no mais claro retrocesso ao modelo inquisitivo. Além disso, estará avocando um poder que ele não tem e não deve ter. Sepulta, assim, o princípio supremo do processo: a imparcialidade. Como consequência, fulminada está a estrutura dialética do processo, a igualdade das partes, o contraditório, etc. [...]. Dessa forma, pedida a absolvição pelo Ministério Público, necessariamente a sentença deve ser de extinção do feito sem julgamento do mérito (ou ao menos absolutória, considerando a lacuna legislativa), pois na verdade o acusador está deixando de exercer sua pretensão acusatória, impossibilitando assim a efetivação do poder (condicionado) de penar" (LOPES JÚNIOR, Aury. (Re)discutindo o objeto do processo penal com Jaime Guasp e James Goldschmidt. *Revista Brasileira de Ciências Criminais:* revista do IBCCRIM, São Paulo, v. 10, n. 39, jul./set. 2002, p. 103 *et seq.*, grifo nosso); "[...] se o art.129, I [da Constituição da República], toma a cena como vetor de interpretação, e se a promoção da ação penal pública não se exaure com a simples veiculação da acusação, mas encerra toda uma gama de poderes e deveres, *o art. 385* [do CPP] *não tem como subsistir na sua redação,* pois *não há como sustentar a condenação de alguém quando o próprio acusador avalia a impropriedade da sanção*" (CHOUKR, Fauzi Hassan. *Código de Processo Penal:* comentários consolidados e crítica jurisprudencial. Rio de Janeiro: Lumen Juris, 2005, p. 575-576, grifo nosso).

está errada exatamente porque não enfrentou a discussão; não analisou o tema sob o ângulo constitucional; não deixou acontecer a experiência hermenêutica do estranhamento.

O pré-conceito de que o juiz pode tudo, pode condenar quando o MP pede absolvição, é inautêntico. Não se confirma na coisa mesma, cujo sentido antecipado aponta para um processo penal democrático e acusatório, construído nas bases do Estado Democrático de Direito.

Como já analisado no capítulo primeiro, quando apresentada essa decisão, o Ministério Público, na qualidade de titular da ação penal pública, ao pedir a absolvição, está retirando sua pretensão acusatória. Porém, se ainda assim, o réu é condenado, é forçoso concluir que quem o acusou foi o próprio juiz, numa atitude nitidamente inquisitória, que não cabe numa democracia. Afinal, se a tutela dos direitos fundamentais deve realmente ser levada a sério, não se pode admitir que tenha um juiz criminal o poder de, ao mesmo tempo, acusar e julgar.

E mais: como se pode decidir uma questão de inconstitucionalidade sem fazer a menor análise possível da Constituição da República? O julgado nem sequer faz referência ao texto constitucional. Substituiu-o pelo "princípio" do livre convencimento. Eis o grave risco desse *panprincipiologismo em Terrae Brasilis,* como nos adverte, com firmeza, Lenio Streck.[317]

A resposta certa, aqui, seria fornecer argumentos (de princípio – e agora sem aspas) para enfrentar a delicada questão colocada pelo réu. O que albergaria essa faculdade de o juiz condenar, mesmo diante de um pedido expresso de absolvição do único órgão legitimado para acusar? Qual o princípio instituidor?

A posição aqui defendida, hermeneuticamente, é que esse dispositivo legal, corretamente denunciado na apelação, não resiste ao princípio político fundamental que deve nortear todo o processo penal democrático: todo cidadão tem o direito de ser julgado por um juiz que não se envolva com a acusação. Isso é a síntese do sistema acusatório. A inquisição ficou para trás. A tradição inquisitorial cedeu diante das conquistas democráticas e humanistas da civilização moderna. O juiz precisa dar-se conta de que não é mais aquela figura que acusa, produz prova, julga e executa. Essa noção foi sepultada junto com os corpos que penaram nos calabouços do medievo. Juiz do processo penal democrático é juiz que decide. Nada além disso; não produz prova, tampouco acusa.[318]

---

[317] STRECK, 2009, p. 475.

[318] Na nota de rodapé nº 14 desta tese, foram mencionados autores brasileiros que tratam dessa importante temática relativa aos sistemas processuais, que são de necessária consulta.

Essas ideias deveriam, pelo menos, provocar estranhamento quando feita a leitura do artigo 385 do CPP. Afinal, se juiz apenas decide, como pode condenar quando quem acusa está claramente dizendo que tal acusação não mais procede? Dito de outra forma, se quem é legitimado (constitucionalmente) para acusar retira a sua pretensão, mas, ainda assim, o réu é condenado, quem o acusou?

Vistas as coisas por esse prisma (envolvendo a tradição), elas não parecem mais tão "cediças" assim, pois não? O lugar comum do artigo 385 do CPP, ao menos, tende a vacilar.

A regra questionada, como visto, não repousa em nenhum princípio de moralidade política. Pelo contrário, colocada no jogo hermenêutico, não resiste à experiência do estranhamento. Dessa forma, a resposta correta está, exatamente, na declaração de sua inconstitucionalidade incidental. A regra, que remonta ao Código de 1941, foi solapada pela necessidade de mudança do sistema jurídico. Como já se disse alhures, a integridade respeita a tradição, mas a tradição também respeita a integridade.[319]

O convencionalismo, em ambas as decisões criticadas, não conduziu à resposta correta do caso concreto. Muita coisa ficou de fora. Principalmente, o argumento.

• A decisão pragmatista

A sentença apresentada na subseção 1.3 desta tese, em que o juiz de 1.ª instância determina a soltura de dois indiciados, presos pelo furto de duas melancias, tem raiz pragmatista, postura fartamente criticada por Ronald Dworkin, e cujas características centrais já foram delineadas na subseção 2.3.

---

[319] Na verdade, há outras tantas regras do CPP/41, de cunho nitidamente inquisitório, que demanda(ria)m a necessária filtragem constitucional. Alguns exemplos são: artigo 28 (que faculta ao juiz negar pedido de arquivamento formulado pelo MP e encaminhar as peças ao procurar-geral); artigo 383 (que permite ao juiz alterar a definição jurídica da acusação – esse dispositivo é posterior à CRFB, sua redação foi dada pela Lei nº 11.719/08); artigo 414 (que mantém a sentença de impronúncia no rito do Tribunal do Júri, permanecendo o réu sem uma definição de sua situação jurídica, o que viola flagrantemente a presunção de inocência. A redação desse dispositivo também é posterior à CRFB – Lei nº 11.689/08). Em artigo intitulado "A arguição de descumprimento de preceito fundamental e o direito anterior à Constituição de 1988", Antônio Moreira Maués e Patrick Menezes Colares listaram alguns casos em que o Poder Judiciário foi chamado a intervir para decidir acerca da recepção (ou não) de regras anteriores à CRFB, como é o caso do CPP/41. Dentre eles, destacam-se: "os arts. 393, II, e 408, § 1º, do Código de Processo Penal, que preveem o lançamento do nome do réu no rol dos culpados como efeito, respectivamente, da sentença condenatória recorrível e da sentença de pronúncia, revogados pelo art. 5º, LVII, da CF (TJSP – RT 701/310, RT 702/424 e RT 729/486)" (MAUÉS, Antônio Gomes Moreira; COLARES, Patrick Menezes. A arguição de descumprimento de preceito fundamental e o direito anterior à Constituição de 1988. *Plúrima*: Revista da Faculdade de Direito da UFF, Porto Alegre, v. 6, 2002 (Coleção Acadêmica de Direito, v. 24), p. 185).

Ainda assim, é pertinente dedicar algumas linhas a essa visão cética do Direito, que não acredita na resposta correta, pois defende que o juiz inventa o Direito, a partir de suas concepções de bom e de justo, tendo em mira um objetivo utilitarista e consequencialista.

O pragmatismo, como acima já estudado, não rende homenagens à tradição. Não interessa o passado, pois o Direito ali não está. O interesse é eminentemente prático, sem qualquer necessidade de filiação a uma teoria do Direito. Isso seria pura ilusão. A preocupação primordial é com a consequência útil da decisão a ser tomada, visando ao bem-estar da comunidade, independentemente de uma formulação teórica sofisticada.[320]

Decisões com esse caráter redundam, inevitavelmente, em perigosos protagonismos judiciais, em que o juiz sente-se solto, livre de qualquer fundamentação teórica, para decidir segundo sua visão do que é melhor no caso concreto. O pragmatismo quer fazer crer, portanto, que discutir as concepções do Direito é absoluta perda de tempo para um juiz que precisa decidir sobre questões sérias. E aí reside o grave risco, pois dispensar as divergências teóricas no (e sobre o) Direito implica empurrá-lo para o abismo da discricionariedade. Daí Dworkin afirmar: *"o pragmatismo provoca autodestruição onde quer que apareça: oferece conselhos que nos diz para não acatar"*.[321] Isso porque, até para compreender o que pretende o pragmatismo, precisamos pensar teoricamente sobre o que é o Direito.

Em suma, não se pode dispensar a teoria. Mais: não se pode dispensar uma teoria que trabalhe com argumentos morais sobre o Direito.

No positivismo, a teoria limita-se a questões semânticas. Moral e Direito aqui, é bom lembrar, seguem cindidos. Quando não consegue mais dar conta dos graves problemas de linguagem (obscuridade, vagueza, imprecisão), o positivismo afasta a decisão para a racionalidade assujeitadora, ou seja, a discricionariedade.

No pragmatismo, a teoria é dispensada porque o que interessa são as consequências práticas das decisões. Novamente, discricionariedade.

Na hermenêutica, o que se propõe é a construção de uma rica teoria do Direito, por meio da interpretação, com o objetivo claro de dar conta do mundo prático (que nada diz com a razão prática que o positivismo deixou a critério do arbítrio, pois sua formatação teórica foi insuficiente), fazendo com que as decisões sejam tomadas com base em princípios de moralidade política. O Direito, aqui, é fruto da melhor interpretação moral que se pode dar às práticas e instituições.

---

[320] Para Dworkin, "alguns juristas que se autodenominam *pragmatistas* querem apenas dizer que são *indivíduos práticos*, mais interessados nas reais consequências de decisões políticas e jurídicas específicas do que em teorias abstratas" (DWORKIN, 2010b, p. 53-54, grifos nossos).

[321] Ibid., p. 55, grifo nosso.

Exatamente por essa razão, Dworkin dedica um texto (capítulo 2 do livro *A justiça de toga*), para fazer "O elogio da teoria". A ideia é mostrar que não há como avançar no Direito senão por meio de um refinado debate teórico. Quaisquer afirmações que se façam sobre casos controvertidos são, inevitavelmente, teóricas. Não dizem com descrições históricas do direito (convencionalismo), tampouco com previsões futuristas ou consequencialistas (pragmatismo), mas com argumentação, interpretação (integridade).[322]

Sob o escudo de um simpático relativismo filosófico e de uma cândida humildade intelectual, as abordagens que se dizem "práticas", dispensando uma fundamentação teórica consistente, escondem, na verdade, o grande risco que assombra as decisões judiciais: o ativismo.

Os argumentos do pragmatismo podem ser sedutores. O juiz é um agente político. Precisa decidir questões sérias, controvertidas, que envolvem casos concretos acerca do bem-estar de uma coletividade, do seu futuro, das suas práticas vindouras. Não pode perder tempo em bibliotecas de filosofia política, tampouco adornar suas sentenças com argumentos metafísicos sobre o que o direito é. Necessita, pelo contrário, atacar o foco do problema. Resolver da melhor maneira possível, ponderando as consequências de sua decisão. Fazer justiça, enfim. O que fará a comunidade melhor? Onde haverá mais ganho? Qual a decisão mais útil, num determinado contexto?

Dworkin dirige severas críticas a essa postura cética, a partir da análise, ainda que breve, de dois expoentes do pragmatismo norte-americano: Richard Posner e Cass Sunstein, os quais, segundo Dworkin, integram o que chama "exército antiteórico".[323]

---

[322] Dworkin, como sempre faz, traz exemplos esclarecedores de casos controvertidos. Um exemplo: uma mulher que, por dois anos, toma medicamentos genéricos, fabricados por vários laboratórios e adquire problemas de saúde. Não há como saber quais os medicamentos que lhe fizeram mal. Terá direito a indenização? Todos os laboratórios serão responsáveis, solidariamente? Ou nenhum deles o será, pois não há como provar quem deu causa? Outro exemplo: pessoas queimam a bandeira norte-americana em sinal de protesto político. Essa conduta viola a Primeira Emenda que, entre outros direitos fundamentais, assegura a liberdade de expressão? Pode ser considerada criminosa? Um último exemplo: a Constituição americana assegura algum direito ao suicídio assistido? Na sequência, Dworkin questiona: "qual é a natureza de uma afirmação de que, por exemplo, os laboratórios farmacêuticos, são, de acordo com o direito, conjunta e individualmente responsáveis? Ou de que a Primeira Emenda protege a queima de bandeiras? Ou de que a Décima Quarta Emenda assegura o direito ao suicídio assistido?" (DWORKIN, 2010b, p. 72). Ao longo do texto, Dworkin faz a defesa da abordagem teórica do Direito, demonstrando que a abordagem meramente prática (pragmatismo) não fornece argumentos bastantes para justificar a prática judicial.

[323] Antes de iniciar a abordagem das posições defendidas por seus críticos (Posner e Sunstein), Dworkin faz uma pequena, mas importante, reflexão sobre o destino da teoria no século XX: "Finalmente passarei a tratar dos críticos que prometi abordar. Permitam-me, primeiro, *uma palavra sobre o espírito de nossa época, que leva tantas pessoas a reclamar da teoria.* A adolescência de nosso século [o texto foi escrito no final do século XX, em 1997] esteve impregnada de ideologias, e elas não lhe foram de grande proveito. *No fim do século os intelectuais desconfiam da teoria talvez ainda mais do que qualquer*

Posner e Sunstein são professores da faculdade de Direito da Universidade de Chicago. O primeiro é, ainda, juiz da Corte de Apelação do Sétimo Circuito, em Chicago. Em síntese, ambos defendem visões pragmatistas do Direito. Não acreditam na resposta correta e pensam que juízes devem decidir tendo sempre em vista a melhor solução para o bem-estar da coletividade (utilitarismo), sem a necessidade de qualquer base teórica sofisticada.

Ao fim e ao cabo, Dworkin demonstra que o utilitarismo é uma grande ameaça ao Estado Constitucional de Direito, porque nem sempre a melhor decisão para a coletividade é a mais justa e mais coerente, e conclui que, se, de fato, os juízes precisam acertar os casos concretos, jamais poderão prescindir de uma formulação teórica adequada. Não uma formulação teórica abstrata em qualquer nível e com pretensões de universalidade (como poderia fazer, por exemplo, Hércules), pois, realmente, isso nem sempre é necessário. Devem os juízes começar pelo problema que tem em mãos e buscar, nos princípios de moralidade política, a melhor interpretação das práticas, a melhor argumentação moral (pensar de dentro para fora).

Porém, alerta Dworkin, poderá, sim, haver situações mais controvertidas que outras, em que os juízes necessitem enfrentar os corredores da biblioteca de teoria política, de filosofia. E terão de fazê-lo, se pretenderem bem fundar suas respostas.[324]

Em síntese, resolver os casos concretos, dar respostas corretas a questões do mundo prático implica, necessariamente, adotar uma boa teoria que suporte toda a argumentação moral.

A preocupação com a teoria, se assim se pode dizer, é sempre prática. Somente se chegará à validade do discurso interpretativo se a teoria entrar no jogo, se as razões de decidir forem sustentadas por bons argumentos morais. Caso contrário, só resta o caminho da discricionariedade.

Feitas essas considerações sobre o pragmatismo e a imprescindibilidade da teoria, resta, para cumprir o proposto, avaliar, pelo viés da hermenêutica, a decisão colecionada na subseção 1.3 desta investigação.

---

outra época já o tenha feito. Para onde quer que nos voltemos, deparamo-nos com as rejeições e os ataques dos pós-modernistas, pré-estruturalistas, desconstrucionistas, adeptos dos Estudos Jurídicos Críticos, pensadores da teoria racial crítica e milhares de outras *legiões do exército antiteórico. Alguns dizem que a teoria é mistificação, outros que é opressão, e muitos que ela é ambas as coisas*" (DWORKIN, 2010b, p. 82-83).

[324] "Concordo com os críticos quando eles afirmam que nem todos os juízes têm formação em filosofia. Contudo, se meus argumentos forem bem fundados, não temos outra opção a não ser pedir-lhes que se defrontem com questões que, de tempos em tempos, são filosóficas" (DWORKIN, 2010b, p. 105).

Dois homens foram presos por furtarem duas melancias. O caso vem às mãos do juiz que determina – como seria de se esperar – a soltura imediata dos indiciados. Porém, embora o caso seja aparentemente simples, não dispensaria argumentos baseados em princípios de moralidade. É exigência democrática que o juiz forneça uma resposta constitucionalmente adequada (Streck). Por evidente, há uma boa teoria capaz de fornecer os argumentos de princípio de que necessitaria o juiz.

Todavia, não foi assim que decidiu o Magistrado. Sob o escudo de que se tratava de um *easy case*, achou por bem não formular razões suficientemente convincentes, ou seja, não mostrou o Direito em sua melhor luz. Optou pela via da utilidade. A partir de uma miscelânea de pseudofundamentos (pois, se não estão corretamente justificados, não podem ser fundamentos), simplesmente mandou soltar os réus e, ainda, concluiu, poeticamente (ou melhor seria, arbitrariamente?): "quem quiser que escolha o motivo".

É bem verdade que moralmente não se há de concordar com a prisão de dois cidadãos pelo furto de duas melancias. A integridade, certamente, também consideraria injusta essa prisão. Mas qual a razão disso? Por que esse comportamento não pode ser considerado como um crime de furto? O que estaria por trás dessa prisão que a tornaria iníqua?

Argumentos baseados em princípios de moralidade política, certamente, seriam uma via privilegiada para conduzir à resposta certa.

Dispensar, como fez o juiz, a teoria (ousar "agir em total desprezo pelas normas técnicas") não foi uma opção democrática. Por mais injusta e incômoda que seja a situação concreta, maior incômodo causa, ainda, uma decisão que dispensou qualquer formulação teórica consistente e optou por um caminho perigoso no Estado Constitucional: o pragmatismo. Com efeito, o juiz somente teve em mira o bem-estar dos indiciados (que também, por evidente, importa à integridade), batendo as portas para a coerência, a tradição, a democracia, enfim.

Nem o garantismo – que aceita uma certa discricionariedade *pro reo* – concordaria com tal decisão, pois, em sua formalização teórica, há saída normativa para esse caso (os axiomas resolveriam, aqui).

Hermeneuticamente analisada, a decisão deveria, inicialmente, explicar por que, nesse caso, o fato não é crime de furto e, consequentemente, a prisão é ilegítima. Que princípio poderia albergar essa prisão? O que faz de uma subtração de coisa alheia móvel um crime de furto, como determina o Código Penal? Que argumentos seriam necessários para afirmar que, nesse caso, a lei não se aplica? Enfim, qual a melhor interpretação para a lei (Código Penal), nesse caso?

A partir desses questionamentos, é possível desenvolver os argumentos (de moralidade política) necessários para blindar a decisão.

O crime de furto, aqui, não ocorre, pelo seguinte: se o Estado Constitucional não é mais somente Estado Legal (liberal), a tipicidade meramente formal (subsunção) não satisfaz. Para além da adequação formal do fato à norma incriminadora, exige-se que esse fato cause, realmente, um dano ou um perigo concreto de dano a bem jurídico relevante, a fim de justificar a intervenção penal, que sempre que possível deve ser evitada, em nome da tutela dos direitos individuais. Afinal, intervenção penal representa, sempre, uma violação de direitos e, por isso, deve ser plenamente justificada. É necessária, portanto, a tipicidade material.[325]

Nunca é demais lembrar que o furto está estabelecido em um diploma legal que data de 1940. Mas, em 1988, as coisas mudaram no Brasil. De fato, a tradição burguesa que inspirou ideologicamente esse Código Penal precisa ser repensada. Não se confirma mais diante das experiências hauridas com a democracia constitucional. Essa análise, colocando em confronto tradição e autoridade, deixa clara a necessidade de romper com a convenção legal, para deixar falar o princípio instituidor, de índole constitucional: não é justo (não é correto) que alguém seja preso porque praticou irrelevante delito patrimonial sem violência.

Para complementar, a análise de todo o histórico doutrinário e jurisprudencial em casos semelhantes, desde a virada constitucional, seria interessante para encadear o argumento (o "romance"). Bastaria isso e a decisão já se colocaria em bom termo. Mas a escolha foi outra. Embora o resultado tenha sido inquestionavelmente correto, a resposta não o foi. Ficou em dívida com o constitucionalismo e, de consequência, com a democracia.

• A decisão garantista

A investigação que agora chega às suas últimas linhas teve como ponto fulcral a coleção de argumentos para fundar uma crítica à epistemologia garantista, mostrando que a filiação ao esquema sujeito-objeto (com

---

[325] Bustos Ramírez e Malarée defendem um conteúdo material para a tipicidade: "[...] este proceso valorativo de atribución no se agota con la constatación formal de la concurrencia de todos y cada uno de los elementos típicos [...], sino que es necesario verificar valorativamente si la realización típica entra en conflicto con el bien jurídico protegido por la respectiva norma. Es el *bien jurídico* el que le da *significación material* a la realización típica" (BUSTOS RAMÍREZ, Juan José; HORMAZÁBAL MALARÉE, Hernán. *Lecciones de derecho penal*. Madrid: Trotta, 1997, v. I, p. 143-144, grifo nosso). Entre nós, sustentando posição semelhante, Luiz Flávio Gomes: "De acordo com a teoria constitucionalista do delito que adotamos a tipicidade tem que ser compreendida (necessariamente) também em sentido material, tipicidade penal, assim, significa tipicidade formal + tipicidade material" (GOMES, Luiz Flávio. *Direito Penal – parte geral:* teoria constitucionalista do delito. São Paulo: Revista dos Tribunais; IELF, 2004, p. 84-85).

a pretensão de manipular a linguagem, tomando-a como instrumento e não como *medium*) e a insistência na cisão moral x direito comprometem a possibilidade de controle das decisões penais, já que se permanece refém da discricionariedade.

Portanto, todos os capítulos e seções precedentes examinaram essa argumentação central, a todo tempo apontando a hermenêutica filosófica de Gadamer e a teoria da integridade de Dworkin como propostas viáveis para a tarefa (árdua, porém necessária) de oferecer limites ao poder do juiz criminal.

A artificialidade do garantismo, como já se demonstrou, acaba por afastá-lo do mundo prático. Decisões que procuram manter-se no terreno da democracia e dos direitos fundamentais, não raro, precisam apelar para argumentos de outro nível para dar conta de um resultado correto, como se viu com os julgados analisados na subseção 4.1.

A proposta desta subseção seria reavaliar a decisão da subseção 1.4 desta tese, de lavra do Desembargador Amilton Bueno de Carvalho, procurando mostrar como ela seria se tivesse seguido a hermenêutica e a integridade. Como se poderia fazer isso?

Propositadamente, esse questionamento ficou reservado para o final. Com todo o desenvolvimento teórico que foi realizado durante a pesquisa, é possível, agora, afirmar que a hermenêutica olharia a questão de um ponto completamente distinto, de modo que a pretensão de reconstruí-la, de corrigi-la é impensável.

Na verdade, a decisão de lavra do Desembargador gaúcho não necessitaria tecer comentário sobre o procedimento em contraditório, visto que, no caso concreto, a violação dele não trouxe nenhum prejuízo ao acusado, que foi absolvido por outra razão. O raciocínio dos juízes, lembra Dworkin, é sempre de dentro para fora, isto é, não é preciso criar nenhuma teoria mais genérica sobre o tema, se isso não for imprescindível à argumentação.

Mas imaginemos, por hipótese, que o réu, desse caso específico (decisão 1.4), que foi interrogado sem a presença de um defensor, tivesse sido condenado. Por evidente, a condenação seria ilegítima. Mas por quê?

Não é pelo mero desrespeito ao procedimento, que, para o garantismo, asseguraria o controle (ainda que precário) da discricionariedade. Mas porque, por detrás dessa regra procedimental, existe uma exigência da integridade: não é justo que alguém seja submetido a interrogatório judicial sem que lhe seja dada a oportunidade de produzir sua defesa, por meio de profissional habilitado.

O que, para a hermenêutica, garante o controle da discricionariedade – e aqui está o ponto que marca bem a diferença – não é o procedimen-

---

Para Além do Garantismo
UMA PROPOSTA HERMENÊUTICA DE CONTROLE DA DECISÃO PENAL

to, ainda que ele seja necessário. É, antes, o engajamento do juiz na busca pela integridade, com a argumentação com base em princípios de moralidade política, que venham a interpretar o Direito em sua melhor luz, isto é, buscando sempre equacionar a justiça, a equidade, a coerência.

Como já se disse ao analisar a decisão citada, o procedimento em contraditório, embora relevante, não assegura a correção da decisão. Ele pode, até mesmo, ser desconsiderado e, à parte isso, a decisão seguir correta (e foi, exatamente, o que aconteceu – o Desembargador apenas decidiu abordar o tema *ad argumentandum*, já que o réu fora absolvido por outro fundamento). Ou ele pode ser rigorosamente observado e, à parte isso, a decisão não seguir a integridade. É aqui que a hermenêutica se apresenta como uma proposta viável para o controle desse relativismo interpretativo, que ainda é tomado pelo garantismo como uma fatalidade insuprimível do sistema, por conta das zonas de incerteza que a semântica, nem com a melhor filosofia da linguagem possível, é capaz de superar e por conta da crença de que prejuízos inautênticos (mesmo inafastáveis, isso é óbvio) são vícios inconvalidáveis. A hermenêutica já mostrou, exatamente, o inverso.

Dessa forma, não se vai reexaminar a decisão 1.4 hermeneuticamente. Não cabe. A argumentação desenvolvida pelo Magistrado para justificar o procedimento contraditório não pode ser corrigida pela via hermenêutica. Pode apenas ser superada. Onde o garantismo aponta para o decisionismo, a hermenêutica simplesmente não entra. Sua trilha segue diametralmente oposta. A hermenêutica é apontada nesta tese como um caminho para, justamente, ir para além do garantismo e de sua conformação com a discricionariedade. Um caminho que, pela força da argumentação, vale por si só.

Notas conclusivas

Diante da exposição da tese, é possível listar algumas conclusões.

1. Embora a Constituição da República seja uma realidade concreta, ainda não se consubstanciou, no Brasil, uma séria teoria da decisão penal, comprometida com a democracia e com a realização dos direitos fundamentais. A forma como os juízes decidem os casos penais transita entre o mais fiel convencionalismo (no caso daqueles que nem sequer se deram conta de que existe Estado Constitucional no Brasil) e o discurso do pragmatismo, com sua pseudo promessa de desvelamento dos princípios e de realização da justiça. A necessidade de articular uma precisa teoria da decisão, no ambiente penal, é urgente, principalmente porque a forma como (ainda) se constitui o processo penal brasileiro, a partir do princípio inquisitivo, mantendo na figura (solipsista) do juiz a gestão da prova, fomenta o perigoso ativismo judicial, que sérios riscos traz à democracia.

2. A teoria do garantismo (Luigi Ferrajoli) que, nesse contexto, poderia sobressair como uma opção democraticamente válida, com o fim de orientar as decisões penais, não satisfaz em vários pontos, pois ainda segue presa ao aguilhão semântico, formatando uma epistemologia baseada na relação sujeito-objeto e sugerindo, como forma de controle do poder do juiz, a precisão semântica, a partir de aportes da filosofia analítica, propondo a manipulação formal da linguagem.

3. O grande problema herdado do positivismo, qual seja, a crença na discricionariedade, permanece íntegro, em certa medida, na epistemologia garantista que, exatamente por assumir uma correção formal da linguagem, continua nas amarras da filosofia da consciência, sendo necessário reconhecer que, por mais precisa que seja essa linguagem, há espaços de indeterminação que dependerão da discricionariedade, tida como inafastável, do julgador. Embora o garantismo admita uma discricionariedade somente *pro reo*, a presente investigação demonstrou que, ainda assim, segue o risco, visto que continua a depender do arbítrio do juiz definir o que seja *pró* ou *contra*. Ademais, nem sempre uma decisão favorável ao imputado harmoniza-se com as necessidades de um Estado

Constitucional. Ela pode, ainda sim, ser um mal-estar; por isso, precisa ser combatida.

4. Além da ideia de uma precisão semântica como forma de limitar o poder de decisão judicial, o postulado básico do garantismo referente à cisão entre moral e direito apresenta-se, da mesma forma, como um obstáculo à compreensão da Constituição e dos princípios que lhe fazem corpo, já que, conforme demonstrado na pesquisa, não há como realizar os projetos democráticos, senão a partir de uma compreensão moral da Constituição, abandonando-se, para isso, as questões semânticas.

5. A separação entre moral e direito, a crença na precisão semântica e a formulação de uma técnica para a correção da linguagem criam um ambiente artificial (próprio do cartesianismo) e acabam por afastar a epistemologia garantista do mundo prático.

6. Dadas essas características, o garantismo trabalha com uma espécie de lista de princípios (os dez axiomas), formulados *ex ante* e destinados a aplicação posterior, como forma de apontar a ilegitimidade do Direito e das práticas. Com isso, separa compreensão, interpretação e aplicação, ocorrendo, não raro, situações concretas que ficam fora da arquitetura ferrajoliana.

7. Com isso, algumas decisões marcadamente garantistas, ao não encontrarem, no modelo previamente oferecido pela teoria, respostas para a realidade, precisam seguir dois caminhos: ou assumem a discricionariedade (aceita pelo garantismo, desde que seja em favor do imputado), ou, de outra banda, deixam de ser decisões marcadamente garantistas, pois precisam encontrar fundamentos para além dessa teoria, em algum outro tipo de argumentação.

8. Muitas decisões ditas garantistas pelo simples fato de chegarem a um resultado favorável ao hipossuficiente da relação penal (investigado/acusado/apenado), na verdade, não o são. Carregam esse rótulo em virtude, infelizmente, da banalização do termo no Brasil, pela falta de uma séria (e necessária) compreensão da extensa (e necessária) obra de Luigi Ferrajoli. Há decisões que invocam outros argumentos, outro tipo de fundamentação e, apesar de chegarem ao mesmo ponto final, o caminho percorrido foi outro.

9. A tese, uma vez tendo detectado os problemas que a epistemologia garantista apresenta para a sedimentação de uma teoria da decisão penal, oferece, como proposta, uma compreensão hermenêutica desse fenômeno.

10. Essa proposta hermenêutica de controle da decisão penal passa, em primeiro lugar, pela superação da ideia de um método semântico como forma de assegurar – ainda que não completamente – a correção

da linguagem e, de consequência, a redução da discricionariedade. Em segundo lugar, ao invés da utilização de um método e indo além da limitada relação sujeito-objeto, a hermenêutica (Gadamer) permite enxergar o fenômeno de forma mais alargada, por meio do diálogo (entre o texto e o intérprete, entre o sujeito e a tradição), incluindo a fusão de horizontes (passado/presente) e assumindo a estrutura prévia da compreensão (distinguindo pré-conceitos autênticos de inautênticos). Dessa forma, o Direito passa a ser concebido como uma prática social interpretativa (Dworkin), em que importam os argumentos de fundo, com o fim de que se desenvolvam fundamentações suficientes para a melhor aplicação moral do arcabouço jurídico, respeitando-se a integridade e a coerência.

11. A tradição com a qual trabalha a hermenêutica nada tem de conservadorismo. A tradição é o reconhecimento racional de uma autoridade e deve, sempre, levar à posição crítica. Isto é, os pré-conceitos que não mais se conformarem com um novo momento histórico devem ser alterados. A integridade respeita a tradição, mas a tradição também rende homenagens à integridade.

12. A hermenêutica trata os princípios de forma, não epistemológica, mas deontológica. Não oferece uma lista prévia de princípios, mas identifica-os, a partir do caso concreto, como indicações morais instituidoras. Ou seja, os princípios decorrem da própria situação hermenêutica. O intérprete, por meio de uma rigorosa interpretação moral da prática e do Direito, identifica, no caso real, o princípio instituidor.

13. A compreensão hermenêutica, assim, jamais se dá no aberto. Não há um grau zero de sentido, tampouco se pode cindir compreensão, interpretação e aplicação. Um princípio só se dá na situação concreta, isto é, somente se interpreta porque se (pré)compreende. Não se interpreta do vazio para, depois, aplicar o resultado dessa compreensão ao caso concreto. Isso é próprio das teorias semânticas. Quando se interpreta, antes já se compreendeu e, para isso, já se imaginou uma situação real.

14. Tanto o garantismo ferrajoliano, quanto a hermenêutica gadameriana e a integridade dworkiniana estão preocupados com o relativismo interpretativo. Porém, os caminhos percorridos é que marcam bem a diferença que se pretendeu ressaltar nesta investigação. Enquanto o garantismo busca saída na formalização da linguagem, reduzindo-a a instrumento, a hermenêutica concebe a linguagem como condição de possibilidade da própria compreensão. A seu modo, a integridade também combate as teorias semânticas e propõe um modelo interpretativo de Direito (interpretação construtiva) que persegue a resposta certa, acreditando ser possível limitar o protagonismo judicial, por meio de uma argumentação moral (moralidade política) do Direito.

15. A resposta correta (ou a resposta constitucionalmente adequada, segundo Streck) não é uma questão de sofisticação teórica, mas uma necessidade democrática. Não se pode conviver, num Estado Democrático de Direito, com espaços insuprimíveis de discricionariedade, nem que sejam *pro reo*, como admite o garantismo. A busca pela resposta correta, por meio da melhor interpretação possível (ver o Direito em sua melhor luz), é uma tarefa a que se devem dedicar os juízes, se quiserem levar a cabo o projeto democrático.

16. O Direito não pode ser reduzido a mera questão de sorte ou de poder. Por isso, é imprescindível a formatação de uma refinada teoria da decisão. Não se pode prescindir da teoria e deixar o julgamento a critério da discricionariedade solipsista do juiz. A resposta certa, assim, não é nenhuma pretensão filosófica abstrata, mas uma necessidade de resolver, em concreto, questões sobre os direitos que as pessoas têm. Como insiste Dworkin, a resposta certa não é definitiva ou imutável. É a resposta *do* caso, *daquele* caso em discussão.

17. O garantismo, embora assumindo um modelo crítico de positivismo, já que defende um controle material de constitucionalidade, distinguindo vigência de validade, em alguns pontos é traído pela herança kelseniana, principalmente no que concerne à aceitação da discricionariedade e, portanto, pela assunção de algum ceticismo em relação à resposta correta. O problema que a tese identifica consiste, em verdade, no fato de o avanço que o garantismo representa em relação ao paleopositivismo não ser suficiente para que se afaste do fantasma do decisionismo (ainda que apenas o admita *pro reo*, insista-se). O garantismo, ao fim e ao cabo, segue preso a uma teoria semântica do significado. Embora assuma os princípios constitucionais, oferece uma leitura positivista da Constituição. E aí reside todo o entrave.

18. A hermenêutica aparta-se do garantismo, não por oferecer uma proposta teórica melhor, mas por superar a ideia de uma proposta teórico-metodológica. Não se trata, enfim, de aprimorar a técnica apresentada pelo garantismo, ou de sugerir algum tipo de correção ou emenda à epistemologia tão bem montada por Luigi Ferrajoli. Trata-se de ir para além da ideia de uma formalização da linguagem, propondo, não uma técnica, mas um processo de compreensão, que se dá no jogo dialético do diálogo, com a necessária admissão de que é a tradição que nos (sobre)determina e que, portanto, jamais será possível, por maior que seja o esforço, manipular a linguagem, na medida em que nós somos por ela constituídos. A nossa condição de seres finitos e históricos leva à necessidade de respostas provisórias, limitadas, que podem (e devem) alterar-se no tempo, fazendo a migração de sentidos, pela experiência hermenêutica do estranhamento.

19. A hermenêutica não é proposta, aqui, como um substitutivo do garantismo. Não se afirmou, em nenhum momento, que o garantismo deva ser corrigido. Reconhece-se que a teoria do garantismo segue tendo sua importância nos sistemas jurídicos democráticos. Porém, os óbices que apresenta para a construção de uma teoria da decisão penal que satisfaça aos anseios de limitar o poder do juiz criminal precisam ser denunciados. A ideia da pesquisa foi, exatamente, identificar os problemas da teoria ferrajoliana e oferecer um outro caminho, uma outra forma de compreensão, uma outra via para superar os entraves que qualquer teoria semântica apresenta.

20. Por fim, conclui-se que a verdade não está no método, não está na precisão semântica, tampouco na ideal cisão entre moral e direito. A verdade, enfim, não está no resultado; está, antes, no caminho. Está na força da argumentação moral, no esforço constante de bem funda(menta)r a decisão, enfrentando-se todas as questões submetidas à apreciação, para fornecer ao cidadão uma resposta correta. Correta, não porque existam provas (metafísicas) de que assim o seja, mas porque tratou o direito a sério. Como deve ser.

Referências

ARENDT, Hannah. *Eichmann em Jerusalém:* um relato sobre a banalidade do mal. São Paulo: Companhia das Letras, 1999.

BURLEY, Justine. *Dworkin and his critics:* with replies by Dworkin (philosophers and their critics). Oxford: Blackwell Publishing, 2004.

BUSTOS RAMÍREZ, Juan José; HORMAZÁBAL MALARÉE, Hernán. *Lecciones de derecho penal.* Madrid: Trotta, 1997, v. I.

CARBONELL SÁNCHEZ, Miguel; SALAZAR UGARTE, Pedro (Coord.). *Garantismo:* estudios sobre el pensamiento jurídico de Luigi Ferrajoli. 2. ed. Madrid: Trotta, 2009.

CÁRCOVA, Carlos María. *Direito, política e magistratura.* São Paulo: LTr, 1996.

CARVALHO, Amilton Bueno de. *Garantismo penal aplicado.* 2. ed. Rio de Janeiro: Lumen Juris, 2006.

——; CARVALHO, Salo de. *Aplicação da pena e garantismo.* Rio de Janeiro: Lumen Juris, 2001.

——; ROSA, Henrique Marder da; MACHADO, Rafael Rodrigues da Silva Pinheiro; BRITO E SOUTO, Ronya Soares de. *Garantismo aplicado à execução penal.* Rio de Janeiro: Lumen Juris, 2007.

CARVALHO, Salo de. *Antimanual de Criminologia.* Rio de Janeiro: Lumen Juris, 2008.

——; WUNDERLICH, Alexandre (Org.). *Diálogos sobre a justiça dialogal:* teses e antíteses sobre os processos de informalização e privatização da justiça penal. Rio de Janeiro: Lumen Juris, 2002.

CHOUKR, Fauzi Hassan. *Código de Processo Penal:* comentários consolidados e crítica jurisprudencial. Rio de Janeiro: Lumen Juris, 2005.

COUTINHO, Jacinto Nelson de Miranda. O papel do novo juiz no processo penal. In: COUTINHO, Jacinto Nelson de Miranda (Coord.). *Crítica à teoria geral do direito processual penal.* Rio de Janeiro: Renovar, 2001. p. 3-55.

——. Glosas ao "Verdade, Dúvida e Certeza", de Francesco Carnelutti, para os operadores do Direito. In: RUBIO, D. S.; FLORES, J. H.; CARVALHO, S. Anuário Ibero-Americano de Direitos Humanos (2001/2002). Rio de Janeiro: Lumen Juris, 2002. p. 173-197.

——. Um devido processo legal (constitucional) é incompatível com o sistema do CPP, de todo inquisitorial. In: PRADO, Geraldo; MALAN, Diogo (Coord.). *Processo penal e democracia:* estudos em homenagem aos vinte anos da Constituição da República de 1988. Rio de Janeiro: Lumen Juris, 2009. p. 253-262.

——. Sistema acusatório: cada parte no lugar constitucionalmente demarcado. In: COUTINHO, Jacinto Nelson de Miranda; CARVALHO, Luis Gustavo Grandinetti Castanho de. *O novo processo penal à luz da Constituição:* análise crítica do projeto de Lei nº 156/2009, do Senado Federal. Rio de Janeiro: Lumen Juris, 2010. p. 1-17.

DWORKIN, Ronald. *Uma questão de princípio.* São Paulo: Martins Fontes, 2000.

——. *O império do Direito.* 2. ed. São Paulo: Martins Fontes, 2007.

——. *Levando os direitos a sério.* 3. ed. São Paulo: WMF Martins Fontes, 2010a.

——. *A justiça de toga.* Tradução de Jefferson Luiz Camargo. São Paulo: WMF Martins Fontes, 2010b.

FERRAJOLI, Luigi. *Derecho y razón:* teoría del garantismo penal. Madrid: Trotta, 2000.

——. *Los fundamentos de los derechos fundamentales.* Edición de Antonio de Cabo y Gerardo Pisarello. Madrid: Trotta, 2001a.

——. *Derechos y garantías:* la ley del más débil. Madrid: Trotta, 2001b.

——. *Principia iuris:* teoria del diritto e della democrazia. Roma: Laterza, 2007a, v. 1.

——. Laicidad del derecho y laicidad de la moral. *Revista de la Facultad de Derecho de México*, México, n. 248, p. 267-277, p. 2007b.

——. *Democracia y garantismo*. Edición de Miguel Carbonell. Madrid: Trotta, 2008a.

——. La semántica de la teoría del Derecho. In: FERRAJOLI, Luigi. *Epistemología jurídica y garantismo*. México: Distribuciones Fontamara, 2008b. p. 17-52.

——. *Garantismo:* una discusión sobre derecho y democracia. 2. ed. Traducción de Andrea Greppi. Madrid: Trotta, 2009.

——. Constitucionalismo garantista e neoconstitucionalismo. Tradução de André Karam Trindade. In: SIMPÓSIO NACIONAL DE DIREITO CONSTITUCIONAL da ABDConst., 9., Curitiba. Florianópolis: Conceito Editorial, 2010. p. 33-51.

GADAMER, Hans-Georg. *Verdade e método I:* traços fundamentais de uma hermenêutica filosófica. 7. ed. Petrópolis: Vozes, 2005.

——. *O problema da consciência histórica*. 3. ed. Organização de Pierre Fruchon. Tradução de Paulo Cesar Duque Estrada. Rio de Janeiro: FGV, 2006.

GARCÍA FIGUEROA, Alfonso Jaime. Las tensiones de una teoría, cuando se declara positivista, quiere ser crítica, pero parece neoconstitucionalista. In: CARBONELL SÁNCHEZ, Miguel; SALAZAR UGARTE, Pedro (Coord.). *Garantismo:* estudios sobre el pensamiento jurídico de Luigi Ferrajoli. Madrid: Trotta, 2009a. p. 267-284.

——, Alfonso. Entrevista a Luigi Ferrajoli. In: CARBONELL SÁNCHEZ, Miguel; SALAZAR UGARTE, Pedro (Coord.). *Garantismo:* estudios sobre el pensamiento jurídico de Luigi Ferrajoli. Madrid: Trotta, 2009b. p. 515-535.

GASCÓN ABELLÁN, Marina. La teoría general del garantismo: rasgos principales In: CARBONELL SÁNCHEZ, Miguel; SALAZAR UGARTE, Pedro (Coord.). *Garantismo:* estudios sobre el pensamiento jurídico de Luigi Ferrajoli. Madrid: Trotta, 2009. p. 21-39.

GOMES, Luiz Flávio. *Direito Penal – parte geral:* teoria constitucionalista do delito. São Paulo: Revista dos Tribunais; IELF, 2004.

GOMES, Marcus Alan de Melo. O novo rito do tribunal do júri e o juiz inquisidor. *A Leitura:* caderno da Escola Superior da Magistratura do Estado do Pará, Belém, v. 1, n. 1, nov. 2008.p. 20-27.

GRONDIN, Jean. *Introdução à hermenêutica filosófica*. Tradução e apresentação de Benno Dischinger. São Leopoldo: Unisinos, 1999 (Coleção Focus).

——. *Introducción a Gadamer*. Traducción de Constantino Ruiz-Garrido. Barcelona: Herder, 2003.

GUEST, Stephen. *Ronald Dworkin*. Tradução de Luís Carlos Borges. Rio de Janeiro: Elsevier, 2010.

HECK JUNIOR, Richard G. O teorema de Frege: uma introdução. In: ZILHÃO, António (Coord.). *Do círculo de Viena à filosofia analítica contemporânea*. Lisboa: Livros de Areia, 2007. p. 259-279.

IGLESIAS VILA, Marisa. El positivismo en el Estado Constitucional. In: CARBONELL SÁNCHEZ, Miguel; SALAZAR UGARTE, Pedro (Coord.). *Garantismo:* estudios sobre el pensamiento jurídico de Luigi Ferrajoli. Madrid: Trotta, 2009. p. 77-104.

KELSEN, Hans. *Teoria pura do Direito*. 2. ed. bras. Tradução de João Baptista Machado. São Paulo: Martins Fontes, 1987.

LAWN, Chris. *Compreender Gadamer*. Tradução de Hélio Magri Filho. Petrópolis: Vozes, 2007 (Série Compreender).

LOPES JÚNIOR, Aury. *Direito Processual Penal e sua conformidade constitucional*. 3. ed. Rio de Janeiro: Lumen Juris, 2008, v. I.

——. (Re)discutindo o objeto do processo penal com Jaime Guasp e James Goldschmidt. *Revista Brasileira de Ciências Criminais:* revista do IBCCRIM, São Paulo, v. 10, n. 39, p. 103-124, jul./set. 2002.

MARCONDES, Danilo. *Filosofia analítica*. Rio de Janeiro: Jorge Zahar, 2001.

MAUÉS, Antônio Gomes Moreira. *Poder e democracia:* o pluralismo político na Constituição Federal de 1988. Porto Alegre: Síntese, 1999.

——. Súmulas vinculantes em matéria penal e proteção dos direitos fundamentais. In: PINHO, Ana Cláudia Bastos de; GOMES, Marcus Alan de Melo (Org.). *Direito Penal & democracia*. Porto Alegre: Núria Fabris, 2010. p. 113-131.

——; COLARES, Patrick Menezes. A arguição de descumprimento de preceito fundamental e o direito anterior à Constituição de 1988. *Plúrima*: Revista da Faculdade de Direito da UFF, Porto Alegre, v. 6, p. 173-188, 2002 (Coleção Acadêmica de Direito, v. 24).

MONTESQUIEU. *Do espírito das leis*. São Paulo: Martin Claret, 2002.

MOTTA, Francisco José Borges. *Levando o direito a sério*: uma crítica hermenêutica ao protagonismo judicial. Florianópolis: Conceito Editorial, 2010.

NUNES, Benedito. *Hermenêutica e poesia*: o pensamento poético. Organização de Maria José Campos. Belo Horizonte: UFMG, 1999.

OLIVEIRA, Manfredo Araújo de. A reviravolta linguístico-pragmática na filosofia contemporânea. São Paulo: Loyola, 1996.

OLIVEIRA, Rafael Tomaz de. *Decisão judicial e o conceito de princípio*: a hermenêutica e a (in)determinação do Direito. Porto Alegre: Livraria do Advogado, 2008.

PALMER, Richard. *Hermenêutica*. Tradução de Maria Luísa Ribeiro Ferreira. Lisboa: Edições 70, 2006.

PINHEIRO, Victor Sales. O diálogo entre filosofia e literatura: a crítica de Benedito Nunes e a hermenêutica de Hans-Georg Gadamer. *Intuitio*, Porto Alegre, v. 2, n. 3, p. 364-376, nov. 2009.

POSNER, Richard A. *Problemas de filosofia do direito*. Tradução de Jefferson Luiz Camargo. São Paulo: Martins Fontes, 2007.

——. *Para além do Direito*. Tradução de Evandro Ferreira e Silva. São Paulo: WMF Martins Fontes, 2009.

PRADO, Geraldo. *Sistema acusatório*: a conformidade constitucional das leis processuais penais. Rio de Janeiro: Lumen Juris, 1999.

——. *Transação penal*. 2. ed., rev. e atual. Rio de Janeiro: Lumen Juris, 2006.

QUEIROZ, Paulo. *Ensaios críticos*: direito, política e religião. Rio de Janeiro: Lumen Juris, 2011.

RAMIRES, Maurício. *Crítica à aplicação de precedentes no Direito brasileiro*. Porto Alegre: Livraria do Advogado, 2010.

ROHDEN, Luiz. *Hermenêutica filosófica*: entre a linguagem da experiência e a experiência da linguagem. São Leopoldo, RS: Unisinos, 2005.

ROSA, Alexandre Morais da. Garantismo jurídico e controle de constitucionalidade material. Rio de Janeiro: Lumen Juris, 2005.

——. *Decisão penal*: a bricolage de significantes. Rio de Janeiro: Lumen Juris, 2006.

——. Tráfico e flagrante: apreensão da droga sem mandado. Uma prática (in)tolerável? In: PINHO, Ana Cláudia Bastos de; GOMES, Marcus Alan de Melo (Org.). *Direito Penal & democracia*. Porto Alegre: Núria Fabris, 2010. p. 69-77.

ROXIN, Claus. *Estudos de Direito Penal*. Tradução de Luís Greco. Rio de Janeiro: Renovar, 2006.

RUIZ MIGUEL, Alfonso. Validez y vigencia: un cruce de caminos en el modelo garantista. In: CARBONELL SÁNCHEZ, Miguel; SALAZAR UGARTE, Pedro (Coord.). *Garantismo*: estudios sobre el pensamiento jurídico de Luigi Ferrajoli. Madrid: Trotta, 2009. p. 211-232.

STEIN, Ernildo. *Racionalidade e existência*: o ambiente hermenêutico e as ciências humanas. 2. ed. Ijuí: Unijuí, 2008.

STRECK, Lenio Luiz. *Jurisdição constitucional e hermenêutica*: uma nova crítica do direito. Porto Alegre: Livraria do Advogado, 2002.

——. *Hermenêutica jurídica e(m) crise*: uma exploração hermenêutica da construção do direito. 6. ed. Porto Alegre: Livraria do Advogado, 2005.

——. Desconstruindo os modelos de juiz: a hermenêutica jurídica e a superação do esquema sujeito-objeto. In: STRECK, Lenio Luiz; MORAIS, José Luís Bolzan de. *Constituição, sistemas sociais e hermenêutica*: programa de pós graduação em Direito da UNISINOS. Porto Alegre: Livraria do Advogado; São Leopoldo: UNISINOS, 2008. p. 97-116.

——. *Verdade e consenso*: Constituição, hermenêutica e teorias discursivas. Da possibilidade à necessidade de respostas corretas em Direito. 3. ed., rev., ampl. e com posfácio. Rio de Janeiro: Lumen Juris, 2009.

——. *O que é isto*: decido conforme minha consciência? Porto Alegre: Livraria do Advogado, 2010a.

——. *O que é isto:* decido conforme minha consciência? 2. ed. rev. e ampl. Porto Alegre: Livraria do Advogado, 2010b. (Coleção *O que é isto?*)

——. Aplicar a "letra da lei" é uma atitude positivista? *Revista NEJ-Eletrônica*, v. 15, n. 1, p. 158-173, jan./abr. 2010c.

——. O que é isto: "levar o direito a sério?" – à guisa de prefácio. In: MOTTA, Francisco José Borges. *Levando o Direito a sério:* uma crítica hermenêutica ao protagonismo judicial. Florianópolis: Conceito Editorial, 2010d. p. 13-17.

WUNDERLICH, Alexandre; CARVALHO, Salo de. *Novos diálogos sobre os juizados especiais criminais.* Rio de Janeiro: Lumen Juris, 2005.